JN177035

「よさこい系」祭りの都市民俗学

矢島妙子◉著

岩田書院

はじめに

日本は「祭り」が非常に多い国だと外国の人に驚かれることがある。確かにイベント的な「祭り」も含めると一年中、どこかで何かの催しがされている。特に都市部においては、人出の多い週末や連休などには、それほど離れていない地域で、「祭り」が同時に行われていることもある。「祭り」も多種多様で、神が存在する伝統的・歴史的な祭りから、まったく神とは無縁のイベント的な祭りまでさまざまである。

筆者は民俗学・人類学に以前から興味をもっていたが、今、自分が生きているこの現代の社会への理解を深めるためには、「都市」の文化に着目する必要性があると考えてきた。特に「祭り」という非日常を調べることでその社会の本質がみえてくると思い、祭りを研究し、祭りという事象と人の役割、特に若者と祭りとの関係性に関心をもっていた。若者はエネルギーがあり、その感性も豊かである。祭りの場ではそれらを充分に活用できるはずである。しかし、伝統的な祭りにおいては長老を頂点とした組織構成のなかで、ただ与えられた役割をこなすだけの側面が強く、また、その他には、人数確保だけの目的で神輿担ぎなどのアルバイトとして参加している姿しかみえてこなかった。もっと積極的に若者が祭りに関わっているものはないか——それが現役の大学生が創った祭り「YOSAKOIソーラン祭り」であった。

「YOSAKOIソーラン祭り」は高知の「よさこい祭り」を参考にして1992（平成４）年に札幌で創られた祭りである。高知では鳴子という楽器を手にして「よさこい鳴子踊り」の歌詞を取り入れて踊るが、「YOSAKOIソーラン祭り」では「ソーラン節」を取り入れて踊る。「YOSAKOIソーラン祭り」の影響で、全国に同様の「よさこい系」の祭りが広がった。「よさこい系」の祭りとは、原則として鳴子を持ち、地元の民謡などを取り入れて踊る祭りである（筆者の定義）。これらの「よさこい系」祭りは、それぞれ、祭りとしてのオリジナリティがあり、基本的に参加集団も披露される踊りも毎年変わる、常に変化し続ける祭りである。

一般に、民俗学の対象となるのは、ずっと伝えられてきた、変わらない習俗と考えられている。しかし、時代により、人も価値観も違っていくなかで何も変わらないで存在し続けることが可能なのだろうか。変化し続ける祭りである「よさこい系」祭りでそれを検証してみたい。そのことは、現代社会における人々の集合性と地域文化の継承性について考察することとなる。また、それは民俗学においては「都市民俗学」および「都市の伝承母体」についての再考を行うことになる。

本書では「YOSAKOIソーラン祭り」をはじめとして全国に展開した「よさこい系」祭りのうち、高知・札幌・仙台・名古屋の「よさこい系」祭りを取り上げる。高知は「よさこい系」祭りの本家、札幌は第一伝播先(第二本家)、仙台は対象地域拡大の例(宮城１県でなく東北６県共通の祭り)、名古屋は対象地域開放の例(名古屋の祭りでなく名古屋に集まる祭り)である。調査期間は、主として1998年から2005年にかけてのものである。

本書は以下の既発表の拙論をもとにして加筆・修正したものであり、一部重複するものがある。なお、調査期間中は市町村合併が盛んな時期であったが、論文中に出てくる地名は初出当時のものである。

第１章

①「祭り「よさこい」の誕生―「感動」した旅人たち」『現代風俗学研究』６号，現代風俗学研究会, pp. 27-34, 2000年

②「祝祭の受容と展開―「YOSAKOIソーラン祭り」」日本生活学会編『祝祭の100 年』ドメス出版, pp.148-174, 2000年

第２章

「「よさこい」の祭りにみる地域性についての人類学的一考察」『常民文化』24号，成城大学常民文化研究会，2001年

第３章

「「よさこい」系祭りの全国展開の分析―伝播をめぐる統合的枠組を基礎として」『現代風俗学研究』９号, 現代風俗学研究会, 2003年(→再録：内田忠賢編『よさこい／YOSAKOI学リーディングス』開成出版, pp.104-127,

2003年）

第4章

「「よさこい」系祭りの全国展開にみる祝祭の正統性―祭りの本家に対する語りの分析」『名古屋大学比較人文学研究年報2003』名古屋大学文学研究科・比較人文学研究室, pp.11-37, 2003年

第5章

「都市祝祭における「オーセンティシティ」再考―「YOSAKOIソーラン祭り」参加集団の地域表象のリアリティをめぐって」『名古屋大学人文科学研究』32号, 名古屋大学大学院文学研究科, 2003年

第6章

「祝祭の組織編成にみる都市性と継承性―「YOSAKOIソーラン祭り」における参加集団の分類と特徴」『名古屋大学人文科学研究』31号, 名古屋大学大学院文学研究科, 2002年

第7章

「札幌市北区新琴似の生活文化の創造過程―「YOSAKOIソーラン祭り」の地域密着型参加集団の歴史・社会背景」『生活学論叢』7号, 日本生活学会, 2002年（→再録：内田忠賢編『よさこい／YOSAKOI学リーディングス』開成出版, pp.37-64, 2003年）

第8章

書き下ろし

第9章

「都市祝祭にみる「地域拡大・開放と地域再確立」―「よさこい」系祭りにみる都市の伝承母体をめぐって」現代都市伝承研究会編『現代都市伝承論―民俗の再発見』岩田書院, pp.49-81, 2005年

目 次

第Ⅰ部 「よさこい系」祭りの概説

第Ⅱ部　祭りの空間的伝承性

＜図表等目次＞

序 章　本研究における問題の所在

第１節　本研究の目的・対象ならびに意義

本研究の目的は、日本の民俗学において今まであまり扱われてこなかった「都市」を対象とし、また、伝統的・歴史性のある祭りではなく、現代に誕生した祭りを扱うことにより、新しい祝祭論の提示と都市における伝承母体についての再検討を行うことである。

従来、民俗学の対象は‘基層文化’とされ、それゆえ、世代を超えて‘伝承’されるものが「民俗」とされてきた。したがって、表層的・流動的で一過性の「都市」の文化事象は民俗学の対象とならない、また、そこに伝承性はみられないと考えられがちであった。

農村においては、共同の生産単位・宗教単位・信仰単位・娯楽単位をもつが、都市はそれらが共同・共通でなく、農村のようなメカニズムでは文化は伝承されないのではないかと考える。従来の「伝承母体」の見解を検証しつつ、「現代」における「都市の伝承母体」について再考したいと考えるものである。

すでに、どんな農村においても‘都市的なもの’は入り込んでおり、この現代社会を理解するには、「都市」の文化に着目する必要性がある。また、その本質は非日常に現れると考え、「祭り」に注目し、現代の都市祝祭の代表例である「YOSAKOIソーラン祭り」をはじめとする「よさこい系」祭りを本研究は対象とする。

「YOSAKOIソーラン祭り」は高知の「よさこい祭り」参考にして1992(平成４)年に札幌で創られた祭りである。その影響で次々に同様の「よさこい系」祭りが創られていった。本研究は「よさこい系」祭りのうち、高知・札幌・仙台・名古屋の「よさこい系」祭りを取り上げる。高知の「よさこい祭り」、札幌の「YOSAKOIソーラン祭り」、仙台の「みちのくYOSAKOIまつり」、名古屋の「にっぽんど真ん中祭り」、である。高知は「よさこい」の本家、札幌は第一伝播先(第二本家)である。また、仙台「みちのくYOSAKOIまつり」は宮城1県の祭りではなく東北6県共通の祭りを目指し、「みちのく」と称した祭りであり、つまり、'対象地域の拡大'がみられる。さらに、名古屋「にっぽんど真ん中祭り」は、どこからでも地理的に日本のど真ん中である名古屋に集まって踊るというもので、'対象地域の開放'という特徴がある。

これら4つの「よさこい系」祭りを対象とする本研究の意義は次の2点である。

まず、第一に、都市の現象を対象とすることで、現代社会に生きる人々の文化動態を明らかにすることである。変化し続ける都市の民俗は民俗学の対象とならないと考えられがちであった。従来の民俗学は、'変わらない文化'をもつ村落に重きを置き、その文化が流動的な都市をフィールドとしてこなかった。調査の対象を村落に限定してきた理由は、古い民俗の姿に日本の基層文化や固有文化を求めたためだと考えられる。また、都市を考える場合にも都市と村落は連続しているものという都鄙連続体論から、都市にも村落にも共通する基層文化があるという考えでとらえられることが多かった。しかし、村落の文化にも変化は必ず存在し、ただ、その変化の速さや表れ方が都市とは違うだけである。さらに、現代は村落であっても都市的文化は入り込んでおり、日本の民俗の本当の理解を求めるなら、都市の現象も民俗学の対象となって当然だと考える。

第二に、祝祭を対象とすることで、都市に生きる人々の心性を探り、現代社会における人々のつながり方を明らかにすることである。祭りは共同体に不可欠のものであり、非日常のものである。非日常の姿に、逆に、そのものの本質が日常との関係で表裏一体でみえてくることが多い。都市は多様性・異質性をその特徴とするが、ある期間にだけ出現する都市祝祭は、そこに存在するさまざまな人々を満足させる装置となる。多様・異質で大きな力をもつ大衆のエネルギーは、祝祭という装置に凝縮し、そこに人々の心性がみられ、また、都市における新たな人々のつながり—ネットワークがみえてくる。そこに「都市の伝承母体」が認められるはずであり、それを追究したい。祝祭を対象とすることで、都市の心性(都市らしさ)というものの把握が可能となると考えるのである。

第２節　先行研究の概観と本研究の論点

次に、本研究の意義としてあげた２点に関連して、都市や祝祭についての先行研究の概観を述べ、それを踏まえたうえで、本研究の論点について述べたい。

１．都市の民俗

民俗学の対象や関心には、２つの方向性があった。柳田國男は、①「原型遡及の学」と②「世相解説の史学」という２つを示した。まず、「原型遡及の学」というのは、民俗が変化を経ながらも、より古形をなすもともとの原型や本質形や基層を求めようとする見方、すなわち、時代を遡ってより変化を経ていない、伝承(伝播)以前の‘純粋’なかたちを求めようとする。つまり、民俗を歴史的にとらえる方法や文化の見方である。また、「世相解説の史学」とは、その世相をその時代時代の諸文化の動向や諸風潮でとらえようとする方向である。したがって、過去におけるその当時の時代の世相をとらえるという方法であるが、これが、現在にも敷衍される。つまり、現代の民俗を、われわれが今、生きている現代やその時代の息吹や世相として理解し、文化現象や習俗を、今という変化相との動態性や相互性でとらえようとする方法論であり視点である。

従来の日本民俗学においては、原型遡及の学ばかりが強調され、世相解説の史学の方はおろそかにされてきた。しかし、特に、都市の民俗や文化事象をとらえるには、世相解説の史学の面に注目する必要性がある。なぜなら、都市社会と村落社会を比較した場合、ムラは農業という生業の単一性や継続性に特色づけられていた側面が強く、他方、都市は、職業や生活形態の多様性や変化に特色づけられているところが顕著だからである。

このような日本民俗学であったが、そのなかにおいても、世相解説の史学の重要性を主張する研究者が出てきた。宮田登は、都市の民俗のアプローチの仕方として、原型遡及的な「通時的アプローチ」と、都市風俗学ともいえる「共時的アプローチ」という用語を用いた［宮田 1982］。また、岩本通弥は、都市民俗学の研究方法として「歴史的関心」と「現在的関心」の２つの分野をあげている。岩本は「民俗」の概念を「社会の生活習慣としての習俗」だけでなく、「私的内的世界の表出としての情緒的行動」も含めるとしている［岩本 1978］。柳田國男のいう「世相解説の史学」は、宮田登の都市風俗への関心となり、岩本のいう「現在的関心」に相当するものである。

また、高桑守史も、都市社会のなかに村落社会との同質性を求めるのではなく、都市社会のもつ最も現代的な側面の構造的理解を目指すべきだと述べる。都市と農村という指標を離れ、大衆化した村落の人々も含めて、大衆＝都市民ととらえている［高桑 1981］。

八木橋伸浩は東京都荒川区を対象とし、その‘周縁性’を、マチ場においては都市の周縁的機能を果たし、ムラにおいては都市の地理的な周縁部にあって都市機能の一端を支えていたとし、周縁の地における、都市とムラをつなぐ両義的な機能を指摘している［八木橋 1995］。ここには都市と農村をつなぐ基層文化があるとはとらえられていないようである。

空間について、社会学の立場から、磯村英一は都市社会学の概念を応用し、「第三空間」という都市空間論を展開する。これは、血縁･地縁に基づく「第一空間」、社縁に基づく「第二空間」での役割や地位から解放された、盛り場、繁華街、ストリート、交通機関、公共施設などの空間を指す。「第三空間」における社会関係は、通勤、買い物、娯楽などを介する「機能的生活協同体関係」にある「マス(mass)の状態」であるが、それは「あくまで匿名をおし通せ、きわめて自由で平等な人間関係の場」＝「人間解放の空間」という。しかし、他方で、そこには部分的にパーソナルな関係による「なじみ社会」が形成され、それぞれの盛り場や繁華街の独特の雰囲気や魅力を醸成すると述べている［磯村 1959］。

柳田國男の都市論は、『時代ト農政』『日本農民史』『都市と農村』［柳田 1962b］からわかるように、都市をすべて農村との関係でとらえた「都鄙連続体論」をその特徴とする。都市に住まおうが田舎に住もうが関係なく、日本人すべてに基層文化としての民俗文化の保有性を認め、それによって常民論を唱え「一国民俗学」を提唱してきた。ただ、『明治大正史世相篇』においては、人々の生活の変化をとらえ、民俗といえないまでも、農村とは違った町の常民の生活を扱っている。また、都市に住む人々の気持ちを、土の生産から離れた心細さに求め、それが人を不安にし、鋭敏にし、同時に帰去来情緒をもつに至ったと述べる［柳田 1963b］。この柳田の「都鄙連続体論」の主張を、日本民俗学は、今日まで発展させていない。

宮田登は、都市を時間・空間・精神の３点からとらえようとした。民俗社会に対して、都市社会は対極にあるものというレッドフィールドの理論を踏まえながら、日本の近世の大都市である江戸(東京)におけるマチの特徴を、両義的な空間に取り囲まれた地域で、その精神的枠組みの基礎にはハレとケガレがある社会ととらえた。都市化は心的状況の変遷であり、都市の民俗に対しては「通時的アプローチ」と「共時的アプローチ」の２つの方法があるという。「通時的アプローチ」とは歴史研究によって都市に根生いの人々とその心性を明らかにすることであり、「共時的アプローチ」とは‘ケ’を表す心意の表現を探ることであり、両方のアプローチを融合させることが必要であると述べている［宮田 1982］。

岩本通弥が主張する都市における民俗研究の視点のうち、「歴史的関心」とは都市に発生する諸現象からとらえて、その原型や歴史的変遷を探るというものであり、「現在的関心」とは、都市に発生する諸現象を現在の都市社会ないし都市化の諸特徴と関連づけて考察するものであり、特に、現在学的な視点を強調している［岩本 1978］。また、岩本は、柳田國男が主張する「一国民俗学」について疑義を唱えている。岩本は近代以降の用法においては、少なくとも「民俗」とは、政治支配のなかで認識されたイデオロギーであり、「民俗」には教化(同化)がある程度及んだ異民族、あるいはいまだ教化の対象とすべき自民族といった視線が内在しているのであって、中央集権化した明治政府が、藩権力という媒介なしに、直接民衆と対峙するときに出てきた概念が「民俗」なのだといってよい、と述べる［岩本 1988］。岩本が指摘するように、民俗を支えるべき１つの民族集団というのは虚構に近いと筆者も考える。特に、日本の都市社会は、在日や華人やアイヌや‘ウチナー人’や他の外国籍の人たちによっても長い歴史時間をもって構成され、その都市文化が支えられてきている。都市は、就業機会からも、下層社会の存在からも、匿名性や演技性からも、マイノリティや周辺を生きざるを得ない人たちの苦悩を抱えつつも‘安住’とチャンスを得る場所である。この動態を都市民俗学はとらえていかねばならないと筆者は考える。

森栗茂一も、宮田や岩本と同じ視点をもって「ケガレとハレ」で都市の民俗を考える必要性を説いている。森栗は、いわば、都市は喧嘩とケガレ(無視、喧嘩別れ)の可能性を常時秘めた緊張空間であり、それを癒すかのごとく、日常に個人的ハレを消費している、という。震災という悲劇を契機に神戸の他民族による街の復興を願った町おこしである「アジアタウン構想」は、都市共同のケガレ意識が、現実の災害という大きなケガレを前にして、そのままハレの共同に転換する一種の祝祭のもつ可能性を示している［森栗 2000］。つまり、都市には、農村的なケの状況ではなく、ケガレとハレが表裏一体となったような「日常」的ハレ・ケガレ複合体が生活や行動や意識のなかに大きな割合を占めるといえる。これを問う必要があると筆者は考える。

倉石忠彦は、『都市民俗論序説』［倉石 1990］の中で、都市が民俗学の対象となりうるかということについて、次のように述べている。民俗が形成される背後には、それを生んだ社会的・経済的・精神的な要素があり、それらを伝承する人々の心情があり、それらの要素が変化するにつれて、民俗も変化することを考えれば、生活の変化は、すなわち新しい民俗の発生をうながすことになり、生活の変遷とともに民俗は生まれ、新たな民俗を形成してきている。民俗学が現在の生活のなかにある民俗を通して日本の民族文化・基層文化を知ろうとするものであるならば、当然新たに生まれている民俗をも対象にすべきであり、新しく形成される民俗や、現に、時代の先端で生きている民俗をみようとするときには、農・山・漁村とともに都市をも調査対象地とした方がよい、と述べる［倉石 1990：6］。そして、従来の農・山・漁村等においては、一集団内においてその構成員が同一の性格であるから民俗調査においては一集団としての把握が容易であるが、都市においては一人ひとりの伝承をより重視して調査する必要がある、という［倉石 1990：8］。これらのことを前提としながら、都市の民俗の一例として、倉石は団地(長野県上田市)の生活にも伝承されている行事などがみられることから、非ムラ的である団地にも民俗があることを明らかにした。

さらに倉石は、近年、渋谷を対象として研究しており、渋谷は住民･行政･企業・外来者・情報から構成され、その情報によるイメージに地域も応えようとしていると指摘し、そのようにして形成された文化が伝承されている可能性を示している［倉石 2005］。

倉石の指摘するように、都市には個々のニーズがある。祭りという場面を考えると、人々は個々の多様な欲求のもとに祭りに参加してくる。祭りには個別性のすくい上げの機能がある。筆者はこのことにも留意して本論を進めていきたい。

小林忠雄は、『都市民俗学―都市のFOLK SOCIETY』［小林 1990］の中で、レッドフィールドの枠組みを批判したフォスターの考え方に則りながら、都市においても民俗文化が存在することを主張している。レッドフィールドは、種族社会（Ethnic-group society）と都市社会（Urban society）の中間にある概念として、民俗社会（Folk society）という概念を提唱している。この民俗社会というのは､日本におけるムラや農村社会がこれにあたる､と考えられる。レッドフィールドの規定によれば、この民俗社会というのは、小地域性、孤立性、同質性、強固な集団結合性、慣習化した生活様式、などの文化特性を具えた社会のことである。都市社会は、これらの諸特質が消失していった社会であり、民俗社会の対極の社会と規定している。フォスターは、民俗／都市という対極をなす類型は都市の住民以外の人々をすべてひとまとめにしてしまうので、個々の社会に顕著な特徴が不明瞭になりかねないし、また、都市にみられる民俗的性格の分析を困難にさせる、と指摘している［小林 1990：3–4］。このフォスターの考え方に拠りながら、小林は都市に民俗文化があることを主張したのである。

また、小林は、次のように述べる。「一国民俗学」を提唱した柳田國男の時代、明治から大正にかけての日本の民俗社会の都市化現象をとらえたときには、日本にはまだ民俗がかたちを変えながらも確認できる余地が残されていた。ために、柳田は、都鄙連続体論を主張した。だが、その後の著しい社会変化は、柳田自身も予想し得ないほど近代産業を基軸とした都市化が進んだものである。柳田が考えた民俗社会としての常民世界とは異なった新たな事象が次々と展開している。そして、このことから日本の都市を再度見直した場合、もともと日本の都市民には農民とは別の枠組みによる都市独自の常民性を有した基層文化が存在したのではなかろうか、とも論じている。さらに、小林は、日本民俗学が概念としてもってきた常民性に対する考え方を農村社会に当てはめていた概念とはまるっきり違う方法で抽出し、とらえ方を変えていかなければ、この問題に取り組めないのではないか、とも述べている［小林 1990:5］。筆者も小林のとらえ方に賛成する。確かに、柳田の時代には、日本の人口の大半が農村社会に生き、都市に流出した次男・三男たちの意識や行動にも農村的特徴が残存していた。しかし、そもそも、村とは違う、都市の文化の存在が認められるのではないかと考えるのである。

また、都市の常民性とは何かといった場合、その場合の常民とはいわゆる都市に住む人々のなかでも一握りの民間伝承保持者といった個人的レベルでとらえられるものではなく、不特定多数の伝承的言動パターンのようなものを想定することができないであろうか、都市の常民性を明らかにしようとするならば、大衆の文化、言動パターンを対象としなけらばならない、と小林は論じる［小林 1990:6］。筆者は、都市の民俗を、パターンととらえるよりも都市の多様性・異質性からとらえることに注目している。パターンという場合にはそこに集団性がある。この点をより深く分析しようと試みるものである。

また、小林は、中野収の論を参照しながら、大衆の登場は、近代の理念、自由・平等・民主主義・個人主義の現実化による結果であって、人々は等しく‘大衆’という衣装を着るようになったといい、言い換えれば、肉体的生存に関わらない何らかの価値を享受する余剰が人々に平等に分配されたということであって、その場合の価値とは、富・財・機会・情報・知識を指し、総じて文化的な生産物であり、大量生産されるがゆえに、コピー化し情報化した価値であるという。そして、いずれにしろ、ここでは都市社会が前提となるという［小林 1990:7］。都市の民俗社会の民俗学的研究は、従来の社会構造の分析や社会伝承・経済伝承・儀礼伝承・信仰伝承・生活技術伝承・芸能伝承・言語伝承といった民俗学の枠組みから推し進めることは難しく、新たな方法論が追究されなければならない、と筆者は考える。

和崎春日は、民俗学は、伝統性のなかに現代性を読み取り、同時に、現代性のなかに歴史性を読み取るものだと主張する。そして、都市民俗学は、都市の伝統行事のなかにある歴史的意味をさぐり、都市の現代風俗のなかに、過去とつながるものや、未来へと時間性の幅をもって歴史生成につながっていくものをさがし求める学問、と述べる［和崎 1989：116］。和崎のいう伝統行事のなかに現代的意味をさぐるというのは、柳田國男のいう「世相解説の史学」としての民俗学である。また、現代風俗のなかに過去や未来につながるものを発見するというのは、柳田のいう「原型遡及の学」と基本的には同じであろうが、それよりも時間的展開性があるとらえ方である。柳田のいう「原型遡及の学」には‘未来’に対しての視点まではないと思われるからである。

また、和崎は、都市民俗には、都鄙連続体論に従った都市民俗のほかに、根生いの都市民俗が存在するとし、村落民俗の持ち込みによって展開した民俗を「空間的伝承性による都市民俗」、根生いの都市民俗を「時間的伝承性による都市民俗」と呼んでいる［和崎 1988］。

2．都市の伝承母体

和歌森太郎は、ある民族の文化には、高度な価値追求を目指して結晶した、個性的・創造的・また時代性を強く伴う文化と、その民族の基体をなす人々のあいだに集団的・類型的に一般化していて、しかも数世代にわたって貫き‘伝承’している文化があり、ドイツのハンス・ナウマン（Hans Naumann）の用語を借りれば前者が表層文化、後者が基層文化という。表層文化は個性的、独創的、一回的で、基層文化は集団的、類型的、複数生起的ないし継続的な文化であると述べている［和歌森 1970］。

さらに、和歌森は、次のことも指摘する。「民間伝承としての民俗は、竪に世代的伝承をもつものをいうのだが、また、風俗的に横に伝わる、空間的伝承をも持ち得る」。そして、アメリカの心理学者ロス（E. Ross）のいう、横の伝承であるコンヴェンショナリティ（Conventionality）と竪の世代的伝承であるカストム（Custom）という区別を使い、「民俗にはコンヴェンショナリティの性質があるのに、それが各協同体に一様に波及して民俗社会全般にわたる時代を形成するに至らず、それぞれの協同体で受け入れの度合いが異なるのは、それぞれに相当の世代を経て竪に伝わっている伝承文化がカストムとして妨げるからである」とも述べている［和歌森 1970:16］。

平山和彦は、「伝承」は文化の‘時間的’な移動で、「伝播」は文化の‘空間的’な移動で、伝承文化は世代を超えて受け継がれる文化であるという。平山はまず、「伝承は伝達継承といいかえられようし、伝達継承の字義からすれば、それは空間的もしくはヨコへの伝播やコミュニケーションの意味をも持ちうるに違いない」というが、しかし民俗学における伝承は「伝承を大まかに規定するなら、上位の世代から下位の世代に対して何らかの事柄を口頭または動作(所作)によって伝達し、下位の世代がそれを継承する行為だと考えられるのである」という［平山 1992:31–32］。

また、「民間伝承」は、柳田國男の造語であるが、tradition populair（仏）のポピュレールを‘民間’、トラジシオンを‘伝承’と訳したものである。柳田は大正の半ば頃からこの用語を使い始め、民間伝承の会という研究組織を結成したが(1935)、一方では‘フォークロア’folklore（英)、あるいはその訳語の‘民俗’という用語も使用している。これらは厳密にはその概念が違うものの、柳田をはじめとする研究者の間では同義の言葉として民間伝承の会が日本民俗学会と改称するまで使用されていた。なお、「民間伝承」という場合の‘民間’とは階級・階層的な使われ方ではなく、文化概念であり、主に人々の日常生活を構成する文化であるという点で生活文化に近く、文化のうち基層的なものを表すものである。柳田は、民間伝承を調査者(研究者)の立場から、①眼で見ることのできるもの、すなわち有形文化・行為伝承、②耳で聞くもの、すなわち言語芸術・口頭伝承、③心で感じるもの、すなわち人々の嗜好や価値観、の3種に分類している［柳田 1964］。「民俗」と「民間伝承」は研究者の用い方もさまざまであるが、民俗学の研究対象としては「民俗」、「民間伝承」は伝達継承の行為の意味に用いられることが多い。しかし、坪井洋文は「民俗学は民俗事象の変遷を解説するという立場だけを固執することを止めなければならない。記録に現れることの少ない常民の生活史を、民間伝承を通して復元するといった、時代を軸とした通時的民俗理解が唯一の方法と目的であるという主張を改めねばならない」といい、明らかに「民俗」と「民間伝承」を区別している［坪井 1979］。

岩本通弥は、前述したように、「民俗」とは、政治支配のなかで認識されたイデオロギーであり、「民俗」には教化(同化)がある程度及んだ異民族、あるいはいまだ教化の対象とすべき自民族といった視線が内在しているのであって、中央集権化した明治政府が、藩権力という媒介なしに、直接民衆と対峙するときに出てきた概念が「民俗」なのだといってよい、と述べている。平山和彦も指摘するとおり［平山 1992］、柳田國男が、traditionsを政治上の連想の働く「伝統」でなく「伝承」と名づけたことは、この「民俗」の意味のとらえ方の関連からもわかるという［岩本 1988］。

文化事象が「民俗」(あるいは「民間伝承」)と呼ばれるには、「母体」が必要である。文化を伝承する集団は一般に「伝承母体」と呼ばれているが、桜田勝徳は民俗継承体、福田アジオは民俗継承体としての集団の累積体を伝承母体と呼ぶ。累積体とは、例えば、祭り囃子の伝達集団や農業用水の確保の用水路の整備の集団がほぼ同じような地域において累積して、ひとつの地域社会を結成していることを指すという［倉石 1997:28］。

従来、民俗学の対象は‘基層文化’とされ、それゆえ、世代を超えて‘伝承’されるものが「民俗」とされてきた。したがって、流動的な「都市」の文化事象は民俗学の対象とならない、また、そこに伝承性はみられないと考えられがちであった。「母体」は、農村においては生産・宗教・信仰・娯楽などのそれぞれの単位に求められるが、都市においてはそれらの単位は共通ではない。宮田登は、ムラからマチへの歴史的経緯を経た都市が独自の民俗を生成し、それをどのように伝承させたかが重要であるという。都市の流動性や異質性を考慮して、都市の伝承母体の構造そのものを考えなければならないとする［宮田 1982］。また、前述の「１．都市の民俗」であげた、「第三の空間における人間関係」を唱えた磯村英一や、「大衆」に注目した高桑守史には、新たな「伝承母体」を模索している姿がみられる。

民俗学がムラを対象とする場合、土地に根ざし定住化したイエ(家)の継承という、民俗社会の基礎ともいうべき伝承母体を明確にしているのに比して、都市では、種々雑多な職業の人々が、田舎の土地を捨て流動的に居住する複雑な社会的仕組みがある。

都市における伝承母体について、具体的に論じたのは、倉石忠彦である。

倉石は、団地アパートにも民俗と呼べるものが存在することを実証した［倉石 1973］。倉石は、伝承を扱うものはムラにおいては集団に求められるが、都市においては個人に求めざるを得ないだろうという。「個人は伝承性を体現しながらそれを個人的な理解において変化させ、社会に働きかけていくことになるのである。そして、こうした人々が接することによって相互に作用しあって都市の民俗は形成されているのではないか」「都市の民俗を伝承する、いわゆる伝承母胎は抽象的文化概念である常民とするより、都市住民と把握した方がよい」と述べている［倉石 1990：101–102］。倉石は、都市には村落とは異なる民俗伝承の様態があるが、その根底には村落とも‘共通する’基層文化の存在があるという考えに立つ。

また、倉石は、都市における民俗継承体としての集団について、それは地域よりそれぞれが関わる機能的な集団であり、そうした集団においては、その個人の全人格あるいは個人が総体として関わるとは限らず、その集団において果たすべき側面が強調されるといい、そこで、都市の伝承母体であるマチを「伝承体」、そこで伝達・継承の機能を果たす存在を「伝承素」と呼んでいる。「伝承素」とは例えば、ある人の課長としての側面、父親としての側面など、その集団に属する人々の、集団に関わる側面だけに注目することだという［倉石 1997:29–30］。

ここで、倉石の規定では、ムラといった場合、行政村としての村でなく、生活共同がみられ一種の生活単位として扱える自然村のことを指している。したがって、この生活共同を伴う生活単位性からこれを伝承母体という文化継承の単位として措定できる、というわけである。これと同様に、マチと倉石が指示する場合、ここに一種の生活共同や行為の凝集性による生活単位性が読み取れ、これを都市的な生活地における伝承母体ととらえている、と読み取れる。

また、小林忠雄は、城下町の金沢における伝承母体の基本型として、血縁集団、地縁集団、職業集団、文化集団、宗教集団の５類型の重層構造を指摘する。これらの伝承基盤は、都市生活のなかでは個々に存在し、相互のつながりはほとんどなく、異なった集団ごとに、別々の伝承性が展開されるという。特に小林は、都市の伝承母体として文化集団に注目している。ここでの文化集団とは、茶道・華道・舞踊・能楽・邦楽などの家元制度のもとで組織された集団で、ある地域的特色をもった活動集団をいう。そして、このような５類型の伝承母体の重層構造が都市の民俗社会の特徴的なあり方として、村落におけるそれとはまったく違ったかたちで展開されているという［小林 1990:93-135］。小林は倉石とは異なり、都市には‘独自の’基層文化があるという立場である。

小林が、都市においては地に根ざす農業ではない多様な職業に注目している点、そして、特に、イエの継承ではない‘文化’の継承に注目している点が筆者の研究対象と重なるものである。だが、小林は、その活動集団の存在を金沢のような歴史都市や伝統都市にやや限定して論を展開している。筆者は、金沢のような歴史性の深い伝統都市に限らず、現代都市にもみられる新たな「地域的特色をもった活動集団」を発見して掘りおこし、そこに都市の伝承母体性を認める分析・考察を行うものである。華道・茶道・能楽などの家元による文化集団や活動集団は、いわば経済的に裕福な限られた階層である。筆者は、都市の大衆社会性から成る、より広範なより普遍性の高い伝承母体性をとらえなければならないと考える。

３．都市祝祭の研究

祭りの定義について、上野千鶴子は、デュルケムの「祭りとは共同体のコミュニオン（神人交流）である」という定義を超えるものはまだ現れていないとしている。デュルケムは祭りをこの他に「コミュニオンを通しての集団の再統合」、また、「集合的沸騰」とも定義している。上野はさらに、フランス社会学派は、このデュルケムを祖とし、その祭り研究は２つの系譜に分かれていったと述べる。

ひとつは、祭りを心的エネルギーの運動ととらえ、祭りには個人のリビドーや攻撃衝動を、共同体が定期的に放出する制度的な放水路（チャネル）だとする心理主義的なアプローチである。これは、特にカーニバルやフェスティバルと呼ばれる祝祭で、祭りの狂宴的な側面を強調する祭りである。祭りは日常的秩序に対する反秩序または無秩序とみなされる。

この立場をとった研究者には、性や暴力や遊びを強調するバタイユ（『呪われた部分』)、カイヨワ(『人間と聖なるもの』)、デュヴィニョー(『祭りと文明』)、ルネ・ジラール(『暴力と聖なるもの』)らがあげられる、という。また、祭りを心的エネルギーの運動ととらえる立場は、エネルギーの過剰か過少かいずれかの動因と考えられ、上にあげたものはいずれも過剰が動因となるが、日本においては桜井徳太郎が、エネルギーの過少から祭りを説明しているとし、桜井は「ハレ・ケ・ケガレ」論から、祭りは、「ケ(日常)」が枯れたときに、ハレによって日常的なエネルギーを充当させる契機だとしている、と述べている。

もうひとつは、祭りが祭りとして成立する形式的な象徴構造を論理的に記述しようとする、主知主義的アプローチだという。この見方においては、祭りは、文化の装置として洗練された制度のひとつであり、セレモニーやリチュアルといった祭りの儀礼的な側面が強調される。祭りは、逆秩序または超秩序とみなされる。この立場の研究者としては、リーチ(『人類学再考』)やターナー(『儀礼の過程』)、ベルセ(『祭りと叛乱』)らがあげられる、という[上野 1984:46-78]。

柳田國男は、『日本の祭』[柳田 1962a]において「祭礼」の定義を行っている。祭礼とは、祭りの一種であり、風流と見物人が存在するものとし、祭りから祭礼への変化は中世以来の都市文化の力、と述べている。

また、薗田稔は「祭りとは――、劇的構成のもとに祭儀(リチュアル)と祝祭(フェスティビティ)とが相乗的に出現する非日常的な集団の融即状態(コミュニタス)の位相において、集団の依拠する世界観が実在的(リアル)に表象するものである。そして、その表象された世界像のなかで、集団はその存続の根源的意味を再確認し、成員のエトスが補強される。要すれば、祭りは集団の象徴的な再生の現象である」[薗田 1990:64]と定義している。

柳田國男は「祭礼」の定義を行ったが、伊藤幹治の指摘するように、柳田の関心は祭りの祝祭的側面ではなく、物忌みと精進の問題にあった[伊藤 1984]。薗田の「祭り」の定義は、ファン・ヘネップや、ヴィクター・ターナーや、エドマンド・リーチらの儀礼の構造論を取り込んでいる。ファン・ヘネップは、通過儀礼には、「分離」「過渡期」「統合」の3段階があり、それに伴った儀礼がみられるという、多くの民族において似通った構造が見出せるということを指摘した［ヘネップ 1995］。また、ターナーは、「過渡期」のあいまいさを「リミナリティ」と呼び、さらに通過儀礼中の者は、世俗的な差を超えて、平等な連帯感を示すことが多いとし、これを「コムニタス」と名づけている［ターナー 1996］。リーチは、儀礼行動を、「形式性」「乱痴気騒ぎ」「役割転換」に分類し、「形式性」と「乱痴気騒ぎ」の間には、日常と逆転したような「役割転換」が起こるという［リーチ 1974］。具体的に、薗田は、秩父神社の「妙見まつり」を対象とし、「複合的な集団構成をもつ地域社会—町あるいは都市を背景とする神社の宗教活動に、各集団や階層がどのように結びつくか」という疑問に対して、「神社は、奉賛会組織を超えて地域社会と結びつく」と述べている［薗田 1966］。祭りという神社の宗教儀礼に地域社会がどう関わるのかという薗田の視点は、その後の祭り研究に影響を与えた。ここに、日本における本格的な祭り研究が始まったと考えられている。

都市の祭りについての民俗学的な研究は、宮本常一が、『都市の祭と民俗』［宮本 1961］で、全国の都市的な祭りを広く集めている。また、田中宣一は、「平塚七夕まつり」［田中 1982］の研究で、都市の民衆の習俗を主に歴史的観点からとらえた。民俗学的な研究においては、祭りのもつ由来主体の歴史性に関心が置かれている。都市の祭り研究は、民俗学が基本的に都市を対象としていないこともあって、むしろ社会学や人類学の分野での研究が盛んである。民俗学的ではありながら、社会学あるいは人類学的なアプローチも行ったのが、茂木栄の「浜松まつり」［茂木 1989］や宇野正人の「神戸まつり」［宇野 1980］の研究である。特に、宇野正人の「神戸まつり」では、‘神’不在の祭り、イベント型の祭りについての実態が報告されている。

都市の祭り研究において、その転換期ともいってもいい祭り分析、つまり、それまでの祭り研究にない分析をしたのは中村孚美である。中村は、角館の飾山囃子［中村 1971］、川越祭り［中村 1972a］、秩父祭り［中村 1972b］、博多祇園山笠［中村 1986］を対象とし、祭礼研究を社会人類学の視点でとらえ、祭礼には地域社会の性格の反映がみられるという論を提示した。このうち、角館の飾山囃子の研究においては、この祭りにおける若者の楽しみは、山車（ヤマ）の曳き回しであることに注目する。曳き回しを面白くしているのはヤマ同士がぶつかるときの‘交渉’であり、若者は工夫を凝らして参画している。また、山車の構造は素朴であるが頑丈で、華美にはならない。それは、純粋に「ヤマぶつけ」を楽しむためである。‘交渉’の駆け引きや粘り強さは商家の主人として大切な資質であり、この町の性格が祭りに反映している、と述べる。また、博多祇園山笠においてもこの特徴を確認できるとしたうえで、また、この祭りには博多的なアーバニズム・アーバニティという、その‘都市らしさ’がみられると述べている。

米山俊直は、中村孚美を高く評価し、自身も、京都の祇園祭［米山 1974］、大阪の天神祭［米山 1979］の分析を行っている。米山は、そのうち、祇園祭について次のように述べる。祇園祭には、さまざまな人が参加して、参加者には役割や立場や見方の相違があり、ときにはそれが対立や緊張の関係を含みながらも、それ自体が祭りのムードをつくる要素になって、祭りが進行していく。そしてその人々はこの祭りをそれぞれ自分のこととして考えている、いわば、主体的参加意識がある。それでは、なぜ人々は主体的に祭りに参加するのか。それは、祭りが人々にとって社会的に許された大きい遊びの機会であり、そのことに生きがいを感じているからである。また、ミヤコの祭りとしての祇園祭には特有の参加意識として厄除けの意味がある。さらに、時代により巡行コースや出し物が変わっており、それは人々の創造や表現の意欲の表れで、風流・芸能のもつ幅広い創造のエネルギーである。祭りにはかつて、財政不足の鉾町に他の町内が援助した‘寄り町’制度があったが、それが昨今では、人手不足をアルバイトに頼る‘寄り人’に変化している。このことをまとめて、米山は、祇園祭の特徴として、①多様な参加者、②めまいと生きがいと、③厄除けの意味、④創造と表現の機会として、⑤寄り町から寄り人へ、の５点をあげている［米山 1979:189–212］。

祭りに遊びの要素があることは「よさこい系」祭りの全国展開の理由でもあり、また、米山のいう‘寄り人’は現代の言葉に置き変えると、アソシエーションやネットワークであり、こうした人の‘つながり方’に筆者は注目している。

「よさこい系」祭りは、本場高知でも戦後に始まった祭りであり、札幌に伝播したのは平成になってからである。従来の祭り研究のような由来主体の歴史的研究の対象とはならない。筆者も中村孚美や米山俊直のような視点で祭りをとらえ、祭りそのものの動態や参加者のネットワークについて分析したいと考える。

和崎春日は、京都の「左大文字」の研究において、都市祭礼・大文字は、地元の人たちの努力によって連綿と歴史を貫いて担われてきた伝統民俗があると同時に、市民・大衆に解き放たれる、風俗を取り込む開放性の行事だと位置付け、そこに都市民俗の心性が認められる、という。つまり、風俗のエネルギーが都市民俗を支えている、風俗は都市民俗を支える力と幅と余裕である、と述べる。これを民俗と風俗の鍛え合い、あるいは民俗と風俗の弁証法とも呼ぶ。そして、「大文字」には、確立された民俗が伝承されたもの＝民俗継承、かつての風俗が民俗を形成し定着してきたもの＝過去の民俗生成、現在の風俗が未来への民俗化の芽と方向性をもち、時間蓄積の厚みをましていく民俗生成の動態＝現在の民俗生成、の３つが認められるという［和崎 1988:136］。

また、和崎は、都市における人々は、競い合いながらも共通性をもち、異質な他者を自己に引きつけて合理化する必要性があり、その合理化は少しずつずれながら行われているといい、また、都市には何かを規定する閉鎖性とそれから逸脱する開放性の両方がみられ、それが拮抗関係にあること、そして、その規定があるがゆえにそれを逸脱したときの面白みである‘めまい’（イリンクス）が生じる、と述べる。和崎は、このことをまとめて、祭りからみえてくる都市の特徴として、①都市における競争的連帯、②都市社会における遷移的ずらし、③都市社会における他者の自己資源化、④都市社会におけるde動態とre動態両方の拮抗関係、⑤都市の落差のイリンクス、の５点をあげている［和崎 1987a, 1996］。

「大文字」は、都市を舞台にした宗教性のある祭りである。一方、「よさこい系」祭りは、同様に都市を舞台しているが、まったく宗教性のない現代祝祭である。筆者は和崎の論を「よさこい系」祭りにおいても実証しつつ、現代祝祭についての新しい理論を展開したいと考えるものである。

松平誠は、「祝祭」とは「日常生活の反転、それからの脱却と変身によって、日常的な現実を客体化・対象化し、それによって感性の世界を復活させ、社会的な共感を生み出す共同行為」と定義する［松平 1990：2］。松平は、民俗学が論じてきた、農村における民俗の伝承母体とされる村落共同体の‘ムラ’に相当する都市の生活集団を「町内（まちうち）」と呼ぶ。この町内というのは、宮田登のいう両義的空間に囲まれた都市の領域という概念とは違い、伝承されるものによってその母体も違っていると考えられる。

松平は、現代の都市型の祝祭を形成する集団原理として、「町内」型と違う、「合衆」という集団性を提唱している。社会統合が進み社会の安定的な力が強まりつつある時期には、社会集団の結合とそれに基づく生活共同への希求が高まるものと考え、このような時期には、集団的・凝集的な、したがって閉鎖的な祝祭行為の高揚がみられる。ところが、社会統合がゆるみつつある時期には、集団の解体と個人への回帰がみられる、と述べる。そして、そのような時期には、日常的な生活諸縁から脱出した個人の集まりである「衆」、あるいは自由で一時的な仲間としての「党」が、互いに祝祭の主体的な担い手となって、一見無秩序ともみえる開放的な祝祭行為が営まれるのである。このような社会における人々の集まりを松平は、「合衆（がっしゅう）」と名づけ、こうした合衆の形成によってつくりだされる祝祭を「合衆型祝祭」と呼んでいる。合衆型祝祭は、不特定多数の人々が、自分たちの自由意思で選択し、さまざまな縁につながって、ごく一時的に結びつく、きわめて開放的な祝祭のことをいう［松平 2000］。

この合衆型は、社会心理学で長く議論されてきたネットワーク論のなかでも、日本社会に特色的な浜口恵俊のいう「間柄的主義的」なネットワークに合い通じるものがある［浜口 1977］。筆者は、この松平の考え方を高く評価している。したがって、これを基軸にしつつこれを発展させて、現代の祝祭の原理をとらえなおす必要があると、考えるのである。

松平は、「高円寺阿波おどり」を対象として、この合衆型祝祭の特徴を次のように提示している。①地域からの離陸、②見る・見せるの両義性、③柔軟な内包・開放的な外延、④開放型ネットワーク構成と増殖性、⑤脱産業化と「楽しみ」の価値追求、をあげている［松平 1990：4–5］。これらの都市祝祭の原理は、かなりの説得力をもつと思われるが、筆者の研究対象とする「よさこい系」祭りには全国のネットワークが指摘され、松平の主張とはまた違った一般化が可能になるところがある。これを発展させ、さらなる理論化を図りたい。

有末賢は、都市祝祭には３つの仕掛けがある、という。それは、①ストーリー性の確保、②ドラマ性の確保、③オープン性の確保、の３つである。有末の論で注意をひくのは、ロンドンのカリビアンの祭りを取り上げつつ、拡幅された想像コミュニティの「最大化仮説」(商業化、グローバル化)と「最小化仮説」(その土地らしさ、トポス化)の綱引きやダイナミズムのなかに都市祝祭があると論じている［有末 2000］。この論点は、筆者の主張するところに近い見方を含んでいる。

有末は、佃島の祭礼研究において、祭礼集団の地縁性の変化について述べている。祭礼を支える住吉講への入講のきっかけが、居住者から佃島出身者、親族・親類が佃島出身者、講員の友人・知人から誘われて、またその場合その友人が地域の友人、職場の友人、佃島にも住吉神社にも関係ないがお祭り好きなため、というように、中核から外部に広がっている。すなわち、「伝統はいかにして変化に対応してきたか」「変化はいかに伝統をつくりかえてきたか」、という中核や伝統だけに依拠しないダイナミックな問いかけこそが、現在の都市民俗学の第一の課題であるように思う、と述べている［有末 1989］。

また、有末は、都市における伝承文化を考えていく場合には、「継承と変化」の両局面について考察していかなければならない、と主張する。佃島の祭りも、江戸時代以来400 年の伝統といっても、獅子頭の宮出し、宮神輿の船渡御など確かに長く続く「継承」の面もみられるが、1990年以降はリバーシティ21の超高層集合住宅の住民が祭りに対して何らかの関わりをもつようになった、という。祭りへの不参加、無関心をも含めて形態的にも意識的にも佃島とは異質な住民層を抱え込んだために、祭礼への内部構造の中に異質的アイデンティティを内包することになったともいえると述べている。そして、都市民俗の‘岐路’を、①歴史民俗学か現代民俗学か、②民俗文化か大衆文化か、③地域民俗か大都市文化か、という３種類の軸を設定できるのではないかといい、現実の日本の都市生活は後者の方向への圧力が加わってきつつある、と述べる［有末 2001］。

つまり、現代民俗学、大衆文化、大都市文化に注目しなければ、都市民俗はみえてこない。筆者も､この考えに賛成であり､この考え方の方向性にそって理論化を図りたいと考える。しかし、その際、大衆文化、大都市文化に注目しながらも、祭りを担う人々の間には、自分たちのオリジナルな地域性に引き戻そうとする「民俗文化化」や「地域民俗化」の動きもあり、この動きをすくい上げながら、現代都市祝祭の実態を明らかにして理論化していく必要があると考えるのである。

さらに、有末は、個人の経験から都市をとらえる重要性、つまり、ライフヒストリーから「生きられた都市」を紡いでいく重要性についても述べている［有末 1999:23］。このことを具体的に推進したのが、中野紀和である。中野は､「小倉祇園太鼓」を対象とし､そこに関わる人々をそのライフヒストリーを中心に読み解き、その力関係の重層性から、都市社会における文化動態を論じている［中野 1997, 1998, 2007］。

また、阿南透は、これまで､「時代祭り」「名古屋祭り」「信玄公祭り」など、歴史を題材にした新しい祭りを対象にしたり［阿南 1986］、Ｊリーグ・サッカーの狂騒を祝祭ととらえたりして［阿南 1998, 1999］､現代祝祭の考察を行ってきた。つまり、宗教性にとらわれない創られたマツリを扱ってきた。また､「青森ねぶた」やねぶた系祭りの研究も行っているが、そのときでも、その歴史性・伝統性を論じるというよりも、その歴史を利用する現代性を論じてきた、といってよい。

阿南の論で、他の諸研究と異なるオリジナルな論点は,「ねぶた」研究において､「祭りの遠征・移植・模倣」を扱ったこと［阿南 2000c］と、カラスハネトをとらえて「祭りにおける騒動」に注目した［阿南 2000a］点である。阿南のいう‘遠征’とは、ねぶたが他県の祭りやイベントに、青森市などの関係者がねぶたを持ち込んでゲスト出演するもので、現地へ行事が定着していない前提のものである。また、移植や模倣には３タイプがあり、青森のねぶた師が出向いて製作したり、あるいは毎年青森からねぶたを運んでくる移植型、青森や弘前などから招いたねぶたを核としながらも、地元で独自に製作したねぶたを付け加えている模倣型、そして、青森などから直接の影響を受けずにまったく独自に作る独自製作型がある、という。祭りを受容する際には、誰がみてもすばらしいと思うような普遍的要素と、地域の独自性との間にどのように折り合いをつけるかの模索がみられる、という［阿南 2000c: 61］。

この「普遍性と地域の独自性との折り合い」という説は、伝播型の祭りの側面をとらえており、非常に注目されるポイントである。「よさこい系」祭りにも同様な文化の動きがみられる。ただ、この動きはある祭り集団が受容する際だけの話ではなく、祭りを継続していく際にも重要となる問題である。筆者は、そのスパンで理論化を図りたい。

また、祭りの「遠征」という概念も、現代の都市的な祝祭を考える際には、重要であると考える。だが「ねぶた」と「よさこい」の「遠征」には違いがある。そして、「よさこい系」祭りの場合には、ある「よさこい系」の祭りの特定の参加集団が、他地域の「よさこい系」祭りにも参加している動態がある。例えば「にっぽんど真ん中祭り」に参加する名古屋在住者が「YOSAKOIソーラン祭り」に参加したりする。他地域から（名古屋市）の参加集団（人々）が、その地（札幌市）の「よさこい系」祭りを、根底から「支える」祭祀組織となっているのである。それは、祭りの道具立てと、祭りを支える人々つまり祭り組織に関する、重要な相違点である。すなわち、青森ねぶたの遠征の場合は、その祭り単位となるチームや集団の動き、さらには人々の動きは重要とならない。道具立てさえそろえば（ねぶた本体を持っていけば）、その行った遠征地で「ねぶた」と認識される。他方、「よさこい系」祭りの場合は、道具立てよりも、踊り子やチームのそのものが重要となる。どこの「よさこい系」のチームか、どんな踊りをするチームかということが重要視されるのである。

ただ、阿南は、カラスハネトについては、祭りにおけるこの‘はみだし’行動を、祭りに必要かつ不可欠な部分とみるか、単なる逸脱行動とみるかについては、はっきりとは論じていないようである。このことを積極的に論じているのが森田三郎である。

森田三郎は、「長崎くんち」を対象に、都市の祭りには正式なプログラムから外れた、「埒外の積極的参加」がみられることを論じており、これを「裏（うら）祭り」と呼んでいる［森田 1990］。長崎には「ウラくんち」と呼ばれる‘祭り’があると述べている。‘くんち’の見物のための場所取りの徹夜の暇つぶしに、‘くんち’のだしものの「コッコデショ」「龍宮船」「鯨の潮吹き」

などのミニ模型を作り歌や踊りを披露したりする集団がおり、「ウラくんち」という名称までついて、わざわざそれを見にくる人もいるという。この背景として、オモテの「長崎くんち」が奉納踊りを見るには、高額の観覧料が必要であったり、氏子以外の参加が容易でなかったりと、見るにも参加するにも制約がきつくなってきたことの理由をあげる。また、そもそも、その名称から外部の人には‘長崎市の’祭りと解釈されるが、実際には行政単位とは合わないために、祭りから疎外された人々が出てくる背景があり、祭りから疎外された感じをいだく周辺的な祭り参与者は、それを昇華させるために自分たちの祭りを求める、と森田はいう。既成のフォーマルな祭りの枠組みでは吸収しきれない人々の欲求があっても、それを処理できる受け皿がうまく用意されるなら、オリジナルな祭りに付随して「裏まつり」という一種の風穴のような祭りが生まれてくる、と論じている。

この他に、オーストラリア・ブルームの「真珠祭り」も対象とし、これらの祭りはともに、住民のアイデンティティ確認の欲求に応えることを目指しているが、たとえ行政などの企画者が計画的に行事を組んだとしても、現代の都市社会を構成している多様な人々の欲求に応えるのは難しい。そのような社会にあって、ウラまつりは従来の枠組みでは対応できない人々の欲求に応えようとする試みである。現代のような変動期の社会では、企画者の側はこれら自然発生的な祭りをも許容し、とりこんでいく柔軟性が必要であろう。祭りは常に生きている、と論じている。この、森田のいうオモテのみならずウラも含んで現代祭りととらえる必要があるという主張は、和崎春日がいう「民俗と風俗の弁証法によって都市の祭りを捉える」という主張と重なっている。

ここで、森田が、既成のフォーマルな祭りの枠組みだけではなく、それ以外の自然発生的な祭りをも許容した、変動期の社会における祭りの実態に注目することが必要だと論じていることは、松平が、上述のように、社会統合がゆるみつつある時期の祭りのあり方や実態に注目することが必要だと論じていることと、同じである。筆者は、このことを４つの「よさこい系」祭りを対象により詳細に実証するとともに、これを発展させた理論を構築したいと考えるものである。

最後に、本研究の「よさこい系」祭りについての先行研究であるが、高知「よさこい祭り」については、内田忠賢による研究がある［内田 1992, 1994ab, 1998ab, 1999, 2000ab, 2001, 2002, 2003, 2009］。内田は、主に地理学の立場から、よさこい祭り」の人と場、つまり「踊り子隊」と「競演場」に注目し、祭りを取り巻く文化的・社会的環境を検討している。従来の神事・仏事や伝統的祭礼を対象とした祭りの研究は、宗教学や歴史学、民俗学や演劇学等の立場から行われており、宗教的側面がほとんどない「よさこい祭り」は、従来の視点ではとらえきれないとする。

また、内田は、「よさこい祭り」の特質と、さらにはこのイベントと地域の相互関係を考え、そのため、祭りの担い手となる社会集団の視点と、祭りの舞台となる祝祭空間の視点から検討している。「よさこい祭り」においては、参加者が自然発生的に増加し、祭りの内容（音楽・振り付け・衣装など）を参加者が意図的に変え、踊り子隊を編成し、現在の隆盛に至っていることから、このイベントは地域社会にある程度、根付き、地域社会との相互関係のなかで展開してきた。そして、この相互関係には２つの方向性があり、ひとつは参加者側の特徴がイベント全体の質を変える場面、もうひとつは、主催者側の意図が地域社会に示される場面であり、この２つはお互いに影響し合う。そこで、社会集団と祝祭空間の２点に注目し、地域とイベントの相互関係を明らかにしている。

この他には、伊藤亜人が、あるシンポジウムで触れた短いコメントがある。伊藤は、中国や韓国の祭りとの比較で「よさこい祭り」について触れ、「よさこい祭り」は「個人的な自由な参加の道が多様に確保されている祭り」「人間関係、組織の面でも都市的な要素を非常に明確な形で展開していく祭り」と述べている［伊藤 1987］(1)。

「YOSAKOIソーラン祭り」については、森雅人がこの祭りを「優良観光イベント」として位置づけ、この祭りが１人の大学生によって始められたことから、学校という施設あるいはその社会的役割の重要性や札幌以外の地方の祭りのマンネリズム脱却としての取り組みを注目すべきこととしてあげている［森 1999］。

その他、仙台や名古屋の「よさこい系」祭りについては、現在のところほとんど言及されたものはない[(2)]。筆者は「YOSAKOIソーラン祭り」を中心にして、4つの「よさこい系」祭りのそれぞれの動態やネットワーク性を探りたいと考えている。

4．本研究の論点

したがって、筆者の研究の論点は次のことに集約される。

筆者は、民俗や民俗文化を継承性や残存形で論じるのではなく、生成性や創造性でとらえたい。つまり、過去に求めるのでなく、現在進行形でとらえるのである。残ったものを有形化するのではなく、‘今’をみていくことが大事だと考える。

そこで、筆者は祭りの動態に注目する。それは、「よさこい系」祭りが次々に創造されている現状の把握の分析であり、また、祭りの参加集団が地元の祭りに参加するだけでなく、1カ所にとどまらずに他の「よさこい系」の祭りに‘遠征’するという動きである。

民俗は無変化なものでは決してない。筆者は、民俗学の現在学・世相解説の史学という視点に立ち、動態や未来をも含めて、残存でなく進行形の民俗をとらえたいのである。そのために、「現在、創られつつある祭り」を対象とし、参加集団の‘遠征’という動きに注目するのである。伝統的・宗教的でない「よさこい系」祭りに、民俗文化の生成・創造・変化をみる。ここに、民俗学の現在学としての意味があると考えるのである。

さらに、筆者は、祭りから現代現象を論じたい。それは、伝承論となり、現代の人々の集合性を論じることとなる。

ひとつの都市の祭りが継承されるためには、その土地にある祭祀組織だけでそれが可能となるのかどうかを問う。その土地で祭りが行われることと、より多くの人々が参集して祭りが盛り上がることとの関係を問う。例えば「札幌」の祭りを支えているのは「札幌」の集団なのか、それ以外の集団なのか、あるいは、都市内のもっと狭い地域諸集団なのか、問われることとなる。都市の文化はそのときそのときに応じて、創造されて生きている。ここに、都市文化のもつ個別のニーズに応える機能にも目を向ける必要、つまりは、祭りの動態的研究が必要なのである。

今日の大衆は、資本の流通のなかで、メディアの情報のなかで、また、行政による強い管理のなかで生きざるを得ない。だが、その方向だけに引っ張られていては危険である。広がる方向だけでは持続しないのである。そういうものに付き合いながらも、リアリティが意識される文化方向、つまり、トポスへ引き戻す作業が、都市に生きる人々の文化動態のなかにある、と筆者は考える。その都市民衆の営みをとらえたい。

なお、ここで、本論での筆者の用語の定義をしておきたい。

柳田國男は、「祭礼」と「祭」を区別し、都市にあるもの、風流と見物人が存在するものを「祭礼」としている［柳田 1962a：178］。この区別は有効であろう。

また、薗田稔は「祭りとは――、劇的構成のもとに祭儀(リチュアル)と祝祭(フェスティビティ)とが相乗的に出現する非日常的な集団の融即状態(コミュニタス)の位相において、集団の依拠する世界観が実在的(リアル)に表象するものである。そして、その表象された世界像のなかで、集団はその存続の根源的意味を再確認し、成員のエトスが補強される。要すれば、祭りは集団の象徴的な再生の現象である」と定義している［薗田 1990:64］。

さらに、松平誠は、「祝祭」とは「日常生活の反転、それからの脱却と変身によって、日常的な現実を客体化・対象化し、それによって感性の世界を復活させ、社会的な共感を生み出す共同行為」と定義している［松平 1990:2］。松平は「高円寺阿波おどり」の研究でもこの定義を用いて祭りを分析している。

薗田の定義は、‘祭儀(リチュアル)’という言葉から、「祭り」でも宗教性のあるものを指していると理解される。「よさこい系」祭りは宗教性をもたない祭りである。よって、筆者が本論で用いる「祝祭」の定義は、松平の定義に拠りたいと考える。「祭り」というときには(広義での「祭り」)、村落や都市の宗教儀礼である「祭儀」、都市における「祭礼」または「祝祭」「イベント」、すべて含めた総体として使用する。なお、本論中の「祭り」「祭」「まつり」や「踊り」「おどり」という表記はそれぞれの「祭り」が正式に称している名に則している。

第3節　調査の概要・方法および本論の構成

本節では、この研究の基礎となった調査の概要と方法、および本論の構成について述べる。

1．調査の概要・方法

本研究の調査対象は、高知の「よさこい祭り」、札幌の「YOSAKOIソーラン祭り」、仙台「みちのくYOSAKOIまつり」、名古屋「にっぽんど真ん中祭り」の4つの「よさこい系」祭りである。当初は「よさこい系」祭りの展開全体を把握したいと考え、全国20数カ所において調査したが、全体的な把握ができた時点で、高知・札幌・仙台・名古屋の4つの「よさこい系」祭りに絞って調査した。4つを選んだ理由は次のとおりである。

高知は「よさこい」の本家、札幌は「よさこい」の第一伝播先である。また、「よさこい系」の祭りにおいては、基本的にはその開催地域は一地域に限定されるが、仙台においては、宮城1県に限定されない東北6県共通の祭りで「みちのく」とし、対象地域が‘拡大’されている特徴がある。そして、名古屋においては、地理的に日本のど真ん中である名古屋にどこからでも集まって踊るというもので、対象地域が‘開放’されている特徴がある。よって、筆者は、高知(「よさこい」の本家)、札幌(「よさこい」の第一伝播先)、そして祭りの対象地域の変化がみられる、仙台(対象地域拡大)、名古屋(対象地域開放)の事例がみられる4つに絞ったのである。この選択で分析することによって、祭りが全国に伝播していった結果、伝承母体はどうなるか、また、祭りの対象地域が拡大・開放されたときに‘地域’に対する考え、つまり地域トポスはどうとらえられるのかについて考えることが可能となる。

以上、4つの「よさこい系」祭りの調査期間は、1998年8月から2005年8月までで、調査方法は、祭り開催中のその地でのフィールドワークとその他の時期における祭りの主催者や参加者への聞き取りを中心に、補足的資料としてガイドブック、ちらし、新聞、雑誌からの情報も活用した。

祭りの開催時期であるが、高知以外は年により多少変わるが、開催順に、札幌が６月上旬、高知が８月９～12日、名古屋が８月下旬、仙台が10月上旬である。各「よさこい系」祭りの実際の調査期間は次のようになった。

⑴　高知「よさこい祭り」:1998年から2005年

⑵　札幌「YOSAKOIソーラン祭り」:1999年から2005年

⑶　仙台「みちのくYOSAKOIまつり」:1998年から2004年

⑷　名古屋「にっぽんど真ん中祭り」:1999年から2005年

（名古屋については2005年はフィールドワークはなく資料調査のみ）

このうち、⑴高知「よさこい祭り」については、1998年から2005年の毎年の開催期間中にそれぞれの開催日をはさんで２週間の滞在調査、および2002年３月に２週間滞在して、各チームへの聞き取り調査を行った。⑵札幌「YOSAKOIソーラン祭り」については、1999年から2005年までの毎年の開催期間中にそれぞれの開催日をはさんで３週間の滞在調査、および2001年２月、ならびに2001年から2005年までの毎年、祭り終了後の時期に各２週間ずつ、各チームの聞き取り調査と会場運営についての聞き取り調査を行った。⑶仙台「みちのくYOSAKOIまつり」については、1998年から2004年までの毎年の開催期間中にそれぞれの開催日をはさんで、10日間の滞在調査、および2004年12月に２週間滞在して、各チームの聞き取り調査を行った。⑷名古屋「にっぽんど真ん中祭り」については、1999年から2004年までの毎年の開催期間中にそれぞれ開催日をはさんで２週間の滞在調査、および2001年４月に１週間、各チームへの聞き取り調査を行った。

２．本論の構成

本研究では「現代社会における人々の集合性」と「地域文化の継承性」について考察する。各章において、祭りがどう支えられ、継承され、そして発展していくか検証する。それは、民俗学においては、「都市民俗学」ならびに「都市の伝承母体」についての再考を行うこととなる。

本論の構成、つまり諸問題は次のとおりである。

第１章では、４つの「よさこい系」祭り―高知「よさこい祭り」、札幌「YOSAKOIソーラン祭り」、仙台「みちのくYOSAKOIまつり」、名古屋「にっぽんど真ん中祭り」のそれぞれの概観と特徴について述べる。また、その他の「よさこい系」祭りも数例取り上げ、全国展開を全体的に把握する。

第２章では、「よさこい系」祭りの特徴である地域性の表出について考察する。地域性の表出は、‘祭り’と参加集団どちらにもみられるが、この章においては‘祭り’そのものの地域表象の多様性を検証する（参加集団の地域表象については、別章でも述べる。特に第９章で詳しく論じる）。

第３章では、「よさこい系」の祭りは、「阿波おどり」のように踊りそのものが伝わったのでない、祭りの‘形式’が伝播した祭りだが、なぜこれほどまでにこの祭りの形式が全国に広がったのか、その伝播の理由についての理論を提示する。

第４章では、このように全国展開した結果、本家である高知の人々の意識はどのように変容していくのか、参加者の‘語り’の分析を行い、祝祭の正統性について考察する。

第５章では、「YOSAKOIソーラン祭り」の参加集団の地域表象をみていくことで、「オーセンティシティ（authenticity）」について再考したい。従来の観光人類学において当然のことと論じられてきたオーセンティシティ（「らしさ」）だが、それだけで、人々は心的充足を得られるのか考えたい。また、オーセンティシティについては重要な問題なので、「拡大・凝集」という論点で、結論を導く第８章で深く再考したい。

第６章では「YOSAKOIソーラン祭り」の参加集団と会場運営集団にみられる都市性と継承性ついて考察する。参加集団を分類し、そのうち、地域密着型参加集団の２チームを取り上げる。会場運営集団については、地元チームもある会場を分析する。そのうえで、祭りを支えるエネルギーについて考察する。

第７章では、「YOSAKOIソーラン祭り」に参加する札幌市内のある地域密着集団を詳細に分析し、踊りの独自性として表出される地域性の背景となる地元の歴史・文化について考察する。独自の踊りによる生活文化が、地域社会の歴史と結びついていかに創造されていくかを動態的に考察する。いかに地域表象やトポスが現代的に生成されるのかを分析するのである。

第８章では、「フォークロリズム」の概念の再検討を行いながら、従来の「伝承母体」についての見解を検証しつつ、「現代」における「都市の伝承母体」について再検討する。

第９章においては、「よさこい系」の４つの祭りのうち，高知と札幌においては使用民謡が限定されているが、対象地域の拡大・開放を行った仙台や名古屋の祭りでは、それぞれの地元の民謡の使用というルールで、実にさまざまな民謡が使用されている。仙台・名古屋の２つの「よさこい系」祭りに使用される民謡を分析し、‘地域’のとらえ方、また、地域との関わりについて考察する。

なお、第８章において、結論の一部を細かい実証を含めて提示しておく。結論のひとつと考えてもらってよい。

終章においては、「よさこい系」祭りの全国展開、祭りの参加集団と運営集団の継承性、そしてそこの土地で伝承する意味について、祭りの空間的伝承性と時間的伝承性を総合化して、都市の伝承母体を理論化する。各章の総括を行い、本研究において提示される筆者独自の都市の伝承論と今後の課題について述べたい。

また、各章は第Ⅰ部から第Ⅳの４つのブロックにまとめられると考える。

第Ⅰ部　「よさこい系」祭りの概説―第１章

第Ⅱ部　祭りの空間的伝承性―第２章から第４章

第Ⅲ部　祭りの時間的伝承性―第５章から第７章

第Ⅳ部　「都市の伝承母体」論―第８章・第９章

さらに、各章の内容を全体的に把握すると、次の６つの小テーマを追究することになる。終章においては、その小テーマに則して論述する。

1．祝祭の受容と展開

2．祝祭の伝播理論

3．祝祭の正統性

4．祝祭にみる地域表象―オーセンティシティとリアリティ―

5．参加集団と運営集団にみる拡大と凝集

6．都市の伝承母体

小テーマの１から３は、「よさこい系」祭りの全国展開をとらえる議論としてまとめられ、第Ⅰ部「「よさこい系」祭りの概説」と第Ⅱ部「祭りの空間的伝承性」に対応する（章では第１章から第４章）。また、小テーマの４と

５は、祭りの参加集団と運営集団にみる「拡大」と「凝集」の論理であり、参加集団に関しては、その地域表象を中心に考えるもので、第Ⅲ部「祭りの時間的伝承性」に対応する(第５章から第７章)。そして、小テーマ６は、「都市の伝承母体」についての再考で、第Ⅳ部「「都市の伝承母体」論」に対応する(第８章・第９章)。

註

（1） その他、高知の「よさこい祭り」については、[岩井 2001, 2003] もある。

（2） 長崎佐世保の「よさこい系」祭り「YOSAKOIさせぼ祭り」を調査した論文はある [岩野 2003]。

第Ⅰ部

「よさこい系」祭りの概説

第１章 「よさこい系」祭りの全国展開についての概観と特徴

全国各地に広がる「よさこい系」の祭り(原則として鳴子(なるこ)を持ち、地元の民謡などを取り入れた曲で踊る祭り)(1)の、2005年度の開催状況は［表1-1］に示すとおりである。また、［地図1-1］は2001年時点での開催状況を地図に表したものである。

「よさこい系」の踊りは、非常に演劇性が高い身体表現の創作舞踊で、‘見せる’踊りである。柳田國男が述べる都市の祭りと村落の祭りとの違いである“見物人”の存在［柳田 1962a:182］が不可欠の祭りである。さらに、踊りを創作するには衣装や振り付けや作曲の技術などへの投資が必要であり、また、さまざまな祭り関連グッズの販売(2)や遠方から参加の踊り子、そして祭り目当ての観光客の旅費・宿泊代などが莫大な経済効果を生じさせるなど、あらゆるものを消費させることからも典型的な“都市の祭り”であるといえる。伝播先の祭りは、商店街のメンバーや役所の職員などが、高知や北海道の「よさこい」を視察した結果から始まったというものもあるが、ある特定の‘個人’が「感動」して始めたものもある。‘普通の’人が祭りの発案者、創始者となるのである。

この章では、序章で述べたように、筆者が対象とする４つの「よさこい系」祭り—高知「よさこい祭り」、札幌「YOSAKOIソーラン祭り」、仙台「みちのくYOSAKOIまつり」、名古屋「にっぽんど真ん中祭り」の事例、そしてその他の「よさこい系」祭りから、「よさこい」の導入形態についてさぐり、全国展開の概観と特徴について述べたい。

第１節 高知「よさこい祭り」

まず、本家の「よさこい祭り」について述べたい。

もともと「よさこい踊り」(3)はお座敷芸であり、それを外で、誰でも踊れ

表1-1「よさこい系」祭りの開催状況(2005年)

	名　称	開催地
1	YOSAKOIソーラン祭り	北海道札幌市
2	えべつ北海鳴子まつり	北海道江別市
3	阿寒ほろろん祭り	北海道阿寒町
4	よさこい津軽まつり	青森県弘前市
5	はちのへYOSAKOIまつり	青森県八戸市
6	とわだyosakoi 夢まつり	青森県十和田市
7	YOSAKOI三海まつり	青森県三沢市
8	津軽よさ恋フェスティバル	青森県尾上町
9	ひがしどおりよさまい鳴子踊り	青森県東通村
10	YOSAKOIさんさ	岩手県盛岡市
11	kesen よさ恋フェスタ	岩手県大船渡市
12	TOSAKOI in水沢	岩手県水沢市
13	みちのくYOSAKOIまつり	宮城県仙台市
14	石巻川開き祭り	宮城県石巻市
15	ヤートセ秋田祭り	秋田県秋田市
16	むらやま徳内まつり	山形県村山市
17	ひがしね祭り	山形県東根市
18	花笠YOSAKOIまつり	山形県尾花沢市
19	うつくしまYOSAKOIin郡山	福島県郡山市
20	うつくしまYOSAKOIまつり	福島県いわき市
21	2005　祭天	福島県須賀川市
22	あだたらYOSAKOI祭り	福島県本宮町
23	さくらYOSAKOI祭り	福島県富岡町
24	よかっぺまつり	茨城県日立市
25	竜KOI舞祭	茨城県竜ケ崎市
26	小鶴よさこいまつり	茨城県茨城町
27	宮っこよさこい	栃木県宇都宮市
28	日光よさこい祭り	栃木県日光市
29	YOSAKOIおやま	栃木県小山市
30	前橋まつり	群馬県前橋市
31	高崎まつり	群馬県高崎市
32	桐生八木節まつり	群馬県桐生市
33	たたらよさこい	埼玉県川口市
34	彩夏祭(さいかさい)	埼玉県朝霞市
35	坂戸よさこい	埼玉県坂戸市
36	新松戸まつり	千葉県松戸市
37	千葉YOSAKOI夏の陣	千葉県茂原市
38	むつざわよさこいフェスティバル	千葉県睦沢町
39	大高田馬場まつり	東京都新宿区
40	大江戸舞祭(おおえどまいまつり)	東京都新宿区
41	大井どんたくよさこい祭り	東京都品川区
42	原宿表参道元氣祭スーパーよさこい	東京都渋谷区
43	大江戸人祭(おおえどひとまつり)	東京都渋谷区
44	東京よさこい	東京都豊島区
45	調布よさこい	東京都調布市

名　称		開　催　地
46	町田夢舞生ッスイまつり	東京都町田市
47	ひのよさこい祭り	東京都日野市
48	ドリーム夜さ来い	東京都臨海副都心
49	ハマこい踊り	神奈川県横浜市
50	相模台まつり	神奈川県相模原市
51	相模原よさこいRANBU	神奈川県相模原市
52	ODAWARAえっさホイおどり	神奈川県小田原市
53	海老名市産業まつり	神奈川県海老名市
54	ZAMA燦夏祭(さんかさい)	神奈川県座間市
55	よさこいひょうたん踊り	神奈川県大井町
56	新潟総踊り祭り	新潟県新潟市
57	長岡まつり	新潟県長岡市
58	どんGALA祭り	新潟県柏崎市
59	よさこいおけさ	新潟県佐渡郡
60	YOSAKOIとやま	富山県富山市
61	祭りの國能登の賑わい	石川県七尾市
62	YOSAKOIソーラン日本海	石川県押水町
63	YOSAKOIイッチョライ大会	福井県福井市
64	YOSAKOI安曇野	長野県穂高町
65	美濃源氏七夕まつり	岐阜県瑞浪市
66	静岡おだっくい祭り	静岡県静岡市
67	浜松よさこい祭り	静岡県浜松市
68	よさこい東海道	静岡県沼津市
69	よさこいソーズラ伊東	静岡県伊東市
70	あっぱれ富士	静岡県富士市
71	よさこい御殿場	静岡県御殿場市
72	にっぽんど真ん中祭り	愛知県名古屋市
73	よさこいinおいでん祭	愛知県豊川市
74	豊田おいでん祭り	愛知県豊田市
75	犬山踊芸祭	愛知県犬山市
76	安濃津よさこい	三重県津市
77	熊野古道まつり	三重県熊野市他
78	ござれGO-SHU!	滋賀県甲賀町
79	こいや祭り	大阪府大阪市
80	大阪メチャハッピー祭	大阪府大阪市
81	駒川まつり	大阪府大阪市
82	よさこいin泉大津	大阪府泉大津市
83	YOSAKOIソーリャ!	大阪府貝塚市
84	ザ・まつりin IZUMISANO	大阪府泉佐野市
85	箕面まつり	大阪府箕面市
86	神戸よさこいまつり	兵庫県神戸市
87	神戸垂水よさこいまつり	兵庫県神戸市
88	Kinki 世さこい踊り真釣in長田	兵庫県神戸市
89	ひめじ良さ恋まつり	兵庫県姫路市
90	よさこい兵庫	兵庫県明石市

	名　　称	開　催　地
91	宝塚YOSAKOIフェスタ	兵庫県明石市
92	KAKOGAWA踊っこまつり	兵庫県加古川市
93	おの恋おどり	兵庫県小野市
94	きのさき温泉YOSAKOI祭り	兵庫県城崎町
95	バサラ祭り	奈良県奈良市
96	紀州よさこい祭り	和歌山県和歌山市
97	弁慶まつり	和歌山県田辺市
98	紀の国やっちょん祭り	和歌山県橋本市
99	いわで夏まつり	和歌山県岩出町
100	米子がいな祭り	鳥取県米子市
101	斐川よさこい祭	島根県斐川町
102	きんさいYOSAKOI	広島県広島市
103	よっしゃこい祭	広島県呉市
104	しものせき馬関まつり	山口県下関市
105	よいとこカーニバル	山口県岩国市
106	ドラゴンフェスティバル	山口県豊浦町
107	さぬき高松祭り	香川県高松市
108	まるがめ婆娑羅まつり	香川県丸亀市
109	銭形踊りコンテスト	香川県観音寺市
110	新居浜夏まつり	愛媛県新居浜市
111	四国かわのえ紙まつり	愛媛県川之江市
112	よさこい祭り	高知県高知市
113	ふくこいアジア祭り	福岡県福岡市
114	YOSAKOIかすや祭り	福岡県粕屋町
115	YOSAKOIみづま	福岡県三潴町
116	さがさこいまつり	佐賀県佐賀市
117	鳥栖YOSAKOI	佐賀県鳥栖市
118	YOSAKOIひがなが	長崎県長崎市
119	YOSAKOIさせぼ祭り	長崎県佐世保市
120	平戸南風夜風人まつり「秋の陣」	長崎県平戸市
121	荒尾荒炎祭	熊本県荒尾市
122	さのよいファイヤーカーニバル	熊本県荒尾市
123	もーれもーれチャンプルー祭り	沖縄県那覇市

（矢島作成、2006）

注１：「よさこい」単独の祭り、および祭りやイベントの一部ではあるものの主催者が主体となって(あるいはそれに近いかたちで)取り入れた祭りをあげてある。よってイベントのパレードなどに、そのときだけ他の催物と一緒に参加したものは除いてある。
各地の祭りの観察、および関係者への聞き取り調査により作成。

注２：「名称」については、鳴子踊りに特別な名称をつけてあるものとないものがある。例えば、「新松戸まつり」の鳴子踊りには特別な名称はない。一方、「東京よさこい」は西池袋の「ふくろ祭り」 における鳴子踊りの名称である。

地図1-1 「よさこい系」祭りの開催地図(2001年)(矢島作成 :2002年)

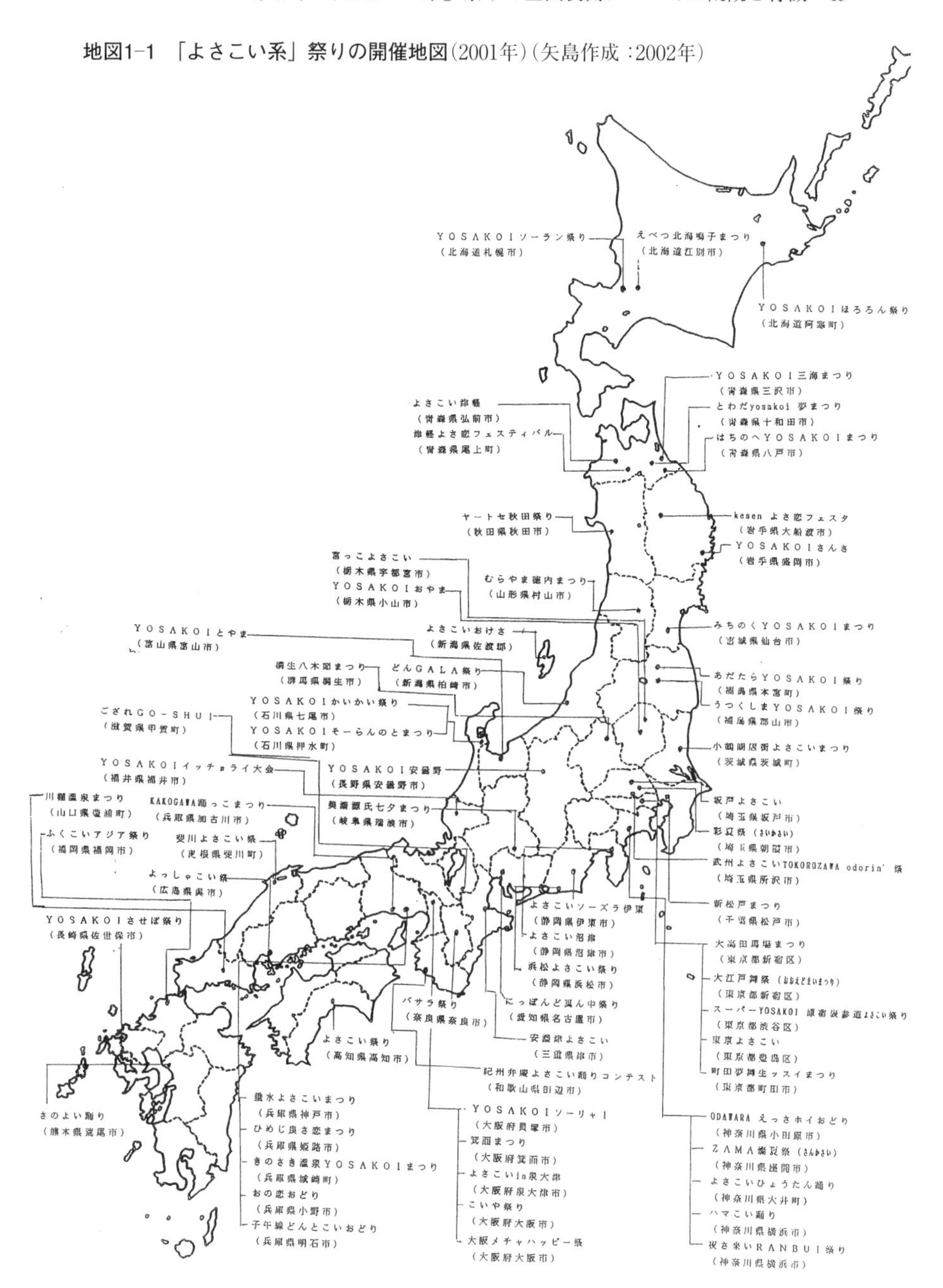

る踊りにしようと花柳・若柳・藤間・坂東・山村の日舞五流派の師匠に依頼して振り付けを変えて、1950年の博覧会、「南国博」の「芸能館」で披露したところ、人々の人気を集めた。1953年、商工会議所のメンバーが、隣県・徳島の「阿波おどり」を見学してこれに感動し、高知でも「阿波おどり」に負けないような市民の祭りをつくりたいと行政にも働きかけて、1954年から開始されたのが「よさこい祭り」である。新しい曲作りを依頼された高知在住の作曲家、武政英策氏が、歴史のある「阿波おどり」に対抗するために‘鳴子’と呼ばれる楽器を手にすることを考えつき、「よさこい鳴子踊り」[4]という曲が作られた。

第1回には、8月10日・11日の2日間[5]、21チーム、約750 人の踊り子が参加した。第4回(1957年)にバンドや音響機材を搭載した地方車が登場する[6]。1959年にペギー葉山の「南国土佐をあとにして」[7]が大ヒットして、その映画で「よさこい祭り」も収録され、知名度がアップする。この年、当時、県内唯一の民放テレビ「ラジオ高知テレビ」が実況生中継を開始し、第9回(1962年)には、高知放送テレビが、全国に向け実況中継をした。1970年の大阪万博には「日本の祭り」十選のひとつとして参加する。さらに1972年、フランスのニースのカーニバルに参加する際、「よさこい鳴子踊り」の曲をサンバ調にアレンジした曲を用いたが、この年の8月の「よさこい祭り」(第19回)ではこのサンバ調のリズムの曲が紹介されて、若者を中心にこれを真似るチームが多くなった。この頃から‘正調’(「よさこい祭り」を開始するに際して、最初に作られた踊りと曲)でないものが徐々に増えていくこととなる。また、それまで本部競演場では正調の踊り・曲が原則であったが、第25回(1978年)には、この決まりもなくなった。1989年、高知市制施行100周年を迎え、この年に追手筋競演場(会場については後述)に予約桟敷席が設けられる(第36回)。同年、南フランスのマルセイユで行われた「ジャパンウィーク」に踊り子が派遣され、踊りを披露した。1991年に高知商工会議所が100周年を迎え、これを記念して、このときから8月9日の前夜祭が開始された。2003年には50周年を迎え、電車通りやアーケードで、初期の頃から現在に至るまでの踊りの披露や、祭り開催直前の時間に観客に道路で踊ってもらう「よさこいアベニュー」などの記念イベントが行われた[8]。祭りの最初の頃は、市営プールでの水上ショー（飛び込み演技やファッションショー）なども行われていたが、今では、「祭り」とはいうものの純粋に「踊り」だけが行われている。現在、祭りの開催日は毎年８月９日から12日と決まっている。９日は神事である祈願祭で始まる前夜祭が行われ、10・11日は本祭、12日は後夜祭が行われる。2005年の第52回には、競演の会場は15カ所、177 チーム、約19,000人の踊り子が参加した。

［表1-2］は「よさこい祭り」第１回から第52回までの参加人数の推移である。50回の歴史のなかでは、参加希望者があまり多くなく、夏休みで帰省する大学生にアルバイト代を払って参加してもらっていた時期もあったという。「昔はお金もらって参加していたのに、今では、お金払って参加する」という。「昔」がいつ頃のことなのか関係者に聞いてもはっきりしないが、人数の伸び悩みがうかがえることや、1972年にニースのカーニバルにサンバ調のリズムで参加した踊りがその年の祭り（第19回）で若者を中心に評判がよかった、との話から、おそらく最初の頃から第19回あたりまでではないかと推測される。

1992年には北海道で「YOSAKOIソーラン祭り」が誕生し、その後、全国各地で「よさこい」形式の祭りが始まっている。この動きに対して高知県は、1996年から高知の踊り子を派遣し、指導するための費用を補助する普及事業―「出前事業」を行った（2005年時点ではもう行っていない）。

また、1999年の第46回から後夜祭に連動するかたちで、「よさこい全国大会」が開催され、全国から踊り子が参加している。全国大会第１回は、県外から14チーム、約1,000人が参加し、これに「よさこい祭り」での受賞チームを加えた33チーム、約3,000人が最終日に競演した。北海道地区・東北地区などの地区ブロックごとの希望チーム（多い場合は選抜）と本祭の受賞チームが競演する。2005年には、県外から35チームが参加し、これに本祭の受賞チーム21チームを加えた56チームが競演した。全国大会の賞は順位ではなく、「粋（いき）」「睦（むつみ）」「艶（つや）」「豪（ごう）」「夢」という５つの優秀賞と、「よさこい鳴子踊り」をつくった武政英策氏にちなんだ「武政英策賞」、「南国土佐をあとにして」のヒットで高知に縁があるペギー葉山氏による「ペギー葉山賞」（2002年設定）がある。「武政英策賞」と「ペギー葉山賞」は高知県内のチームが対象だが、

表1–2　「よさこい祭り」の推移

	参加数	
	チーム数	人数
第１回(1954)	21	750
第２回(1955)	30	1,600
第３回(1956)	39	1,700
第４回(1957)	31	1,800
第５回(1958)	40	2,200
第６回(1959)	43	2,500
第７回(1960)	43	3,200
第８回(1961)	51	3,600
第９回(1962)	46	3,200
第10回(1963)	43	3,500
第11回(1964)	40	3,500
第12回(1965)	39	3,500
第13回(1966)	33	3,800
第14回(1967)	40	4,200
第15回(1968)	49	5,000
第16回(1969)	58	4,800
第17回(1970)	45	4,000
第18回(1971)	42	4,500
第19回(1972)	43	3,500
第20回(1973)	63	5,500
第21回(1974)	62	5,300
第22回(1975)	61	5,400
第23回(1976)	47	5,200
第24回(1977)	62	6,500
第25回(1978)	62	6,500
第26回(1979)	65	6,500
第27回(1980)	65	7,000
第28回(1981)	63	7,000
第29回(1982)	68	8,000
第30回(1983)	86	10,000
第31回(1984)	91	12,000
第32回(1985)	106	13,000
第33回(1986)	112	13,000
第34回(1987)	113	14,000
第35回(1988)	107	13,000
第36回(1989)	123	15,000
第37回(1990)	123	15,000
第38回(1991)	137	16,200
第39回(1992)	138	16,200
第40回(1993)	144	16,500
第41回(1994)	133	14,100
第42回(1995)	123	13,300
第43回(1996)	123	13,500
第44回(1997)	126	14,000
第45回(1998)	123	14,000
第46回(1999)	134	15,000
第47回(2000)	144	16,400
第48回(2001)	153	17,000
第49回(2002)	157	17,400
第50回(2003)	187	20,000
第51回(2004)	179	19,000
第52回(2005)	177	19,000

（よさこい祭り振興会提供、矢島まとめ 2006）

図1-1 「よさこい祭り」会場の位置関係概念図(2005年)

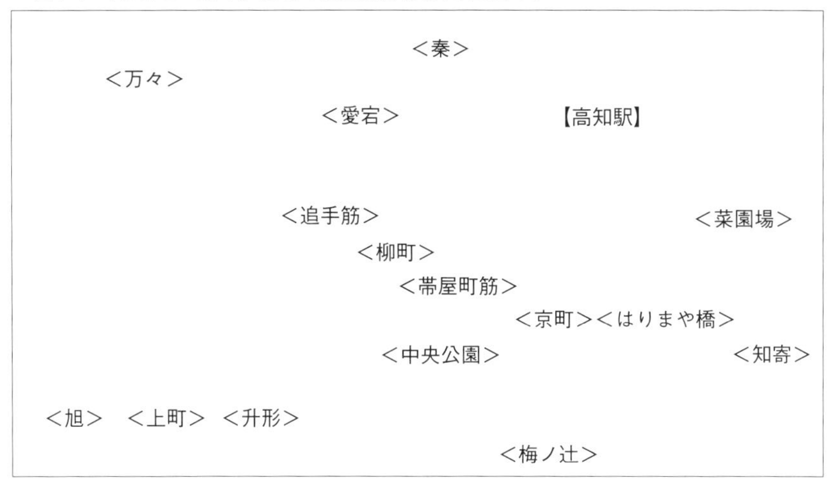

< >は会場名、【 】は駅名

それ以外はすべて県外チームが対象である。全国大会を機に高知大神宮の境内に「よさこい稲荷神社」が誕生し、特大鳴子が奉納されている。

会場には審査のある‘競演場’と審査のない‘演舞場’がある。近年ずっと、会場は市内の東西に14カ所設定されていたが、2002年には、北部の郊外会場「イオン高知」の「秦」会場が加わり15カ所となった。競演場は、追手筋、中央公園、愛宕、知寄町、菜園場、梅ノ辻、升形、上町、万々、旭町の10カ所で、演舞場は、帯屋町筋、はりまや橋、京町、柳町、秦の5カ所である。会場のなかには、踊りが上手かったり目立ったりする踊り子にオリジナルのメダルをかけるところもある。[図1-1] は会場の位置関係の概念図である。

運営は、追手筋と中央公園は振興会、その他の会場はそれぞれの商店街(「秦」に関してはイオン高知)が主体となる。追手筋には有料の桟敷席があり(昼の部・夜の部)、前売りもされるが、夏の高知は暑いために夜の部がすぐに売り切れる。高知市内東西に広がる商業地から、北部郊外へ会場が展開しており、商業地の変化に伴う会場の増加(変化)がある。秦会場は、駐車場での開催だが、2004年には桟敷席(無料)が設けられ、身障者・高齢者用の席も設け

写真1-1　高知「よさこい祭り」の地方車(2002年)

ている。あとから設定された会場だけに時代・社会のニーズに応えている。審査は、前夜祭と本祭、全国大会でそれぞれに行われる。前夜祭では‘グランプリ’、本祭では‘大賞’がトップである。踊り子たちは、前夜祭・本祭・全国大会で、それぞれ賞の発表が終わったあと、正調の踊り(「よさこい鳴子踊り」)を踊る。また、本祭１日目の夜、20分間だけ、升形の会場で生バンドの演奏で踊る総踊りがある。これは、踊り子全員を対象としているわけではなく、踊りたい踊り子だけがここに集まる総踊りである(9)。

踊るスケジュールは一部の会場でのみ決まっているだけで(中央公園と追手筋)、踊り子たちは好きな会場に行って踊る。できるだけ多くの会場を回って、できるだけ多くの人に見てもらおうとする。地方車はチームと一緒にどこにでも行き、チームの曲を流す。踊り子たちとの運命共同体であり、チームの‘顔’である。よって装飾に凝り、毎年作り直すチームが多い［写真1-1］。

祭りへの参加費用(チームが祭りに参加するための費用)については、本祭参加はチームすべて３万円である。この他に、チームの誘導などの責任者法被２着(１着１万円で計２万円)が必要だが、すでに持っているチームは購入しなくていい。全国大会への参加費は無料である。

鳴子を手に持つことと、アレンジは可能であるが、「よさこい鳴子踊り」の曲を一節でも入れた曲で踊ることがルールとなっており、踊り方や音楽や衣装については規制がない。鳴子は図のようなかたちをしており、もともと田畑の雀おどしで、‘バチ’が‘しゃもじ’に触れるときにカチカチと音が

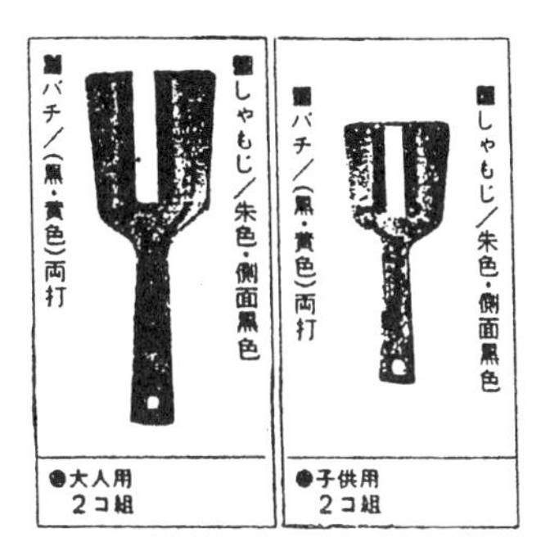

図1−2 鳴子のかたち（製造所リーフレットによる）

する楽器である。しゃもじ部分が朱色で３本のバチの真ん中が黄色、両脇が黒色というのがスタンダードであるが、最近ではバチが片側にしかない‘片打鳴子’をはじめとして色・かたちも多様となっている［図1−2］(10)。

参加集団（チーム）の結合契機は多様であり、踊り子は地域や学校や企業の人間に限定されている場合もあるが、原則としてそうであっても、その知人・友人をも含んでいることもある（なお、学生のチームはあるが、後述する「YOSAKOIソーラン祭り」にみられるような企業がスポンサーとなる学生と企業の合同チームはない）。踊り子の募集は一般募集が多く行われており、数千円から数万円の参加費を払って好きなチームに入る。企業名を掲げたチームでも踊り子は外部の人間である場合が多い。これは、練習のための時間が相当必要なことと、当日は祭りに参加すると業務へ差し障りが出るからである。つまり、上野千鶴子のいう「選択縁」［上野 1984］によって集団となることが多い。既成のチームから抜けて新たにチームをつくることもある。自分にとってより好ましい踊りをするチームを求めて移動を繰り返す踊り子もいる。祭りのガイドブックである、2002年の『よさこい読本』の表紙には「今年はどこで踊る？」の文字があり、移動が当たり前となっていることがわかる。また、居酒屋で「さて、来年はどこで踊ろうか」という声も聞かれる。

「よさこい祭り」は、もともと高知市内の祭りであり、市外の参加は少ないが、地方の土佐山田町のチームは山田太鼓をモチーフとして地域性を表出している(11)。市内のチームにおいてはオリジナリティを‘高知市’からさらに細分化された‘地域’の表象に求めるチームもある。京町・新京橋のチー

写真1-2　高知「よさこい祭り」の踊り(2002年)

ムはこの地の伝説の‘しばてん’と呼ばれる河童を衣装の絵に使う(12)［写真1-2］。上町のチームは、ここが坂本龍馬の生誕の地ということで龍馬の紋のついたポシェットを使用したりする(13)。チームごとの踊りの型(そのチームらしさ、雰囲気)はほぼ決まっている。そのため、踊り子は、衣装の方に興味が集中する。毎年５月に市内のインフォメーションセンターなどで衣装のデザイン画の展示があり、それを見て、今年踊りたいチームを決めている。

チームのなかには、高齢者のチームや身体障害者のチームもある。また、2000年から日韓の学生合同のチームも参加し、「Japarean」(ジャパリアン)と称している。

踊り子たちは基本的には祭りの期間だけ活動し、日常的な活動はしないが、2001年から開催されている東京・原宿の「原宿表参道元氣祭スーパーよさこい」(８月下旬の土日開催)には高知のチームが複数参加して踊りを披露している。

祭りの運営は商工会議所内の「よさこい祭振興会」が中心となる。この組織は祭りが始まった1954年に、発起団体だった高知商工会議所に事務局を置き、関係諸団体がつくった組織である。行政や商工団体、交通機関、マスコミなど約40団体の代表からなる理事55人(2000年時点)で構成されている。全体を統括する「総務部会」、ルールなどを検討する「事業部会」、県外PRなどを考える「企画部会」の３部会からなる。それらを主催する団体は、高知商工会議所、高知県、高知市、高知新聞社、RKC高知放送の５団体であり、これに、競演場連合会も加わっている。今でも、「よさこい祭振興会」は独立した団体ではなく、高知商工会議所に置かれているが、事務局のスタッフも専任のスタッフではなく、商工会議所の人たちである。スポンサーとしての企業の協力は多数あるが、ほかの共催組織はなく、また、役員は置かれていない。

第2節 札幌「YOSAKOIソーラン祭り」

次に高知から伝播した札幌「YOSAKOIソーラン祭り」について述べたい。

北海道は開拓の地であり、道内への移住者によりもたらされたさまざまな地方の民間信仰や民俗芸能としての祭りが従前から存在していた。移住者の郷土文化の再現である。移住者の出身地としては東北・北陸地方が圧倒的に多いが、四国・中部地方からの移住者も多い。そのために東北地方の「ねぶた」や「ねぷた」、徳島の「阿波おどり」などを取り入れて地域の祭りとしているところもある(14)。さらには民間信仰や民俗芸能とはほとんど関係ない人呼びのイベントも近年増加し、北海道全体では、1年間に2,000を超える祭りやイベントが数えられる。このなかには「ソーラン節」に合わせて踊る「北海ソーラン祭り」というものもあり、余市町で1969年から行われている。

札幌に関しては、「YOSAKOIソーラン祭り」以前の大きなイベントとしては、まず北海道神宮例祭の「札幌まつり」があげられる。明治期から始まる伝統的な祭りで、毎年6月14日から17日にかけて、能、神楽、囃子の奉納や街中での神輿渡御が行われる。また、1950年に始まる「さっぽろ雪まつり」は例年2月上旬の7日間行われており、300基を超える雪氷像が作られるが、冬の最大イベントとして続いている。

「YOSAKOIソーラン祭り」は、1991年、当時、北海道大学の学生だった長谷川岳氏が病気の母親の見舞いに訪れた高知で、初めて「よさこい祭り」を見て「感動」し、学生の実行委員会を結成して1992年に開始した祭りである。鳴子を手に持つことと、曲の中に「ソーラン節」の曲の一節を入れることがルールである。最初の段階では6月初旬の北海道大学の大学祭の毎年の駅前パレードで学生を中心にして踊るというものであったが、対象を広げた方が人を集めやすい、また市民の支持を得て地域に根づく祭りにしたい、との意見から、大学祭とは切り離したものとなった。

第１回は３会場、10チーム、約1,000人の参加であった。また、この年、学生と北海道・高知両知事のフォーラムが開かれ、両知事の対談や両知事を交えての学生たちとの意見交換も行われた。この席で、それまでなかった高知と札幌間の直行便の開設が提案された(1996年４月に実現)。第５回には参加チームは100チームを超え、踊り子の数も１万人を超えた。第７回から現在の会期の５日間となり、大通公園でのパレードが初めて実施され、パレードを見る有料の桟敷席も設けられた。

2000年には本祭１日目の夜に大通公園会場で爆発事件が起こり、学生スタッフ10人が負傷し(うち１人は重傷)、翌日本祭２日目の午前中、現場検証のために大通会場(公園・パレード)が使用できなくなり、審査の対象となるブロック(審査については後述)に出場できないチームが出た。そのために、この年はすべての審査が行われなかった。

2002年(第11回)、電飾のついた４基の山車のあとを、札幌チーム・Southチーム(道南)・North チーム(道北)・学生チームの４つのチームに2,000人ずつに分かれて(計8,000人)、サンバやジャズのリズムで踊る「ソーランイリュージョン」[15]も始まった(「イリュージョン」はのちに、2,500人ずつ、合計10,000人となっている)。

2000年には海外(中国)からのチームも参加し、2002年には４カ国(中国、シンガポール、アメリカ、オーストラリア)からの参加があった。また同年、大通公園内で北海道の農水産物を販売する「北のふーどパーク」という物産展も開始された。2005年の第14回には、会場の数は27会場、340チーム、約44,000人の踊り子が参加した。今や「さっぽろ雪まつり」と並ぶ北海道のイベントとして定着している。人口180万人の札幌市で、観客動員数は200万人を超え、経済効果も200億円といわれている。

現在の開催期間は６月上旬から中旬の５日間で、水曜日に始まり日曜日に終わる。１・２日目が札幌市内および学生チームの演舞、３日目は前回の受賞チームとジュニア大会受賞チームとゲストチームが競演する「ソーランナ

図1-3 「YOSAKOIソーラン祭り」会場の位置関係概念図(2005年)

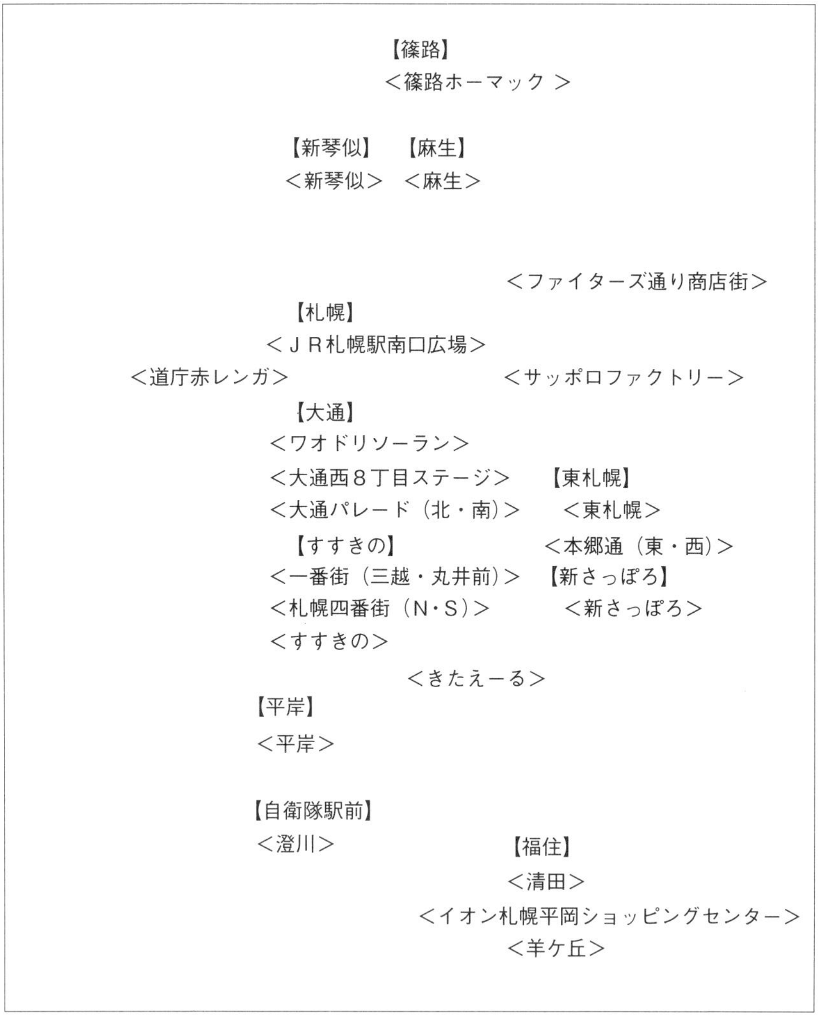

【篠路】
＜篠路ホーマック＞

【新琴似】 【麻生】
＜新琴似＞ ＜麻生＞

＜ファイターズ通り商店街＞

【札幌】
＜ＪＲ札幌駅南口広場＞

＜道庁赤レンガ＞ ＜サッポロファクトリー＞

【大通】
＜ワオドリソーラン＞
＜大通西８丁目ステージ＞ 【東札幌】
＜大通パレード（北・南）＞ ＜東札幌＞

【すすきの】 ＜本郷通（東・西）＞
＜一番街（三越・丸井前）＞ 【新さっぽろ】
＜札幌四番街（N・S）＞ ＜新さっぽろ＞
＜すすきの＞

＜きたえーる＞

【平岸】
＜平岸＞

【自衛隊駅前】
＜澄川＞

【福住】
＜清田＞
＜イオン札幌平岡ショッピングセンター＞
＜羊ケ丘＞

＜ ＞は会場名、【 】は駅名

イト」、４・５日目が本祭で、５日目夜に大賞が決まる。

競演場は、2005年においては、大通西８丁目ステージ、大通パレード(北・南コース)、一番街(三越・丸井前)、道庁赤れんが、札幌四番街(N・Sステージ:北・南ステージ)、すすきの(西３・４丁目)、JR札幌駅南口広場、サッポロファクトリー、ワオドリソーラン、澄川、麻生、新琴似、篠路ホーマック、平岸、羊ケ丘、東札幌、本郷通(東・西コース)、清田、イオン札幌平岡ショッピングセンター、新さっぽろ、きたえーる会場、ファイターズ通り商店街の22カ所であるが、このうち、大通パレード、一番街、札幌四番街、すすきの、本郷通はそれぞれ２コースに分かれて踊りが踊られているので、全部で27会場となる［図1–3］。

会場の運営については、第６章で詳述するが、大通西８丁目ステージはYOSAKOIソーラン祭り学生実行委員会、大通パレードはYOSAKOIソーラン祭り組織委員会が行う。その他の会場運営は、各商店街やイベント会社などが行っている。大通西８丁目ステージは現在でも現役大学生が中心となる“聖域”として保たれ、司会も学生が担う。また、1999年の第８回には、祭りの期間中だけ大通公園内に「よさこいソーラン神社」が設置され、中には鳴子と北海道神宮のお札が収められた。神社の設置は、この年と翌年の第９回の２回のみで、そのあとは、後述の「ワオドリソーラン」の櫓の場所となり、神社の設置はなくなった[16]。

各会場とも踊りのスケジュールが分単位で細かく決められており、踊り子は急いで次の会場へと主に地下鉄で移動する。地方車の使用はパレード形式のみである。その他は会場ごとに予め準備された各チームのＭＤが流される。地方車はいったん作ると、ほんの少し装飾を変えるくらいで、毎年同じものを使用するチームが多い。

審査は、大通南北パレード会場において、１次審査が14のブロックに分かれて行われ、15チームが選ばれる。これと別に観客の審査(携帯投票)で１チームが選ばれる。計16チームがファイナルコンテストに進出して最終日に大賞が決まる。賞は、大賞、準大賞、北海道知事賞、高知県知事賞、札幌市長賞、高知市長賞や、その他協賛企業名のついた賞が設けられている。各賞には賞状が送られ、大賞には1998年より「纏」も渡されるが、この纏は毎年大賞チームが引き継ぐものである。

なお、事前の手続きと練習は必要ではあるが、決まった型で比較的簡単な振り付けで誰でも参加可能のチーム、「さぁさみんなでどっこいしょ」というチームが第１回からある[17]。「どっこいしょ」の踊りとか、その歌詞から

写真1-3 札幌「YOSAKOIソーラン祭り」の踊り(2002年)

「ヨッチョレ」(18)の踊りとかいわれる。2001年の第10回からは大通公園内に櫓を組んで、盆踊りのように踊る「ワオドリソーラン」が行われている。これは飛び入りの一般参加可能の踊りで、６種類の踊りがある。

６種類の踊りとは、「ワオドリ踊ろよ」「正調ソーラン」「どっこいしょ」「おかみさんソーラン」「騒乱走乱（そうらんそうらん）」「演歌調ソーラン」である。「ワオドリ踊ろよ」は当初はなかったが、2004年に初心者向け踊りとして加わった。「おかみさんソーラン」とは岐阜県瑞浪市の「バサラ瑞浪」という主婦中心のチームの踊りである。「騒乱走乱」は岐阜の「郡上おどり」を参考にした激しい振り付けの踊りで、「演歌調ソーラン」は「恋蛍」という演歌に合わせた躍りである。

祭りへの参加費用は、子どもチーム４万円、一般チーム15万円、企業チーム25万円、道外のチームについては、地方車借用なしの場合は10万円、地方車借用ありの場合は15万円である(2005年時点)。

この祭りは「ソーラン節」を入れるというルールがあるために、その踊り方は漁業性を表現することが多い。振り付けに網を投げたり引いたりする仕種や櫓漕ぎの仕種や波を表現したりするチームが多い。内陸部である札幌市のチームも往々にして漁業性を表現する。

地方チームで漁場でないところでも漁業性を表現することもあるが、その他の地域性を表象することも多い。例えば室蘭市のチームは、この地に英国の船が来て200 年ということで、被りものの大きな人形で英国人を表す(19)

[写真1–3]。また、阿寒町のチームはこの地がアイヌの地ということで、アイヌの衣装を着て、手にマリモを模した緑の玉を持って踊る[20]。その他、鳴子で地域性を表現した例では、牧羊の町の士別市はヒツジ型鳴子を使用し[21]、網走のチームはこの地の水族館にクリオネがいるということでクリオネ型鳴子を使用する[22]。

そしてチーム名は当て字が多い。例えば「音乱舞会（おどらんかい）」「加舞輪奴会（かまわぬかい）」「動夢舞（どんまい）」など多数である。

チームの結合契機は、基本的には、高知とほぼ同様であるが、高知と違うのは、チームのなかには企業をスポンサーとする学生チームもあることである。踊り手が欲しい企業と資金が欲しい学生は相互補完の関係にある。大学側も特に私大の場合は大学名の宣伝となるために、サークル活動として補助金を出したりと協力的な場合が多い。2005年には「祭り」で踊れば、あるいは会場運営に携われば、単位を認める大学も出てきた。祭りで踊れば単位となる大学は浅井学園大学、会場運営に参加すれば単位となるのは札幌国際大学である。札幌国際大学は、この年から設定された羊ケ丘の運営を行った。

また、近年には、一般チームに企業がスポンサーとしてつくなどの結合契機の変化もみられるようになった(詳細は第８章)。このほかに、身体障害者のチームや年配者だけのチーム、学校単位での参加もある。踊り子たちは本祭の期間以外にも、道内のイベントや道外の「よさこい系」の祭りに参加したりして、日常的に活動している。多いチームは年200回ものイベントをこなす(第７章にその一例)。今や道内のイベントで「よさこい」の踊りがないことがない、といわれるほどに普及している。

主催は同組織委員会であり、運営は「YOSAKOIソーラン祭り組織委員会」と学生スタッフの「学生実行委員会」の二組織体制である。1992年の第１回から第４回までは大学生が中心となった「YOSAKOIソーラン祭り実行委員会」が運営を担っていたが、第５回から学生をサポートするために企業を中心とした「YOSAKOIソーラン祭り普及振興会」がつくられ、学生スタッフの「学生実行委員会」との二組織体制となった。第７回から「普及振興会」は「組織委員会」と名称を変更している。

[表1–3] と [グラフ1–1] は「YOSAKOIソーラン祭り」の参加人数等の

表1-3 「YOSAKOIソーラン祭り」の推移

	参加数		参加地			会場数	観客数
	チーム数	人数	道内	道外	海外		
第１回(1992)	10	1,000	4	2	–	3	20万
第２回(1993)	26	2,500	5	2	1	6	44万
第３回(1994)	25	3,000	9	2	1	6	58万
第４回(1995)	48	4,800	17	4	1	7	76万
第５回(1996)	108	10,000	55	5	2	12	107万
第６回(1997)	183	18,000	107	11	–	16	138万
第７回(1998)	280	29,000	137	11	–	22	180万
第８回(1999)	333	34,000	168	18	–	24	190万
第９回(2000)	375	38,000	174	24	1	30	182万
第10回(2001)	408	41,000	187	32	1	33	201万
第11回(2002)	340	44,000	190	32	4	27	151万
第12回(2003)	330	44,000	190	36	–	25	202万
第13回(2004)	333	43,000	190	40	2	25	208万
第14回(2005)	334	43,000	190	40	2	27	214万

参加地の内、「道内」は市町村数、「道外」は都府県数、「海外」は国数を示す。

グラフ1-1 「YOSAKOIソーラン祭り」の推移

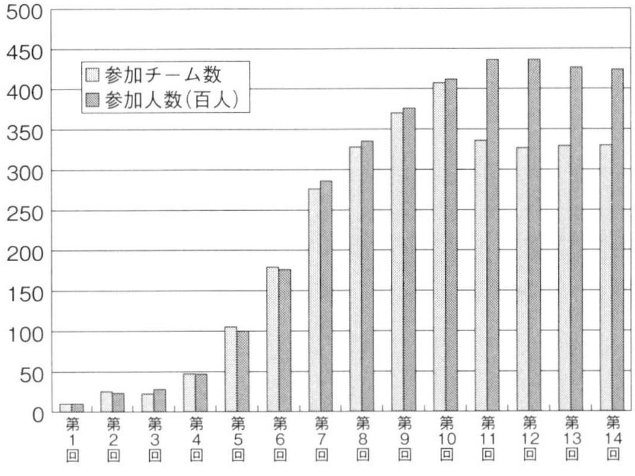

（表1-3およびグラフ1-1　YOSAKOIソーラン祭り組織委員会提供、矢島まとめ、2006）

推移である。ちょうど、第5回に企業のサポートが得られた頃から参加人数が増え始めるので、この頃、参加促進の資金ができたと思われる。順調に踊り子数は増加していったが、2001年には400チームを超え、あまりにも少数のチームが乱立して運営スケジュールに支障をきたすおそれが出てきた。大通会場のステージは一番の「晴れの舞台」で、すべてのチームが踊ることができるが、その調整ができなくなるおそれである。そこで、それまで、1チームの参加人数の上限は150人と決まっていたが、2002年から下限も設定し、40人以上という規定ができた(23)。それでも、合計参加者が4万人を超しているのは、組織委員会の発表では、2002年から開始された「ソーランイリュージョン」の参加者(8,000人～1万人)も重複してカウントしているからである(イリュージュン4チームの参加者として)。よって、その人数を引くと純粋な踊り子の総数が出てくる。また、会場数もピーク時には30会場を超えた。会場のなかには、有料の屋内会場もあったが、観客にはあまり人気がなく、消えていった。また、地域会場においては、中心となる人物が転勤になり、まとめる人がいなくなって会場運営ができなくなったところもある。

また、郊外にも会場は設定されており、ほぼ札幌市内全域に及んでいる。2005年には、さらに郊外、札幌市南東部の羊ケ丘会場も設定された。羊ケ丘は札幌市でも有数の観光名所であり、ここに観客を呼びたいとの希望からである。会場へは羊ケ丘展望台の入場料(500円)が必要となる。前述したように、この会場は大学生(札幌国際大学)が会場運営をしており、それが授業の単位ともなる。また、昼休み時間にアイヌの人たち(24)が自分たちの踊りを披露しており、午後一番の出場チームの人たちと一緒に踊ったりもする。同年、札幌市北東部の「ファイターズ通り商店街」にも会場が設定された。2003年に日本ハムファイターズが札幌を本拠地にしたときに、ファイターズの練習場に近いことから改称された札幌市東区の商店街である。「祭り」の会場としては東区では唯一の会場である。2004年に、ファイターズの応援歌で商店街の人々は踊ったが、踊りがとても楽しく、踊り子にこの商店街に来て踊って欲しいと考えるようになり、設定したという。

また、北海道は広いためにオホーツク支部、十勝支部など道内に17の支部があり、それぞれ活動し、支部大会なども行われている。17の支部とは、札幌中央支部、札幌TWN支部（TWNとは豊平区・西区・北区）、札幌ASH支部（ASHとは厚別区・南区・東区）、札幌南支部、北北海道支部、空知北支部、道央支部、南空知支部、上川中央支部、オホーツク支部、十勝支部、後志支部、檜山支部、胆振・千歳支部、渡島支部、根釧支部、日高支部である。

支部大会は地元の祭りとタイアップするかたちで９町村の持ち回りで1996年７月に始まった。広い北海道では札幌まで踊りに行きたくても資金などの制約でなかなか行けないチームも多いためである。主催者側も「YOSAKOIソーラン祭り」を札幌に限定せず、積極的に道内各地に広げる拡大政策を取ってきた。道内の地方においても独自の祭りが開催されている。阿寒町には「YOSAKOIほろろん祭り」がある。この地方は丹頂鶴の越冬地であり、鶴の研究機関である「阿寒国際ツルセンター」の設立記念行事として始められ、踊りは、地元の「丹頂鶴音頭」をアレンジして使う。後述の「みちのくYOSAKOIまつり」にも、東京・神奈川・広島などから「よさこい」を通じて知り合った者の混成チームとして出場している。また、三石町では1995年から「蓬莱山まつり」が開催されているが、そのなかで「三石なるこ会」が鳴子踊りを披露している。

主催は「YOSAKOIソーラン祭り組織委員会」であるが、共催として、北海道新聞社、札幌テレビ放送、北海道放送、北海道テレビ放送、北海道文化放送、テレビ北海道、エフエム北海道がある。また、後援としてＮＨＫ札幌放送局、北海道教育委員会、札幌市教育委員会がつく。組織委員会会長に札幌商工会議所副会頭、副会長に北海道新聞社常務取締役、名誉会長に札幌市長を置いている。祭りを開始するに際して、最初からメディアを利用しており、まず、札幌テレビに放送の話をもちかけ、当初は単独・独占の放送であった。そのうち他の放送局も放送し始め、毎年有名人をゲストに迎えるなどして競って長時間にわたる生中継をする。若者が運営や踊り子の中心となってはいるものの、若者だけの祭りではなく、踊り子の年齢の幅は広く、見物する側にも年配者も多く見られる。

以上、第１節と第２節において、「よさこい」の本家・高知「よさこい祭り」と第一伝播先の札幌「YOSAKOIソーラン祭り」について述べた。「YOSAKOIソーラン祭り」以降に同様の「よさこい系」の祭りが全国に広まっていったが、その多くはある限られた１地域対象の祭りである。そのなかでも、対象地域に変化が起きた事例が出てきた。まず、仙台の「みちのくYOSAKOIまつり」は対象地域が‘拡大’された事例で、次の名古屋「にっぽんど真ん中祭り」は、対象地域が‘開放’された事例である。

第３節　仙台「みちのくYOSAKOIまつり」

「みちのくYOSAKOIまつり」は、宮城県出身で高知大学の学生だった三宅浩司氏が大学１年のときに見た大学祭(黒潮祭)の鳴子踊りに「感動」し、翌年に北海道の「YOSAKOIソーラン祭り」に高知のチームのメンバーとして参加して、「見られる喜び、道路の真ん中に立てる喜び」を感じ、故郷の宮城に取り入れて1998年から始めたものである。仙台では1986年から、「SENDAI光のページェント」という12月に定禅寺通りのケヤキ並木を電飾で彩るイベントが行われているが、「みちのくYOSAKOIまつり」を始める前に、1997年に地元のチームがそのイベントで鳴子踊りを踊り、1997年と1998年には「七夕まつり」でも踊りを披露しアピールした。

宮城１県にとどめず、“東北６県共通の祭り”とし、「みちのく」とする。つまり、祭りの「対象地域の拡大」という特色がある。鳴子を手にして東北各地それぞれの民謡を取り入れることがルールである。第１回は、会場は４会場、34チーム、約1,200人の踊り子の参加だった。2004年の第７回は、会場は11カ所、80チーム、約7,800人の踊り子が参加した。現在の開催日は10月上旬、土日の２日間である。

2004年の会場は、市民広場、勾当台公園、定禅寺通中央緑道、一番町四丁目商店街、一番町一番街商店街、サンモール商店街、JR仙台駅ペデストリアンデッキ、泉区民広場、地下鉄旭ケ丘駅前、ザ・モール仙台長町正面駐車場、太白区役所前ひろばである。このうち、市民広場と勾当台公園には有料の桟敷席もある［図1-4］。

［表1-4］と［グラフ1-2］は祭りの参加者等の推移を表している。参加者は徐々に増加している。2003年までは、祭りの参加者の下限を設けていなかったために、４、５人で参加するチームも存在した。今では10人以上150人以

図1-4 「みちのくYOSAKOIまつり」会場の位置関係概念図（2004年）

【泉中央】
＜泉区民広場＞

【旭ケ丘】
＜地下鉄旭ケ丘駅前＞

【勾当台公園駅】
＜市民広場＞
＜勾当台公園＞
＜定禅寺通中央緑道＞
＜一番町四丁目商店街＞

【広瀬通】
＜一番町一番街商店街＞
＜サンモール商店街＞

【仙台駅】
＜JR 仙台駅ペデストリアンデッキ＞

【長町南】
＜ザ・モール仙台長町正面駐車場＞
＜太白区役所前ひろば＞

＜　＞は会場名、【　】は駅名

下となっている。グラフでわかるように、チーム数と参加者の開きが多いために少人数のチームが多いのがわかる（ちなみに、高知・札幌・名古屋では平均すると１チーム約100人となるので、チーム数と参加者の棒がほぼ並ぶことになる）。2004年には祭りの１日目が台風の影響で中止となり、２日目だけの１日のみの開催となったが、それでも多くの踊り子が参加した。会場は、仙台市内ほぼ南北にわたり設定されており、すべて仙台市営地下鉄の駅周辺で、地下鉄の１日乗車券もあり、踊り子も観客も無理なく移動できる。

観客をも巻き込む総踊りとして「みちのくよさこい鳴子踊り」と「乱舞」

表1-4 「みちのくYOSAKOIまつり」の推移

	参加数		参加地		会場数	観客数
	チーム数	人数	東北内	東北外		
第1回(1998)	34	1,200	12	6	4	10万
第2回(1999)	61	3,100	19	9	8	16万
第3回(2000)	81	4,000	28	7	7	33万
第4回(2001)	114	5,100	40	19	10	45万
第5回(2002)	145	5,800	50	15	11	60万
第6回(2003)	180	7,000	59	23	13	70万
第7回(2004)	220	7,500	70	40	11	50万
第8回(2005)	240	8,000	70	20	12	65万

参加地は市町村数を示す。

グラフ1-2 「みちのくYOSAKOIまつり」の推移

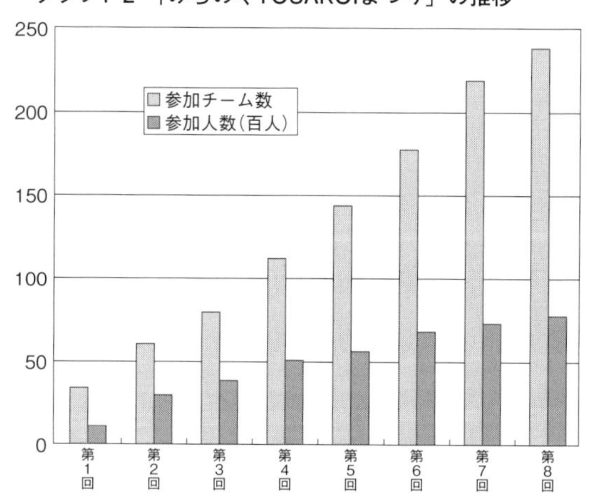

(表1-4およびグラフ1-2　みちのくYOSAKOIまつり実行委員会提供、矢島まとめ、2006)

写真1-4　仙台「みちのくYOSAKOIまつり」の踊り（2002年）

がある。2002年から「キッズYOSAKOI」という子ども向けの踊りも誕生した。メイン会場では客席の横と後ろに各県の特産品（牛タンやホタテなど）のテントがあり、それらを食べながら祭りを見ることができる。コンテストはなく、順位はつけない。また、パレードがないために地方車は使用しない。

祭りへの参加費用は、まず、人数で分かれており、20人未満は２万円、20人以上50人未満は３万円、50人以上が４万円、また、小・中・高校生のチームは１万円である。

東北は民謡が多く、「津軽じょんがら」「秋田音頭」「どんぱん節」「南部牛追歌」「花笠踊り」「庄内節」「さんさ時雨」「斎太郎節（大漁唄込み）」「会津磐梯山」など東北各県のそれぞれの地元の民謡や踊りを取り入れて踊る（詳細は第９章）。車椅子ダンスのチームやろう学校（中学校）のチームや知的障害者のチームもある。踊り子たちは日常的にも活動し、週の決まった曜日を練習日としているチームもある。

チームの結合契機は、高知の場合とほぼ同じであり、地域住民の集まりやジャズダンス教室のメンバーや学生仲間などのチームもあるが、一般募集したチームも多い。ただ、札幌のような学生・企業合同はない。鳴子の使用は最初は決まりではなかったが２､３回目にはルールとして決まってきた。また、予め主催者側で用意した曲（公募曲）もあり、自分たちで曲作りまでできずに、その曲を使用するチームも当初は多かったが（第１回・２回）、今ではほとんどのチームがオリジナルの曲で踊る。

主催は「みちのくYOSAKOIまつり実行委員会」であり、当初は学生らが中心となっていたが、現在は市内の会社経営者などを核にしたボランティアが中心となっている。共催として、河北新報社、JR東日本旅客鉄道株式会社仙台駅、一番町四丁目商店街振興組合、一番町一番街商店街振興組合、サンモール一番町商店街振興組合、長町駅前商店街振興組合、旭ケ丘商店街協同組合がある。また、後援として、宮城県、仙台市、高知市、仙台商工会議所、仙台市交通曲、仙台経済同友会、ＮＨＫ仙台放送局、仙台放送などの29の団体がある［写真1-4、踊りの様子］。

第４節　名古屋「にっぽんど真ん中祭り」

「にっぽんど真ん中祭り」は、「YOSAKOIソーラン祭り」に「感動」した名古屋の中京大学の学生、水野孝一氏が1999年に始めた祭りである。1996年から「鯱」というチーム名で名古屋のチームが「YOSAKOIソーラン祭り」に参加しており、水野氏もそのメンバーの一人だった。「にっぽんど真ん中祭り」は、地理的に日本の‘ど真ん中’である名古屋にそれぞれ地元の民謡を取り入れた曲で鳴子を持って集まって踊るというもので、「名古屋の」祭りではなく「名古屋に集まる」祭りであり、最初から対象地域が限定されず開放されているのが特徴である。踊り子と観客との距離が近くて、見ている人も気軽に踊りに参加できる「観客動員数ゼロ」の祭りを目指しているという。第１回は４会場、26チーム、約1,500人の踊り子が参加した。通称「どまつり」という。道路を使用するパレードも行っており、地方車も使う。運営は「にっぽんど真ん中祭り普及振興会」「にっぽんど真ん中祭り実行委員会」「にっぽんど真ん中祭り各会場実行委員会」が行う。また、愛知・岐阜・三重の３県に７つの支部を設けて活動している。７つの支部とは、名古屋支部・尾張支部・岐阜県支部・三重県支部・西三河支部・東三河支部・知多支部である。また、東海３県256町村を回って、「どまつり」を広げようとする「どまつりキャラバン隊」も2002年に結成された。

開催期間は８月下旬の金土日の３日間で、１日目は前夜祭、2・３日目に本祭が行われる。2005年の第７回は、会場数は20会場で、175 チーム、約２万

図1-5　「にっぽんど真ん中祭り」会場の位置関係概念図（2005年）

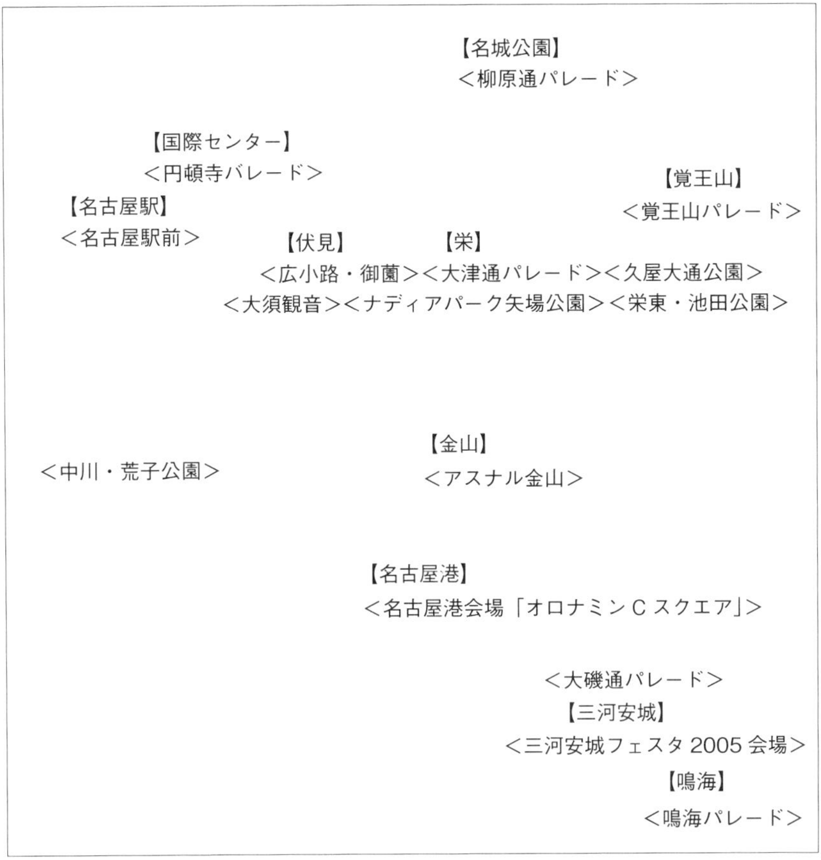

【名城公園】
＜柳原通パレード＞

【国際センター】
＜円頓寺パレード＞

【覚王山】
＜覚王山パレード＞

【名古屋駅】
＜名古屋駅前＞

【伏見】　【栄】
＜広小路・御薗＞＜大津通パレード＞＜久屋大通公園＞
＜大須観音＞＜ナディアパーク矢場公園＞＜栄東・池田公園＞

【金山】
＜中川・荒子公園＞　＜アスナル金山＞

【名古屋港】
＜名古屋港会場「オロナミンＣスクエア」＞

＜大磯通パレード＞
【三河安城】
＜三河安城フェスタ 2005 会場＞
【鳴海】
＜鳴海パレード＞

＜　＞は会場名、【　】は駅名

人の踊り子が参加した。主催は「にっぽんど真ん中祭り組織委員会」である。

2003年の第５回にはメインステージを四方から囲むかたちの桟敷席が設けられ、「360°渦巻くカンセイ」というキャッチフレーズがつけられた（第６回には桟敷席は前方と後方の２カ所となり、横は立って見るスペースとなった）。また、「どまつりカラー」として「赤・橙・白」の３色が設定された。赤は活性、橙は創造、白は無限大を表している。さらに、久屋大通公園内において、「おもてなし広場」という各地域の物産展も開催された。第６回には「50年構想」というものが掲げられ、50年後にも続く祭りを考えるとしている。これは本

表1-5「にっぽんど真ん中祭り」の推移

	参加数		参加地			会場数	観客数
	チーム数	人数	県内	県外	海外		
第1回(1999)	26	1,500	6	7	−	4	32万
第2回(2000)	54	3,000	11	10	1	6	50万
第3回(2001)	78	6,000	19	10	2	8	84万
第4回(2002)	105	10,000	40	13	2	10	102万
第5回(2003)	160	15,000	70	17	3	16	142万
第6回(2004)	160	18,000	73	13	6	17	144万
第7回(2005)	175	20,000	34	16	6	20	200万

参加地の内、「県内」は市町村数、「県外」は都道府県数、「海外」はチーム数を示す。

グラフ1-3「にっぽんど真ん中祭り」の推移

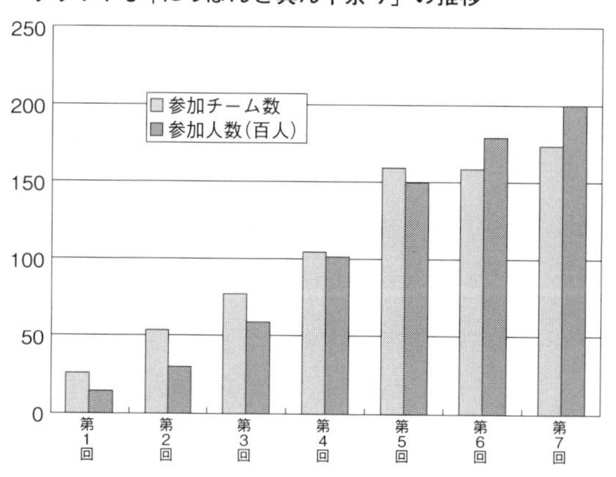

(表1-5およびグラフ1-3　にっぽんど真ん中祭り組織委員会提供、矢島まとめ、2006)

場高知の「よさこい祭り」が2003年に50回を迎えたことを意識したものである。

また、2001年には、「名古屋市都市景観賞」を受賞、2002年には名古屋市青少年問題協議会より表彰された。2003年には、マリアナ政府より感謝状を贈られ、また、同年には、丸八会[25]より平成15年度顕彰を受賞した。2004年には愛知県瑞穂警察署より感謝状を受けている。

会場は、久屋大通公園、大津通パレード、覚王山パレード、柳原通パレード、円頓寺パレード、名古屋駅前、アスナル金山、大須観音、栄東・池田公園、広小路･御薗、ナディアパーク矢場公園、中川･荒子公園、名古屋港「オロナミンCスクエア」、大磯通パレード、鳴海パレード、三河安城フェスタ2005会場、の16会場であるが、このうち大津通は４コース、円頓寺は２コースに分かれてパレードが行われているために、全部で20会場とカウントしている。久屋大通公園には有料の桟敷席がある。名古屋港は通常の踊りの披露のほか、本祭夜には総踊りの会場となった［図1‒5］。

総踊りには、「Sutotoco（ストトコ）」[26]「わっしょい」「名古屋でGO」「名古屋でGO2」（以上は「どまつり」のオリジナル）、「ヨッチョレ」（「YOSAKOIソーラン祭り」の踊り）、「花まつり」（某放送局の子ども向け番組で使用された曲）などがあり、「観客動員数ゼロ」をスローガンとして掲げ、観客を巻き込んで、祭りの途中途中や最後に踊られる。

祭りへの参加費は、東海３県については、子どもチーム５万円、一般チーム13万円、それ以外の地域については、子どもチーム３万円、一般チーム６万円である。企業チームは地域にかかわらず30万円となっている。

チームの結合契機は、ほぼ高知と同様である。やはり、学生･企業合同チームはない。

日本各地どこからでも名古屋に集まって踊るというもので、北海道からの参加もあるが、実際には東海３県（愛知・岐阜・三重）が中心となる。一番数が多い愛知のチームは「大名古屋音頭」「名古屋甚句」「万歳ばやし」「名古屋名物」などの民謡を取り入れる。その他、絞りで有名な名古屋市の鳴海という地域のチームは鳴海絞りの衣装を着けて「鳴海音頭」で踊り、豊川稲荷がある豊川市は、キツネの面をつけ、「豊川観光音頭」で踊る（詳細は第９章）。

写真1–5　名古屋「にっぽんど真ん中祭り」の踊り（2002年）

踊り子たちは日常的にも活動し、毎週曜日を決めて練習を重ねているチームも多い。

チームのなかには障害者のチームや養護学校のチームも複数ある。また、第2回からは海外のチームも毎年参加しており、特に、韓国のチームは連続出場している。踊り子たちは地元の祭りに参加するなど日常的にも活動し、毎週曜日を決めて練習しているチームも多い。

［表1–5］［グラフ1–3］は祭り参加者等の推移である。参加人数、会場数とも増加の一途であるが、会場には変化がみられる。会場は、名古屋市内だけでなく、2004年には、岐阜会場も設定され、2005年には安城会場も設定された。

祭りの主催は、にっぽんど真ん中祭り組織委員会であるが、共催として、中日新聞社、東海テレビ放送、中部日本放送、名古屋テレビ放送、テレビ愛知、中京テレビ放送、ZIP–FMがある。組織委員会役員の顧問に元人事院総裁、愛知県知事、岐阜県知事、三重県知事、名古屋商工会議所会頭などを置き、名誉会長に名古屋市長を置いている［写真1–5、踊りの様子］。

第5節　「よさこい」の導入形態

「よさこい」の導入形態は、「YOSAKOIソーラン祭り」が大学生の手によって創られたために、同じ立場の大学生が新しい祭りの創始者となったり（仙台・名古屋)、祭りを創るまではいかなくても学生チームをつくって各種の祭りやイベントに参加したりもする。また、導入するに際しては、行政や商店街が主導するより、個人が発案者となる場合も多い。全体的な「よさこい」導入の形態を知るために、北海道、仙台、名古屋以外の「よさこい系」祭りについて述べたい。

1．埼玉県朝霞市：「彩夏祭(さいかさい)」

埼玉県朝霞市の「彩夏祭」は、従来の「朝霞市民まつり」に1994年から鳴子踊りが加えられたものである。朝霞市は東京・池袋から電車で約20分の位置にあり、典型的なベッドタウンである。「朝霞市民まつり」での盆踊りの参加者が減少し、‘ふるさとづくり’を目指していた高知出身の市助役の提案もあり、始めたものである。高知の「よさこい鳴子踊り」の曲や北海道の「ソーラン節」で踊ったりと、年ごとに高知色が強かったり北海道色が強かったりと、祭り全体が呈する傾向に‘揺れ’がみられる。自衛隊の駐屯地があり、地方車は自衛隊の車両を使用している。1999年から関東の「よさこい」の中心となるよう「関八州よさこい」とも称する。

2．静岡県沼津市：「よさこい沼津」

1997年、沼津市内の10の商店街がひとつになって、ブラジルやインドなど各国のダンスチームを招待して踊りを披露する「沼津ワールドダンスフェスタ」が開催された。その際に自分たちでも踊ることのできるものをと考え、北海道の「YOSAKOIソーラン祭り」の話から、駅前の仲見世商店街の洋品店経営の原田治行氏が「よさこい」の本家の高知を訪ね、祭りを見て「感動」し、始めたものである。このときは、「ダンスフェスタ」の約30チーム中、８チームが鳴子踊りで参加した。「沼津は東京に近いので、いつでも帰れるからと夏祭りにも帰らない人が多い。人が帰る街、人が集まる街にしたい」というのが原田氏の意見である。当初は「ぬまづダンスフェスタよさこい沼津」という名称であったが、1999年から「よさこい沼津」とし、2002年から「よさこい東海道」となった。「沼津音頭」や「ちゃっきり節」などを取り入れた曲を使う。

3．岩手県盛岡市：「YOSAKOIさんさ」

岩手県盛岡市では、1988年から商店街のアーケードの完成を記念して「サンセットカーニバル」として人を呼ぶためにサンバを踊っていたが、肌の露出に抵抗を示す人が多く、盛り上がりに欠けるようになってきた。それを1998年からサンバを止めて、北海道の「YOSAKOI」を参考に、地元の「さんさ踊り」を取り入れて「YOSAKOIさんさ」として始めたものである。

4．大阪府貝塚市：「YOSAKOIソーリャ」

貝塚市の市立第五中学校教諭(当時)の山口均氏が郷里の北海道に帰省した際に見た「YOSAKOIソーラン祭り」に「感動」して、学校の体育祭で生徒に踊らせたのが始まりである。その踊りを見た父母たちにも評判が良く、「五中の踊り、すごかったなあ」が地域の挨拶になったほどであり、その後、生徒たちは地域の催しや老人ホームで踊りを披露するようになった。この地域は「だんじり」が盛んな泉州地域であり、‘ソーリャ’とはだんじりの掛け声である。「だんじり」をモチーフにした曲で、「だんじり」の所作(大工方)を振り付けに取り入れたりして踊る。1998年に開始された。

各地の「よさこい」も北海道が「ソーラン節」を取り入れたように、その地域の従来の民謡や踊りなどを取り入れて融合を図る特徴がみられる(27)。それらが特にない場合は新たに民謡や曲を作って使用する(28)。

「よさこい」の導入形態としては、①既成の祭りに加えたもの(前記の例では朝霞)、②既成の祭りを変えたもの(盛岡)、③まったくの新しい祭り(北海道、仙台、名古屋)の３種類があげられる。

また、その導入形態は段階的に変化してきている。まず北海道に取り入れられたのを第一段階とすると、その北海道を参考にして始めた第二段階、そして北海道は参考にはするものの、あくまでも独自の形にしたいとする第三段階に分けられると考える。名古屋の「にっぽんど真ん中祭り」のように1999年に始まった祭りには「よさこい」や「YOSAKOI」よりも独自の祭りの名が使用されていることにもうかがえる(29)。また、鳴子は「よさこい」を具体的に象徴化したものだが、手に持つものは鳴子に限定しないところもある[30]。祭りの主催者は「ただのイベントにはしたくない」「祭りの原点に戻りたい」という言葉をたびたび使う。「祭り」と「イベント」の違いは「神の祭祀の有無」などがあるが［小松 1997:21］、1999年には高知・北海道ともそれぞれ神社を創設している。また、北海道においては2000年からは「正調のソーラン節」での踊り部門も設定されている[31]。こうした動きはイベント性が強くなったことに対する揺り戻し現象と思われる。

新しく「よさこい」を始めようとするところは、まず「よさこい」とは何かを知ってもらうために、高知や北海道のチームを招待して踊りを披露してもらうことが多いが、それらのチームは技術レベルが高いチームである。また、高知や北海道のチームとは別に地元のチームにより、北海道のある中学校(稚内南中学校の「南中(なんちゅう)ソーラン」)の踊りが紹介されることがある。これは「YOSAKOIソーラン祭り」が始まる以前から存在するロック調の「ソーラン節」[32]で踊るものであり、校内暴力で荒廃した学校が立ち直るきっかけとなったことが教育関係者には有名で、体育祭などで学校単位で踊られることも多い。「よさこい」とはまったく関係なく始まったもので、鳴子は持たない。この中学校は「YOSAKOIソーラン祭り」にも以前は参加していたが、鳴子は持たずに踊る特別な存在だった。また、北海道での一般参加可能のチーム、「さぁさみんなでどっこいしょ」のチームの踊りが、比較的振り付けが簡単なために、観客をも巻き込んで「よさこい」の踊りとして踊られることも多い。「南中ソーラン」「どっこいしょ」(ヨッチョレ)の２つの踊りは「YOSAKOIソーラン祭り」の審査の対象外の踊りである。つまり、「よさこい」の踊りの原型が高知や北海道の技術レベルの高いチームに設定されたり、北海道の特別な存在の踊りが「よさこい」の踊りとして認識されたりする。標準的なものでなく特例のものが一般例のように受け入れられているのである。

第６節 祭りの受容

ある特定の祭りの様式や形態を選択・創造する動機や理由は何だろうか。「よさこい」の祭りの創始者は高知や北海道の踊りを見て「感動」したからだという。彼らは一体、何に「感動」したのだろうか。そしてどんな情念で祭りを始めたのか。例えば「YOSAKOIソーラン祭り」の創始者は、高知の「よさこい祭り」の‘さまざまな技術レベルの踊りを包み込んでいる祭り’のシステムそのものに「感動」したのではなく、一部の技術レベルの高いチームの踊りを見て「感動」して、その踊りを「よさこい」の踊りとして北海道で紹介したのである。北海道の人々は高知のチームはすべてこのようにレベルが高いと思っている。つまり、‘一部’のものがあたかも‘全部’であるかのようなものとして受容されているのである。また、北海道をはじめとして、前述のように、新しい「よさこい」は「感動」した人が始めていることが多い。そこには新たな都市性が構築されるのではないかと考える。すなわち、今日まで論じられてきた「行政主導型」と「市民主導型」という祭りの理論枠組みを超えた、一人の個人的な創案を契機とするような文化動態が考えられる。

そして、このようにある個人が恣意的に受容し、創造した祭りは、祭りの主催者、起源発祥地とされる地域(高知・北海道)、ジャーナリズム・報道機関、「よさこい」愛好者といった諸集団により評価(承認・不承認)されることとなる。例えば、北海道の「YOSAKOIソーラン祭り」の踊りこそ「よさこい」だという人がいる。「よさこい」の正統性が問われることとなるのである。

註

(1) 「「よさこい系」祭り」や「「よさこい」形式の祭り」という表現は、マスコミがいつの頃からか使用し始めた言葉であるが、その定義ははっきりしない。「よさこい系」の祭りの「原則として鳴子を手に持ち、地元の民謡などを取り入れた曲で踊る祭り」という定義は筆者によるものである。

(2) 公式グッズとしては鳴子をはじめとして、ビデオ、DVD、CD、小さな鳴子付き携帯ストラップや鳴子ピアス・イヤリング、帽子、Tシャツなどがある。

(3) 「よさこい」とは‘夜さ来い’で夜這いを意味するものといわれている。

(4) 「よさこい鳴子踊り」の歌詞は次のとおりである。

「よさこい鳴子踊り」作詞・作曲／武政 英策

よっちょれよ　よっちょれよ　よっちょれ　よっちょれ　よっちょれよ
よっちょれ　よっちょれ　よっちょれよ

高知の城下へ来て見いや(ソレ)じんばもばんばもよう踊る 鳴子両手によう踊る
土佐の(ヨイヤサのサノサノ)高知の はりまや橋で(ヨイヤサノサノサノ)
坊さん かんざし買うを見た(ソレ)よさこい よさこい(ホイホイ)

(５) 「阿波おどり」に対抗する意識から、例年８月の盆の時期に行われる「阿波おどり」の前で、８月の高知で最も雨の少ない日として開催日が決定された。当時の高知測候所(現：高知地方気象台)の過去40年間のデータ分析によるという。

(６) 「地方車(じかたしゃ)」の‘地方(じかた)’とは「立方(たちかた)：舞い踊る人」に対する「地方(じかた)：踊りのはやしや音楽を演奏する人」である。

(７) 1959年、ペギー葉山の歌う「南国土佐をあとにして」が大ヒットし、その縁で「よさこい祭り」には毎年審査員として訪れている。1964年に名誉高知県人となっている。この歌はもともと戦時中、中国大陸に派遣された四国の混成部隊：鯨部隊(高知の人間が多かったことからそう呼ばれた)が望郷の思いを込めて歌ったものである。それを戦後、のちに「よさこい鳴子踊り」を作詞・作曲することとなる武政英策氏が編み直したものである。戦地での歌詞は「南国土佐をあとにして中支(ちゅうし)に来てから幾歳ぞ」であった。かつて、支那と呼ばれた地は北支・中支・南支とに分かれており、鯨部隊が派遣されたのはこの中支であった。

(８) 電車通りやアーケードでの歴代の踊りの披露はこのときのみだったが、「よさこいアベニュー」はその後も続いている。

(９) 『GAIYA』『GET』という２曲である。

(10) 鳴子を専門的に作製しているのは、高知の身障者の自立施設である社会福祉法人の「小高坂厚生センター」である。図１－２ではスタンダードの鳴子の長さの記載がないが、責任者によると「約195 mm」ということである。

(11) 「山田太鼓」というチームである。

(12) 「京町・新京橋 “ゑびす・しばてん連”」というチームである。京町・新京橋というのは高知市中心部の商店街である。

(13) 「本丁筋(ほんちょうすじ)」というチームである。

(14) 例えば、「ねぶた」は美幌町の「びほろサマーナイトフェスティバル」に、「ねぷた」は斜里町での「しれとこ夏まつり」に、「阿波おどり」は風連町の「ふうれん白樺まつり」に取り入れられている。

(15) 「イリュージョン」のあとの踊り子の感想は「とても楽しかった。皆で踊るのは面白い」という意見が圧倒的に多かった。

(16)　1999年には北海道神宮の神主が御祓いをし、巫女舞いが奉納された。翌2000年には神主・巫女の登場はなく、北海道神宮のお札の奉納、そして踊り初めとして初出場の札幌大学の学生チームの踊りが奉納された。

(17)　当初は「インターナショナルチーム」といい、YOSAKOIソーラン祭り実行委員会が、飛び入り参加可能のチームとして企画したチームで、第1回から参加している

(18)　「ヨッチョレ」とは高知の「よさこい鳴子踊り」の掛け声で土佐弁で「寄ってくれ(どいてくれ)」の意味である。「さぁさみんなでどっこいしょ」の曲は高知の「よさこい鳴子踊り」と北海道の「ソーラン節」を合わせた曲である。

(19)　「室蘭百花繚蘭（むろらんひゃっかりょうらん）」というチームである。

(20)　「そりゃ！阿寒」というチームである。

(21)　「夜咲恋（よさこい）そぅらんサムライ士別（しべつ）with三好町（みよしちょう）」というチームである。

(22)　「YOSAKOIソーランあみばしり」というチームである。

(23)　「1チーム、40人以上」という規定で札幌市外ではその人数に達せずに出場を断念するチームが出てきた。そこで、人数にかかわらず、1市町村で必ず1チームは参加できる、という規定に変わっていった(ただし、審査の対象からは外れる)。

(24)　「ウポポ会」というアイヌの人たちの集まりである。

(25)　「丸八会」とは、東海地区の財界人の集まりである。

(26)　「ストトコ」とは「名古屋甚句」の節のことをいう。「名古屋甚句」が花街あたりで唄われるとき、ストトコ節と呼ばれる本唄に続いて「名古屋名物」が唄われ、お座敷を盛り上げたという。

(27)　「神戸まつり」でも神輿、だんじり、民謡を取り入れる傾向があることを宇野正人は「伝統への指向」と述べている。[宇野 1980]

(28)　1998年から始まった神奈川県座間市の「ZAMA燦夏祭（さんかさい）」で、新しく「座間音頭」を作った。その他には奈良市「バサラ祭り」において「踊る･なら･そらっ！」という新しい曲を作っている。また、大阪府貝塚市「YOSAKOIソーリャ」においては「ケヤキの神」という‘だんじり’をテーマにした曲を使用するチームもある。

(29)　その他には、兵庫県加古川市「KAGOGAWA踊っこまつり」、神奈川県小田原市の「ODAWARAえっさホイおどり」、滋賀県甲賀郡の「ござれGO-SHU」、奈良市の「バサラ祭り」があげられる。なお、小田原と奈良については、その鳴子も非常に変わったかたちのものが全体で使用されている

(すべてのチームがこの鳴子を使用するとして設定されている)。
(30) 鳴子を使用しなくてもいいという例は秋田市「ヤートセ秋田祭り」、横浜市「ハマこい踊り」があげられる。「ヤートセ秋田祭り」では鈴を用いたり、「ハマこい踊り」ではマラカスを用いたりするチームがある。
(31) 正調ソーラン節とは1963年に北海道文化財(無形民俗資料)に指定された「江差沖上音頭」のソーラン節を指すとしている。YOSAKOIソーラン祭り組織委員会の見解である。
(32) 北海道苫小牧市出身の民謡歌手、伊藤多喜雄が作った「ソーラン節」で「タキオのソーラン節」といわれる。

第Ⅱ部
祭りの空間的伝承性

第２章 「よさこい系」祭りにみる地域性・地域表象

第１章においては、「よさこい系」祭りの全国展開についての概説を行った。2005年の「よさこい系」祭りの開催状況は、第１章の［表1-1］に示すとおりである。

新しく「よさこい」の祭りを始めようとするところは、それまでの「よさこい」との差異化を求めて、さらに独自性を強く出そうとする。独自性を出すための手段の第一は、地域性の表出である。

本章では、「よさこい」の祭りを全国的な視野でとらえ、どのような地域性の表出がみられるのかを各地の事例を紹介しながら考察したい。

第１節 地方都市における地域性・地域表象の仕方

自分たちの祭りの独自性を示すためにとられる地域性の表出は、外部にも一番‘わかりやすい’ものとして、その踊りに使われる曲があげられる（［表2-1］は2001年における「よさこい系」祭り開催状況とそれに使用される曲や鳴子などの小道具の特徴をあげてある）。

１．民謡や踊りとの融合

高知では「よさこい鳴子踊り」、北海道では「ソーラン節」を取り入れたように、その他の地域でも地元の民謡や踊りなどとの融合を図る特徴がみられる。特にこれといった民謡などがない場合は新しい曲を作ったり、民謡でなく童謡を使ったりする。次にあげるものは、主に、地方の事例である（文頭数字は表2-1の番号を示す）。

表2-1　「よさこい系」祭りの開催状況(2001年)

	名　　称	開　催　地	回数	使用する曲・踊り／その他
1	YOSAKOIソーラン祭り	北海道札幌市	10	「ソーラン節」
2	えべつ北海鳴子まつり	北海道江別市	7	
3	YOSAKOIほろろん祭り	北海道阿寒町	6	「丹頂鶴音頭」
4	よさこい津軽	青森県弘前市	2	「ソーラン節」など
5	はちのへYOSAKOIまつり	青森県八戸市	2	「ソーラン節」など／イカ型鳴子
6	とわだyosakoi 夢まつり	青森県十和田市	1	
7	YOSAKOI三海まつり	青森県三沢市	2	特に限定せず
8	津軽よさ恋フェスティバル	青森県尾上町	1	
9	YOSAKOIさんさ	岩手県盛岡市	4	「さんさ踊り」
10	kesen よさ恋フェスタ	岩手県大船渡市	2	
11	みちのくYOSAKOIまつり	宮城県仙台市	4	東北各地の民謡／総踊り
12	ヤートセ秋田祭り	秋田県秋田市	4	「秋田音頭」など
13	むらやま徳内まつり	山形県村山市	7	「徳内ばやし」
14	うつくしまYOSAKOI祭り	福島県郡山市	1	
15	あだたらYOSAKOI祭り	福島県本宮町	2	
16	小鶴商店街よさこいまつり	茨城県茨城町	5	「よさこい鳴子踊り」
17	宮っこよさこい	栃木県宇都宮市	6	
18	YOSAKOIおやま	栃木県小山市	3	「小山音頭」など
19	桐生八木節まつり	群馬県桐生市	5	「八木節」
20	武州よさこいTOKOROZAWAodorin	埼玉県所沢市	3	
21	彩夏祭(さいかさい)	埼玉県朝霞市	8	関東の民謡
22	坂戸よさこい	埼玉県坂戸市	1	「よさこい鳴子踊り」など
23	新松戸まつり	千葉県松戸市	5	特に限定せず
24	大高田馬場まつり	東京都新宿区	5	「東京音頭」など
25	大江戸舞祭(おおえどまいまつり)	東京都新宿区	1	「東京ラプソディー」
26	スーパー YOSAKOI 原宿表参道よさこい祭り	東京都渋谷区	1	「よさこい鳴子踊り」
27	東京よさこい	東京都豊島区	2	「東京音頭」など
28	町田夢舞生ッスイまつり	東京都町田市	3	「歴史」「街道」(オリジナル曲)
29	ハマこい踊り	神奈川県横浜市	4	「赤い靴」
30	夜さ来いＲＡnＢＵ！祭り	神奈川県横浜市	3	
31	ODAWARAえっさホイおどり	神奈川県小田原市	3	「おさるのかごや」／サルコ
32	ZAMA燦夏祭(さんかさい)	神奈川県座間市	4	「座間音頭」など
33	よさこいひょうたん踊り	神奈川県大井町	6	「よさこい鳴子踊り」の替え歌
34	どんＧＡＬＡ祭り	新潟県柏崎市	2	「三階節」
35	よさこいおけさ	新潟県佐渡郡	1	「佐渡おけさ」
36	YOSAKOIとやま	富山県富山市	2	
37	YOSAKOIかいかい祭り	石川県七尾市	5	「和倉音頭」

38	YOSAKOIそーらんのとまつり	石川県押水町	2	
39	YOSAKOIイッチョライ大会	福井県福井市	3	「イッチョライ節」
40	YOSAKOI安曇野	長野県安曇野市	2	「安曇節」など
41	美濃源氏七夕まつり	岐阜県瑞浪市	5	特に限定せず
42	浜松よさこい祭り	静岡県浜松市	1	特に限定せず
43	よさこい沼津	静岡県沼津市	5	「沼津音頭」など
44	よさこいソーズラ伊東	静岡県伊東市	2	「ソーズラ」の掛け声
45	にっぽんど真ん中祭り	愛知県名古屋市	3	日本各地の民謡／総踊り
46	安濃津よさこい	三重県津市	4	特に限定せず
47	ござれGO—SHU!	滋賀県甲賀町	3	「江州音頭」
48	こいや祭り	大阪府大阪市	2	特に限定せず
49	大阪メチャハッピー祭	大阪府大阪市	2	
50	よさこいin泉大津	大阪府泉大津市	3	特に限定せず
51	YOSAKOIソーリャ！	大阪府貝塚市	4	特に限定せず
52	箕面まつり	大阪府箕面市	4	特に限定せず／紅葉型鳴子
53	垂水よさこいまつり	兵庫県神戸市	2	「みなと音頭」など
54	ひめじ良さ恋まつり	兵庫県姫路市	2	「播州音頭」など
55	子午線どんとこいおどり	兵庫県明石市	1	
56	KAKOGAWA踊っこまつり	兵庫県加古川市	3	「新加古川音頭」など
57	おの恋おどり	兵庫県小野市	1	
58	きのさき温泉YOSAKOIまつり	兵庫県城崎町	2	特に限定せず
59	バサラ祭り	奈良県奈良市	3	「踊る・なら・そらっ！」（オリジナル曲）
60	紀州弁慶よさこい踊りコンテスト	和歌山県田辺市	4	
61	斐川よさこい祭	島根県斐川町	1	
62	よっしゃこい祭	広島県呉市	4	「呉小唄」
63	川棚温泉まつり	山口県豊浦町	2	
64	よさこい祭り	高知県高知市	48	「よさこい鳴子踊り」
65	ふくこい祭り	福岡県福岡市	2	特に限定せず
66	YOSAKOIさせぼ祭り	長崎県佐世保市	4	地域性のあるもの
67	さのよい踊り	熊本県荒尾市	5	「炭坑節」

注1：「表1-1」より前の2001年時点のものであるが、この頃までは、回数はすべて把握でき、また、すべてではないが、使用する曲等の情報が得られたのでここにあげた。空欄は詳しい情報が得られなかったところである。

注2：「よさこい」単独の祭り、および祭りやイベントの一部ではあるものの主催者が主体となって(あるいはそれに近いかたちで)取り入れた祭りをあげてある。よって、イベントのパレードに他の催物と一緒に参加しただけのものは除いてある。

注3：「名称」については、鳴子踊りに特別な名称をつけてあるものとないものがある。例えば、「23」「新松戸まつり」の鳴子踊りには特別な名称はない。一方、「27」「東京よさこい」は西池袋の「ふくろ祭り」(第34回)における鳴子踊りの名称である。各地の祭りの観察、および関係者への聞き取り調査により矢島作成(2002)。

3：北海道阿寒町「YOSAKOIほろろん祭り」では「丹頂鶴音頭」を取り入れる。この地方は丹頂鶴が来るところで、‘ほろろん’は鶴の鳴き声である。変わり鳴子である「丹頂鳴子」を使用する。1996年に開始された。

9：岩手県盛岡市「YOSAKOIさんさ」では、この土地のもともと盛んな踊りである「さんさ踊り」と合体させた。1998年に開始された。

11：宮城県仙台市「みちのくYOSAKOIまつり」は宮城１県にとどめず、「みちのく」という東北６県共通の祭りとする対象地域の拡大を行っている。東北６県の各チームは「大漁唄い込み」や「南部牛追い唄」など、それぞれ地元の民謡を取り入れる。1998年に開始された。

12：秋田県秋田市「ヤートセ秋田祭り」では「秋田音頭」などを取り入れる。‘ヤートセ’とは秋田音頭の掛け声である。手に持つものは鳴子に限定しない。1998年に開始された。

13：山形県村山市「むらやま徳内まつり」では、姉妹都市、北海道の厚岸町の「あっけしばやし」を取り入れる。1995年に開始された。

18：栃木県小山市「YOSAKOIおやま」では、「小山音頭」を使う。1999年に開始された。

29：神奈川県横浜市「ヨコハマカーニバル」の「ハマこい踊り」では「赤い靴」を使用する(1)。1998年に開始された。

31：神奈川県小田原市「ODAWARAえっさホイおどり」では「お猿のかごや」を使用する。変わり鳴子、サルの形の‘猿子（さるこ）’を使用する。1999年に開始された。

32：神奈川県座間市「ZAMA燦夏祭（さんかさい）」では祭りのために作った新しい民謡「座間音頭」を使う。座間市は新興住宅地で民謡がなく、そのために新民謡を作った。1998年に開始された。

33：神奈川県大井町「よさこいひょうたん踊り」では、高知「よさこい鳴子踊り」の替え歌で踊る。ひょうたんが特産物で、ひょうたんによる町おこしを目指す。1996年に開始された。

39：福井県福井市「YOSAKOIイッチョライ大会」では「イッチョライ節」を取り入れる。福井市は繊維産業が盛んな土地で、‘イッチョライ’とは一張羅のことである。1999年に開始された。

43：静岡県沼津市「よさこい沼津」では、「沼津音頭」や「ちゃっきり節」を取り入れる。1997年に開始された。

47：滋賀県甲賀町「ござれGO-SHU!」では「江州音頭」を取り入れる。1999年に開始された。

56：兵庫県加古川市「KAKOGAWA踊っこまつり」では「新加古川音頭」を取り入れる。1999年に開始された。

59：奈良県奈良市「バサラ祭り」では祭りのために作った新しい曲、「踊る・なら・そらっ！」を使う。奈良は昔、都があった伝統的な都市で新しい祭りの受け入れが難しかったようである。そこで‘かぶいた、わざと調子を外した’という意味の“バサラ”という言葉を祭りの名称とし、特に民謡もないために、使用する曲はまったくの新しい曲を作った。変わり鳴子(カスタネットのようなかたち)を使用する。1999年に開始された。

62：広島県呉市「よっしゃこい祭」では「呉小唄」などを取り入れる。1998年に開始された。

67：熊本県荒尾市「さのよい踊り」では「炭坑節」を取り入れる。‘さのよい’は炭坑節の歌詞からきている。1997年に開始された。

以上のことから、地域性の表出方法として使用される曲は、民謡・童謡、新民謡、それ以外の新しい曲に分けられる。それは、順に、文化資源の「借用」・「変形」・「創造」に分類される。

２．「みちのくYOSAKOIまつり」の総踊り

このうち、11の「みちのくYOSAKOIまつり」においては、各チームの踊り以外に、観客をも含めた皆で踊れる総踊りとして、「みちのくYOSAKOI踊り」（第１回1998年から）と「乱舞」（第３回2000年から）の２種類を設定している。

東北は民謡の宝庫であり、次に見るように、どちらも東北各県の民謡や名物がふんだんに盛り込まれた歌詞となっている。「みちのくYOSAKOI踊り」は、どこまでが１番という区切りがないようである。「ラッセラー」は青森県「ねぶた」のハネトの掛け声、次の「秋田女…」は「秋田音頭」、「馬コ…」

は岩手県「チャグチャグ馬コ」、「目出度目出度の…」は山形県「花笠音頭」である。そして、「松島の…」は宮城県の「大漁唄い込み」であるが、その次に「踊る阿呆に…」と徳島県の「阿波おどり」の台詞が続く。最後の「会津磐梯山は…」が福島県「会津磐梯山」となる。徳島の「阿波おどり」は、おそらく踊ることを勧めているだけのことで、深い意味はないと考えられる。

<「みちのくYOSAKOI踊り」歌詞>

企画・制作／みちのくYOSAKOIまつり実行委員会

よさこい　よさこい
よさこい　よさこい

ラッセラーラッセラーラッセ　ラッセ　ラッセラ～
ラッセラーラッセラーラッセ　ラッセ　ラッセラ～

秋田女（おばこ）何して綺麗だと　聞くだけヤボだんす
小野小町の生まれた在所　おめはん知らねのぎゃアー

馬コうれしかお山へ参ろ
金の～～

目出度目出度の　若松様よ
枝も　チョイチョイ
栄えて　葉も茂る
ハァ　ヤッショッマカショ

ラッセラーラッセラーラッセ　ラッセ　ラッセラ～
ラッセラーラッセラーラッセ　ラッセ　ラッセラ～

よさこい　よさこい
よさこい　よさこい

松島のサーヨー　瑞巌寺ほどの
寺もないトエー
あれはエーエ　エトソーリャ　大漁だエー

踊る阿呆に見る阿呆　同じ阿呆なら踊りゃなソンソン

会津磐梯山は　宝の山よ
笹に黄金が　エーまたなり下がる

よさこい　よさこい
よさこい　よさこい

次が「乱舞」の歌詞である。

１番から７番まである。１番ごとに東北６県がひとつずつ、表象されている。１番が福島県、２番が山形県、３番が宮城県、４番が秋田県、５番が岩手県、６番が青森県である。それらが７番でまとまり、「みちのくYOSAKOIまつり」で踊る、という構成になっている。

<仙台「みちのくYOSAKOIまつり」総踊り「乱舞」歌詞>

作詩／M･Y･C　作曲・編曲／藤村一清　歌／奥山えいじ
企画・制作／みちのくYOSAKOIまつり実行委員会

１．みちのくさー
時代絵巻の　野馬追いまつり　二本松なら　菊人形よ
磐梯山は　お国自慢の
まつり　まつりだ　YOSAKOI　さあー

２．みちのくさー
紅の山形　花笠踊り　右に左に　笠舞いながら
老いも若きも　お国自慢の
まつり　まつりだ　YOSAKOI　さあー

3．みちのくさー
　杜の都は　七夕まつり　伊達の宮城は　黄金波うち
　浜は大漁で　お国自慢の
　まつり　まつりだ　YOSAKOI　さあー
4．みちのくさー
　秋田小町と　竿灯まつり　揃い半てん　若衆が踊る
　豊年祈り　お国自慢の
　まつり　まつりだ　YOSAKOI　さあー
5．みちのくさー
　南部牛追い　さんさまつり　銀河鉄道　遠野の里よ
　えさし藤原　お国自慢の
　まつり　まつりだ　YOSAKOI　さあー
6．みちのくさー
　津軽三味線　ねぶたの山車と　鳥の海猫　いか釣り船と
　かずかずあれど　お国自慢の
　まつり　まつりだ　YOSAKOI　さあー
7．みちのくさー
　踊れ！踊れよ　YOSAKOIまつり
　夢と絆で乱舞は光る　汗と笑顔は宝物だよ
　まつり　まつりだ　YOSAKOI　さあー

第２節　大都市における地域性・地域表象の仕方

これまでは主に地方での「よさこい」の祭りの地域性の表出方法について述べたが、では、大都市の「よさこい」の祭りはどうであろうか。東京・大阪・名古屋などの大都市では特にこれといった民謡が人々に意識されておらず、その点においては地域性が表出しにくいものとなっている。

１．首都圏

①東京都新宿区では、「大新宿区まつり」のうちの「大高田馬場まつり」のパレードで踊られる鳴子踊りがある。使用する曲は特に限定していないが、「東京音頭」を使用するチームがある。1997年に開始された。

②東京都豊島区池袋では2000年から「ふくろ祭り」の一部で「東京よさこい」として鳴子踊りが踊られるようになった。「大高田馬場まつり」と同様に使用する曲は特に限定していないが、やはり同じように「東京音頭」を使用するチームがある。

③東京都渋谷区では2000年から「大江戸人祭」が開始された。中学生のチームを中心として「東京ラプソディー」の曲を取り入れて踊る。

④東京都町田市「町田夢舞生ッスイ祭」。町田市は都心からは少々距離があるが、重要な中継地点の市である。祭りのために新しく作られた「歴史」という曲か「街道」という曲、または「よさこい節」のいずれかを入れた曲を使用する。時代を遡及し、東京でなく江戸を表現し、火消しの衣装で踊るチームがある[2]。1999年に開始された。

⑤埼玉県朝霞市「彩夏祭」。朝霞市は池袋から約20分の新興住宅地、典型的なベッドタウンである。従来から「朝霞音頭」は存在したがあまり使用されず、「ソーラン節」で踊ったり、「よさこい鳴子踊り」で踊ったり、年により北海道色が強かったり、高知色が強かったりと‘揺れ’がみられた。しかし、2000年から「朝霞音頭」「秩父音頭」「お江戸日本橋」など関東の民謡を取り入れた曲を使用する。「よさこい鳴子踊り」や「ソーラン節」も使用してもいいが、関東の民謡と組み合わせることとした。関東の「よさこい」の中心地として、1999年から「関八州よさこい」とも称する。1994年に開始された。自衛隊の駐屯地があり、地方車は自衛隊の車両を使用する。「朝霞市民まつり」の一部である。

２．大阪

①大阪府貝塚市「YOSAKOIソーリャ！」。貝塚市があるこの地域は‘だんじり’が盛んな泉州地域であり、「ソーリャ」とは‘だんじり’の掛け声である。‘だんじり’をテーマにした曲(「ケヤキの神」)で、‘だんじり’の仕

種である大工方を取り入れた振り付けで踊るチームがある。1998年に開始された。

②大阪府大阪市「こいや祭り」。この祭りには基本的にルールはない。鳴子や民謡は使用してもしなくてもいい。どこからでも“来いや”という意味である。対象地域の開放を行っている。2000年に開始された。

3．名古屋

愛知県名古屋市の「にっぽんど真ん中祭り」は、地理的に日本のど真ん中である名古屋に日本全国から集まって、それぞれの地方の民謡を取り入れた曲で踊るというものである。1999年に開始され、対象地域の開放を大阪市に先駆けて行った。

実行委員会は、見ている人も気軽に参加できる“観客動員数ゼロ”の祭りを目指しており、各チームの踊り以外に、この祭り独自の、観客をも含めた皆で踊る「Sutotoco：ストトコ」という総踊りを2000年から設定している。‘ストトコ’とは「名古屋甚句」の節のことをいう。「名古屋甚句」が花街あたりで唄われるとき‘ストトコ節’と呼ばれる本唄に続いて、「名古屋名物」が唄われ、お座敷を盛りあげたという。

次が「Sutotoco」の歌詞であるが、「天むす」「味噌カツ」「味噌煮込み」や「信長」「秀吉」「家康」の三英傑や、「金鯱」など、名古屋（愛知・尾張）の名物や歴史上の人物がふんだんに盛り込まれ、全体が名古屋弁で語られている。

<名古屋「にっぽんど真ん中祭り」総踊り「Sutotoco：ストトコ」歌詞>

原曲：「名古屋名物」
作詩・編詩／にっぽんど真ん中祭り組織委員会
作曲・編曲／たなかつとむ

1．名古屋名物　おいて頂もに　すかたらんに　おきゃあせ
ちょっとも　だちゃかんと　ぐざるぜえも
そうきゃも　そうきゃも　なんでゃあも
いきゃすか　おきゃすか　どうしゃあす

おみぁ様(はん)　このごろ　どうしゃあた
どこぞに　ひめでも　出来ゃせんか
できたら　できたと　言やあせも　私もかんこうが　あるわやあも！
おそぎゃあぜえも
※のんきに　陽気に　本気に踊れや　Sutotoco　Sutotoco　サッサッサッ
のんきに　陽気に　本気に踊れや　Sutotoco　Sutotoco　サッサッサッ
2．名古屋名物　どえりゃーうみゃあて　天むす　味噌カツ　味噌煮込み
手羽先　ひつまぶしに　ういろうとか　きしめんも
そうきゃも　そうきゃも　なんでゃあも
皆で踊ろみゃ　愉快だぎゃー！
じっちゃも　ばっちゃも　若けえのも
一発かまして　やったろみゃあー
海っ子　山っ子　町の子も
どんちゃかちゃかちゃか　騒ごまい！
うるさあぜえも
※１回(間奏)※２回
3．名古屋名物　えりゃあもんなら　信長　秀吉　家康に
金鯱　見上げりゃ　驚くぜえも
そうきゃも　そうきゃも　なんでゃあも
やっとかめだなも　どうしゃあた？
あんさん最近　何しちょう？
あたしゃ祭りで　踊っとう！
いっぺん一緒に　おどろみゃー
ここはニッポン　ど真ん中
いかすぜえも
※３回

前節にあげた文化資源の活用の仕方に関する分類から大都市の地域性の表出方法を考えると、「借用」はここであげたほとんどの地域(大阪市以外)、「変形」は名古屋市(「ストトコ」)、「創造」は町田市にみられる。

第3節　場所とローカリティ

成田龍一によると、19世紀末から20世紀初頭において日本では「故郷」が都市とともに発見されたという。「＜故郷＞が実体として存在するのではなく、構成され、語られることによってたちあらわれてくる空間」という論を提示している。また、「＜故郷＞が構成されたものであり、そのことを皆が知っているために、＜故郷＞の実体化と＜故郷＞の確認がことごとく図られ、多様な＜コト＞＜モノ＞＜ヒト＞にかかわる仕掛け……装置が持ち出され」ていると指摘する［成田 1998］。

また、アパドゥライは「ローカリティー（locality）」という言葉を使う。ローカリティとは数量的・空間的なものでなく、関係的・文脈的なものであるという［Appadurai 1995］。成田のいう「故郷」は、ローカリティともいえる。

「よさこい系」祭りの地域表象は、厳密な‘地域’でなく、イメージなどのような‘ゆるやかな’地域であり、まさに、「ローカリティ」である。

そして、エドワード・レルフは、「場所」について、「共同社会と場所との関係は、一方が他方のアイデンティティを補強しあうような大変強いもの」であり［レルフ 1991:58］、さらに、「場所」は、「共通の経験と共通のシンボルや意味へのかかわりを通して創造され周知される」と述べている［レルフ 1991:60］。

「よさこい系」祭りの特徴は、祭りや参加集団にみられる地域表象の多様性である。レルフのいうように、「共通の経験と共通のシンボルや意味へのかかわりを通して創造され周知され」たある‘場所’の地域表象は、ある共同社会を表現することとなる。本家高知の「よさこい祭り」が民謡「よさこい鳴子踊り」の一節を必ず入れることをルールとしていることから、「YOSAKOIソーラン祭り」では「ソーラン節」、「みちのくYOSAKOIまつり」では東北のそれぞれの地元の民謡、「にっぽんど真ん中祭り」ではそれぞれの地元の民謡、というように、祭りのルールに民謡の使用という、地域性の表出の原則が設定されている。参加集団は使用する民謡だけでなく、地元の名物や名産、有名人などを踊りや曲（歌詞）に表している。

また、一連の調査の過程で「よさこい」の導入のされ方が徐々に変化していることがうかがえた。新しく「よさこい」を始めようとする人々は、それまでの「よさこい」との違いを求めて、さらに独自性を強く出そうとしている。また、その独自性の表出方法は多様である。

総踊りや、変わり鳴子の使用や、持つものが鳴子に限らなくなったり、祭りの名称が変化したり、民謡以外の曲を使用したり、対象地域の拡大・開放という大きな動きもみられる。

まず、観客をも含めた、皆で踊れる場面を設定して、その祭り独自の総踊りの創作をしたり（仙台：みちのくYOSAKOIまつり）、祭り全体で変わり鳴子を使用したり（奈良：バサラ祭り、小田原：ODAWARAえっさホイおどり）、手に持つものは鳴子に限定しないとする動き（秋田：ヤートセ秋田祭り、横浜：ハマこい踊り）、祭りの名称に「よさこい」や「YOSAKOI」を使用しなかったり（名古屋：にっぽんど真ん中祭り）、さらには、使用する曲は民謡に限らず、童謡や歌謡曲を使用する動き（小田原：ODAWARAえっさホイおどり、横浜：ハマこい踊り）もある。また、対象地域も外部に開放して外資源を利用したり（仙台：みちのくYOSAKOIまつり）、あるいは自治体内で数カ所の「よさこい」が誕生している一方で、さらにそれを都道府県レベルで別にひとつの祭りにまとめようとする動き（大阪：大阪まつり―仮称）も出てきている。祭りを始めようとする人々は「ただのイベントにしたくない」「祭りの原点に戻りたい」という言葉を使う。北海道においても、現在はアレンジされたソーラン節がほとんどであるが、2000年から「正調のソーラン節」(3) での踊り部門の新設を予定している。

また、東京という大都市は、他にも娯楽が多く、個人の趣味も多種多様であり、特にこれといった民謡は人々の意識にない。大阪や名古屋も同様である。大阪市のように対象地域を開放し、鳴子も民謡も使用しなくてもいいとなると、その地で開催する意味や祭りそのものの位置づけがあいまいになってくる。祭りには何らかの“核”となるものがないと、拡散したものとなってしまう。

仙台「みちのくYOSAKOIまつり」と名古屋「にっぽんど真ん中祭り」の総踊りの歌詞には地域性がふんだんに盛り込まれている。「みちのく

YOSAKOIまつり」の「みちのくYOSAKOI踊り」では、東北の民謡、また、「乱舞」では東北６県の民俗が語られ、「にっぽんど真ん中祭り」の「ストトコ」では名古屋弁で名古屋の名物が語られている。名古屋においてはここが日本の“ど真ん中”であるという地域としての意味づけと「ストトコ」という名古屋の民謡を意識した総踊りを設定しており、この２つが求心力をもち、ややもすれば拡散しがちな大都市での「よさこい」が比較的まとまったものとなっている。地方都市の仙台の「みちのくYOSAKOIまつり」でも総踊りが設定されており、観客を巻き込んで何度も踊る場面が見られる。総踊りにはミル人／スル人の区別をなくす機能があり、そのことが、観客をも含めた人々に、自分たちの祭りだという意識を強めさせていると考えられる。

つまり、「ローカリティ」がそれぞれの「よさこい系」祭りで選択・設定され、そして、「よさこい」の展開とともにそれは変わっていき、また、組み立てなおされているといえるのである。

註

（1）「ハマこい踊り」は最初は、横浜に関係する音楽なら何でも可としていた。童謡「赤い靴」はもちろんのこと、歌謡曲「ブルーライトヨコハマ」でも「横浜たそがれ」でも、「モンキーマジック」でもいいとされていた（ちなみに「モンキーマジック」は、横浜→中華街→中国→西遊記という連想）。鳴子も最初は限定せず、「モンキーマジック」の曲で孫悟空風の衣装・メイクで如意棒を使用したチームがあった。

（2）この祭りの中心的チームの「ぞっこん町田'98」が2000年に行った。

（3）「正調のソーラン節」とは1963年に北海道文化財（無形民俗資料）に設定された「江差沖上音頭」のソーラン節のことである。

第３章 「よさこい系」祭りの伝播

1992年の「YOSAKOIソーラン祭り」開始以降、同様に「鳴子を持ち、原則として地元の民謡などを取り入れて踊る祭り」が全国に広がった。「よさこい系」の祭りの全国展開は「阿波おどり」のように踊りそのものが伝わったのではなく、祭りの‘形式’の伝播である。

山路興造も、そもそも民俗芸能の多くは、「その土地で創作されたたものはきわめて少なく、大部分が、いつかの時代に、何かの機縁によって他所から伝えられたもの」と述べている［山路 1979:202］。

最近では落ち着く傾向にあるものの、なぜこれほどまでに「よさこい系」の祭りが全国に広がったのか。何が人々をひきつけたのであろうか。

そこで、本章において、数カ所の「よさこい系」の祭りを実証データに基づきながら紹介し、それぞれの祭りの特徴、および踊り子やチームの動態を探り、「よさこい系」祭りの全国への伝播の理由について理論化を図りたい。

第１節 「よさこい系」祭りの伝播

伝播の方法として、山路興造は、①習得型＝他所で行われている芸能を積極的に習い覚えたり、為政者の意向によって習得する場合、②伝来型＝芸能を持ち歩いた(イ)専門の職業的芸能者や、(ロ)宗教的芸能者から教えられる場合、③定着型＝②の(イ)や(ロ)の人々が、地方に定着し、その芸能が民俗芸能化される場合をあげている［山路 1979:202］。

「よさこい系」の祭りは、これを自分たちの地域でも行いたいという明らかな意識をもって取り入れられている。それは個人の希望であったり、地域活性化を望む商店街や行政の意向であったりする。また、新しく「よさこい」の祭りを始めようとする地域に、高知や北海道の有力チームやジャズダンスの先生をしているチームリーダーが踊りの手本を披露しに行ったり、「よさこい」の経験のある高知出身者が祭りの創始者となったりする例があることから[1]、もともと宗教色はないので「宗教的芸能者」は除くとしても、山路の分類の①〜③の性質はほぼ当てはまるであろう。しかし、以下に論ずるように、「専門の職業的芸能者」に限定しない伝播の方法が「よさこい系」祭りの伝播にはみられるのである。

まず、「よさこい系」祭りの全体的な特徴から、「よさこい系」祭りの伝播について考えてみたい。

1.「よさこい系」祭りの全体的特徴：地域性の表出

高知・札幌・仙台・名古屋の祭りはもちろん、その他をも含めた「よさこい系」の祭りの全体的な特徴は次のようなものである。

第1章、第2章でも述べたように、それぞれの祭りは地元の民謡などと融合しながら創造されている。そして他の「よさこい系」祭りとは違った祭りにしようとする。これは、高知では「よさこい鳴子踊り」、札幌では「ソーラン節」というように祭りのルールを踏襲した結果であるが、民謡や踊りが特にない場合は新民謡を作ったり、童謡なども使用している（第2章の［表2–1］参照）。

阿寒町「YOSAKOIほろろん祭り」[2]では「丹頂鶴音頭」、盛岡市「YOSAKOIさんさ」では「さんさ踊り」、小田原市「ODAWARAえっさホイおどり」では「おさるのかごや」を使用する。座間市「ZAMA燦夏祭（さんかさい）」では新興住宅地で民謡がないために新しく「座間音頭」を作った。横浜市「ハマこい踊り」では「赤い靴」、佐渡郡「よさこいおけさ」では「佐渡おけさ」、福井市「YOSAKOIイッチョライ大会」では「イッチョライ節」、滋賀県甲賀町「ござれGO–SHU!」では「江州音頭」、姫路市「ひめじ良さ恋まつり」では「播州音頭」、呉市「よっしゃこい祭」では「呉小唄」、荒尾市「さのよい踊り」では「炭坑節」などを使用している。また、新しい試みの、那覇市「もーれもーれチャンプルー祭り」は2つ以上の踊りをミックス（チャンプルー）させた踊りを創作する（例えば、「エイサー」プラス「鳴子踊り」など。ただし、必ず日本の伝統的な踊りを入れる条件がある）祭りである。

地域性の表出は「祭り」としてのレベルだけでなく、「チーム」としてのレベルでもみられる。他のチームとは違う、チームのオリジナリティを出すために地域性を利用する。

例えば、「よさこい祭り」での‘高知市’からさらに‘地域’に細分化した‘しばてん’と呼ばれる河童のモチーフの使用(3)や「YOSAKOIソーラン祭り」での室蘭の来航した英国人を表す大きな人形の使用である(4)。

また、仙台の「みちのくYOSAKOIまつり」は「みちのく」という東北６県の地域表象の集合体が祭りとしてのオリジナリティである。また、名古屋の「にっぽんど真ん中祭り」はひとつの祭りのなかでさまざまな地方の地域表象がみられることが、祭りとしてのオリジナリティとなっている。

２.「よさこい系」祭りの全体的特徴：差異性と統一性

このようにそれぞれの「よさこい系」の祭りは、他の祭りとは違うオリジナリティのあるものにしようとする一方で、他の「よさこい系」祭りに遠征もし、同じ「よさこい」としてのつながりももっている。つまり、差異性と統一性の両方の性質ももつのである。

踊り子たちはしばしば他地域の「よさこい系」祭りに遠征する。踊り子は地元の「よさこい系」祭りだけでなく、他地域の「よさこい系」祭りに行って踊りを披露する。踊り子たちは、高知や札幌などのように本家や規模の大きいところに行ったり、新しく開始される「よさこい系」の祭りを盛り上げるために参加したりもする。このときに行くのは、ジャズダンスの先生をしているチームリーダーという「専門の職業的芸能者」であることもあるが、多くは、あるチームの踊り子という「素人」である。つまり、「よさこい系」の祭りは決して専門家によって伝播されているのではないのである。「専門の職業的芸能者」から教えられる、という先述した山路の理論に限定されない、「普通の」人々が伝播者となっているのである。

さらに、遠征の際には個々のチーム単位だけではなく、新たに遠征専用のチームを再編成することもある。つまり積極的な遠征参加意思に基づいたチームづくりである。既存の複数のチームの踊り子有志が集まったり、チームには属していない者も取り込んだりもする。もちろん、これも素人の集まりである。

チームの再編成の例として、高知・札幌・仙台・名古屋の４つの「よさこい系」の祭りにおいて次のようなチームが再編成されて遠征している。

①「北人」(北海道の学生の大学の枠を超えた合同チーム)：北海道から仙台「みちのくYOSAKOIまつり」に参加する。
②「ZEAL」(北海道大学と藤女子大の合同チーム)：北海道から名古屋の「にっぽんど真ん中祭り」に参加(最初は「どまつり」参加が目的)、さらに仙台「みちのくYOSAKOIまつり」に参加する。
③「ふるさと阿寒でどっこいしょ」(阿寒に居住していた人が仙台に転勤となり、その先で踊り子をインターネットで募ってできたチーム)：北海道阿寒町から仙台「みちのくYOSAKOIまつり」に参加する。踊り子たちの所属は全国各地である。
④「六陸～RIKU～」(「よさこい」の本場の高知に行きたいという東北の踊り子の合同チーム)：仙台から高知「よさこい祭り」に参加する、さらに地元仙台においても「六陸～RIKU～の愉快な仲間たち」という名で2002年から「みちのくYOSAKOIまつり」にも参加している。遠征専用のチームは基本的には地元では存在しないが、これはその例外である。
⑤「みちのくYOSAKOI連KOI♡KOI」(「みちのくYOSAKOIまつり」のPR隊として結成された合同チーム)：仙台から札幌「YOSAKOIソーラン祭り」に参加、さらに仙台から高知「よさこい祭り」に参加する。
⑥「にっぽんど真ん中祭り合同チーム「Sutotoco」」(「どまつり」参加チームの合同)：名古屋から札幌「YOSAKOIソーラン祭り」に参加する。
⑦「どまつり学生合同キャラバン隊」(「どまつり」参加の学生の集まり)：名古屋から札幌「YOSAKOIソーラン祭り」に参加する。

チームを再編成するにあたっては、遠征費用はもちろんのこと、衣装も踊りも曲も、ときに地方車も新たに準備しなければならないのであるが、踊り子たちは実にダイナミックな移動の様態を示している［図3-1］。

地図3-1 高知・札幌・仙台・名古屋の４つの「よさこい系」祭りにおける再編成されたチームの移動の様態

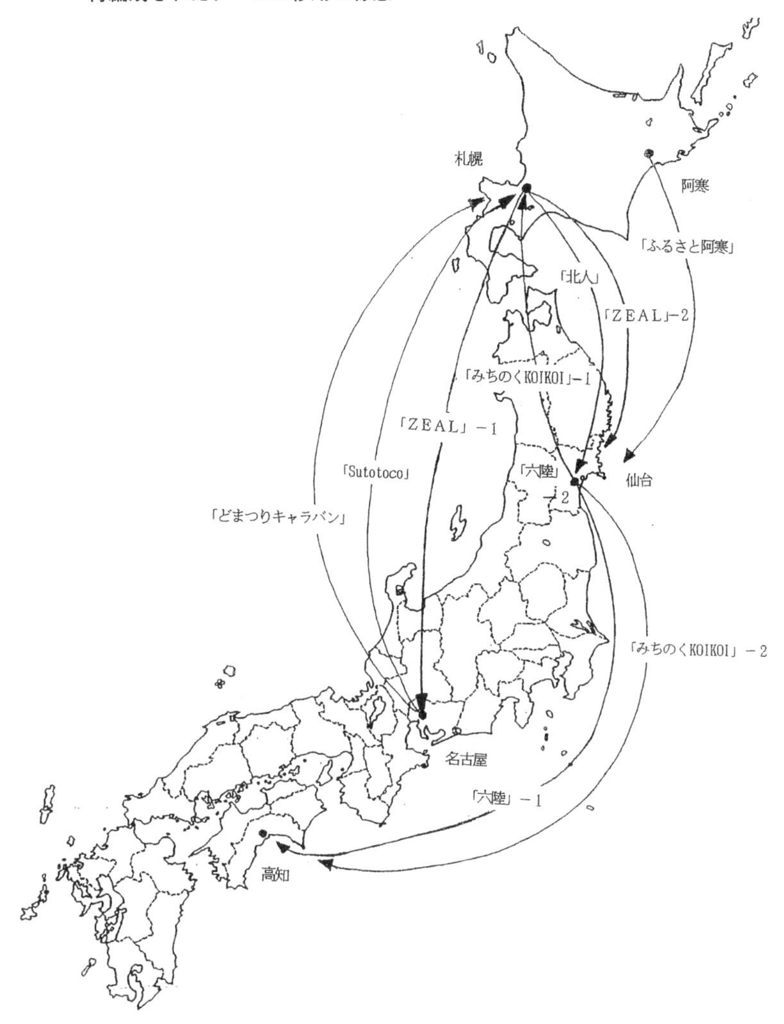

注１：「ふるさと阿寒」は「ふるさと阿寒でどっこいしょ」、「みちのくKOIKOI」は「みちのくYOSAKOI連KOI♡KOI」、「Sutotoco」は「にっぽんど真ん中祭り合同チーム「Sutotoco」」、「どまつりキャラバン」は「どまつり学生合同キャラバン隊」を示している。

注２：チーム名のあとの「－１」「－２」は移動の段階を示す。例えば「ZEAL」－１は移動の第一段階を、「ZEAL」－２は第二段階を示している。なお、「六陸」－２は地元仙台での祭りの参加を表している。

第２節 「よさこい系」祭りという文化

１．踊り子が表現するもの

「よさこい系」の祭りで踊り子は、祭り名・チーム名・衣装・曲・振り付け・鳴子・地方車という祭りのアイテムに自己を、あるいは自分たちを表現する。

祭り名は第１章の［表1–1］（あるいは第２章の［表2–1］）でわかるように、「よさこい」や「YOSAKOI」や「ソーラン」を入れたり、民謡の掛け声（秋田市「ヤートセ秋田祭り」：「ヤートセ」とは秋田音頭の掛け声）や、方言（伊東市「よさこいソーズラ伊東」：「ソーズラ」とは「そうですね」の意の方言）を使用したりする。また“まつり”という名称にしても「祭」や「祭り」あるいは「まつり」というように全体の文字バランスを考えているこだわりが感じられる。

チーム名としては前述したように、特に「YOSAKOIソーラン祭り」で当て字のチーム名（「音乱舞会：おどらんかい」など）が多い。

衣装は法被や半纏が多い。派手な色彩のものも多く、普段は着ないものである。また、アイラインを赤で入れたり、鼻筋を白で強調したりというように独特のメイクも施したり、髪を染めたりする。

そして、前章で述べたように、地元の民謡などをもとにアレンジされた曲で、純和風・ジャズ風・レゲエ風・サンバ風・ミュージカル風などさまざまな振り付けで踊る。

鳴子はもともとは田畑の雀おどしであるが、バチが‘しゃもじ’に触れるときにカチャカチャという音がする楽器である。‘しゃもじ’が朱色で３本のバチの真ん中が黄色、両脇が黒色で両面にバチがついているものがスタンダードな鳴子である。これ以外に、バチが片方にしかない片打鳴子（かたうちなるこ）をはじめとして、色・形も多種多様である。衣装に合わせて配色を変えたもの、白木のもの、材質を変えたもの（竹やプラスチックなど）、また、手の甲にくくり付ける‘手っ甲型’などもある。前述したように地域性の表出としてヒツジやクリオネの形の鳴子もある。片打鳴子ではバチがついていない面にチーム名やチームや企業のマークなどを入れることもでき、表現が多様になる。

地方車も装飾に凝り、特に高知では毎年作り直すチームが多い。高知の土佐山田町の地方車には大きな山田太鼓を搭載したり、高知市内の京町・新京橋のチームは「はりまや橋」風の赤い欄干を搭載して‘ゑびす’や河童の‘しばてん’の絵を配している。チーム名を見なくとも地方車の装飾だけで、どのチームかわかるほどにチームの顔として位置づけられている。

このように、「よさこい」は装飾やパフォーマンスが組み合わさった総合芸術であるといえる。

衣装・曲・振り付け・鳴子・地方車については、素人である自分たちで行うチームもあるが、多くのチームは、これら一部あるいは全部について専門家の手に任せている。伝播先で参考にされるのは高知や北海道の有名・人気チームのものであることも多い。実際に遠征で来てもらったチームで印象深かったという場合や、高知や北海道でそのチームを見てファンになったという場合などで、そのチームのやり方を「真似る」ことで「あやかる」様子もみられる。

2. 新たな統合的伝播枠組みからの分析

パーソンズによると文化には「用具的機能」(instrumental functions) と「表出的機能」(expressive functions) があるという [パーソンズ 1990]。これをもとに江渕一公は、人間の生存に直接関わる「適応・保護装置」としての文化の側面を強調するとき、それを「用具的文化」(instrumental culture) と呼ぶことができる、としている。また、人間は用具的能だけでは満足せずに、同じ用具的機能を持つ道具を作るにしても、できるだけ見栄えのする「美しいもの」にしようとし、何かを行うにしても「美しく」「楽しく」「格好よく」見えるように趣向を凝らす。さらには、用具的機能をまったく離れて「美のための美」を追求することに喜びを感じる行為さえも生まれる。そうした人間の情動的欲求を満足させる表出的機能をもつ文化を「表出的文化」(expressive culture) という。「美しいもの」や「おもしろいもの」「楽しいもの」に「快楽」を見出す人間の情動と感性が「芸術」と呼ばれるものだが、儀礼や祝祭や競技・スポーツも人間の感性や情動的欲求を満たす表出的機能をもっている。芸術や祝祭やスポーツの根底には「おもしろさ」「美しさ」を求める「遊びごころ」が共通してある。遊びのもつ文化創造力はホイジンガによっても明らかにされている［ホイジンガ 1989］、としている。

続けて江渕は、ウーマックによる表出的文化の分類を紹介している。ウーマックは表出的文化を、①視覚芸術(visual arts)、②上演芸術：語りと演劇(Performance arts：telling and theater)および音楽と舞踊(Performance arts：Music and dance)、③遊び、スポーツ、祭り(Play, sport, festival)に分けている［Womack 1998：217］。江渕は表出的文化を代表するものは「芸術」であるが、それがすべてではなく、表出的文化は数多くのメタファー（隠喩）を利用することによって人間の文化の奥深さを語るシンボル・システムである。よって、スポーツや祝祭も含まれる、としてウーマックの分類を補強している［江渕 2000：356–359］。

「よさこい」の祭りは、祭り名・チーム名・衣装・曲・踊り・鳴子・地方車などで「楽しさ」「美しさ」を表現し、また「遊びごころ」をふんだんに取り入れられる祭りである。また、「踊る祭り」なので、‘Performance arts’の‘dance’であり、また‘festival’であるので、どちらにしても「表出的文化」である。

「よさこい系」の祭りはその‘形式’が伝播したのであるが、「伝播」という点について筆者の枠組みを提示しておきたい。筆者はここで３つの伝播論を重ねてとらえ、筆者なりのひとつのモデルを提示する。それをもとに「よさこい系」祭りの特色を抽出したいのである。

レヴィ＝ストロースはクリスマスの風習について次のようにいう。現在、クリスマスの風習として世界で行われていることはアメリカからの「伝播」の現象で、この伝播は単純な伝播の現象ではなく、アメリカの人類学者のクローバーの名づけた「刺激伝播」という特別な伝播のプロセスであると述べている。「輸入された習俗は、そこでは、すぐに同化されてしまうのではなく、むしろ触媒としての役割を演ずる。つまり、ある習俗が輸入されるとき、それに隣接している環境の中で、潜在的な状態のまま眠っていた、それとよく似た習俗の出現を引き起こしてくる」という。レヴィ＝ストロースの説明では、ある製紙業者がアメリカを訪れ、そこでクリスマス用の特別な包装紙が作られているのを見て、そこからアイデアを得る。このような伝播の現象である。

また、次のようなものもそうであるという。パリに住むある主婦がプレゼント用の包装紙を買おうとして、文房具店に出かけ、そこで今までよりずっときれいな包装紙を見て心をひかれる。彼女はそれがアメリカのものだとは知らないが、その包装紙は彼女の美的欲求を満足させ、それまで具体的な表出の手段をもたなかった潜在的な嗜好をおもてに引っ張り出す働きをした。彼女はその包装紙を選ぶことによって、製紙業者のように直接に外国の習俗を借用したわけではないが、その習俗と出会うことが触媒になって、潜在的なままにあった類似の習俗の出現がひきおこされたわけである、というものである［レヴィ＝ストロース 1995:18–22］(5)。

これを筆者なりに民俗学や伝承論の概念に引きつけて解きほぐしてみたい。和歌森太郎は次のように述べている。「民間伝承としての民俗は、竪に世代的伝承をもつものをいうのだが、また風俗的に横に伝わる、空間的伝承をも持ち得る」。和歌森は続けて、アメリカの心理学者ロス（E. Ross）のいう、横の伝承であるコンヴェンショナリティ（Conventionality）と竪の世代的伝承であるカストム（Custom）という区別を用い、「民俗にはコンヴェンショナリティの性質があるのに、それが各協同体に一様に波及して民族社会全般にわたる時代を形成するに至らず、それぞれの協同体で受けいれの度合が異なるのは、それぞれに相当の世代を経て竪に伝わっている伝承文化がカストムとしてあって妨げるからである」と述べている［和歌森 1970:16］。つまり、伝播においては潜在的な習俗の影響が存在するのである。

また、これを社会心理学や流行理論に重ねてとらえる必要もある。宇野善康はイノベーションの概念から伝播を「普及」と表現し、論を展開している。文化は取り入れられる過程で文化的文脈によって違ってくる。また、ひとつの文化集合体には種々の文化的文脈が潜在的に存在しており、「外来のイノベーションがこの文化集合体に持ち込まれると、これらの文化的文脈はいままで潜在的であった状態から顕在化して、入ってきたイノベーションに働きかけるようになる」と述べている［宇野 1990:227］。この文化的文脈とは、その地その地の独自の歴史や習俗や価値観といった社会的背景のことである。

こうしてみると、レヴィ＝ストロースの考え方と同様のとらえ方が伝播論にも通底していることがわかる。これらのことから「よさこい系」祭りについてまとめると、次のようになる。

多くの「よさこい系」の祭りは行政主体でなく個人の発案で始まっているが、「よさこい」の形式を受け入れるのは個人の感性であり、それぞれに表出されるものが違うのである。つまり、「よさこい系」祭りの全国展開はそれまで具体的には表出されなかった人々の潜在的な嗜好がおもてに出されたものであり、祭の形式が触媒となった「刺激伝播」であるといえる。そして、その個人はある地域に根ざして存在し、自分が存する地域の民謡を利用している。それは従来その地に潜在的にあった習俗の呼び起こしである。「よさこい系」祭りという文化は、ロスのいう、'Conventionality とCustom' という 'ヨコとタテ' の絡み合いの相互作用から生成されている文化なのである。

第3節　祭りの全国展開

「よさこい」の全国展開の背景にはどの地方も抱えている地域活性化という問題がある。新興住宅地の 'ふるさとづくり' や従来の祭りのマンネリ化の打開策として、この祭りはうってつけであったために行政の協力も得られた。後続の「よさこい系」祭りが開始されるにあたっては「YOSAKOIソーラン祭り」の成功がいい前例となり、行政や警察(道路の使用許可)などの関係機関を納得させることとなったという。

また、祭りがビジネスとなりうることを「YOSAKOIソーラン祭り」の創始者は示した。「YOSAKOIソーラン祭り」の創始者は同組織委員会の専務理事となり、さらに、祭りのホームページ部門を独立させて設立した「株式会社yosanet（よさねっと）」の代表ともなっている。また、北海道には企業・学生の合同チームもあるが、企業は宣伝としてこの祭りを利用している。チームのなかにはデザイナーの山本寛斎が総合プロデュースしたチームもある。そして、さまざまな祭り関連のグッズ(鳴子・ビデオ・小さな鳴子付き携帯用ストラップやTシャツなど)の創作や販売に関わる企業の利益、地元の商店街での見物人の消費の促進も期待できる。さらには祭り期間中はどのテレビ局も有名人をゲストに迎えて、競って中継をするなどメディアへの貢献度も高い。このような複合的なエネルギーが「YOSAKOIソーラン祭り」を拡大化させて一種の成功を導き、後続の「よさこい系」祭りがつくられる契機となった。

しかし、企業・学生合同チームのなかには企業の業績が不振になったために手を引き、学生が放り出された例もある。学生たちはいろいろなチームに分かれて踊った。また、祭りのビジネス化は参加者側は嫌う傾向が強く、よく聞かれるのが、「イベント」でなく「祭り」をやりたいという声である。商業主義になりがちなイベントよりも純粋に踊りを楽しみたいというのである。「YOSAKOIソーラン祭り」は組織としての体制が強く、ある会議を欠席すると祭りの参加資格を失うこともある。祭りそのものも決まりごとが多く、審査が行われる会場では踊り子は進む距離や停止位置などが細かく決められており、それが守られないと減点や失格となる。こうした組織の拘束から脱して、「YOSAKOIソーラン祭り」以外の別の新しい祭りをつくり、のびのびと踊りたいという踊り子も出てきているほどである。

「よさこい系」祭りの全国展開の理由には、前に述べたような経済面に代表されるシステムや体制のメリットがあるのはもちろんだが、それらを超えたミクロな心意上の魅力があるためと考える。そのために「YOSAKOIソーラン祭り」からも各地の例からもわかるように、それが行政の思惑どおりであっても、祭りがビジネスとなっても、企業が手を引いて放り出されても、組織に不満を持っても、とにかく踊りたいという原初的欲求と、それを基礎とした各地の人々の参加エネルギーと工夫が、この祭りを支え続ける原動力であることは間違いない。そして、伝播する人々も新しく祭りをつくる人々も、多くは、祭りや踊りの専門家ではない「素人」なのである。この祭りは、祭りそのものや踊りを創造するという点において、「普通の」人々である参加者の喜びと自己実現を引き出すという精神的要因が非常に大きいと考えるのである。また、その結果、それぞれの地の習俗や歴史背景に則った自己実現の様態が現れることになるのである[6]。

註

（１） 東京都臨海副都心で行われる「ドリーム夜さ来い」の創始者は高知出身で、「よさこい」の踊りのインストラクターをしていた。

（2）「ほろろん」とは丹頂鶴の鳴き声のことである。

（3）チーム名を「新町　新京橋　ゑびすしばてん連」という。

（4）チーム名を「室蘭（むろらん）「百花繚蘭（ひゃっかりょうらん）」」といい、このときの踊りのテーマは「英国人と倭人の出会いと交流」である（写真：第1章「写真1–3」）。

（5）この本『サンタクロースの秘密』はレヴィ＝ストロースが1952年、『レタン・モデルヌ』誌に発表した「火あぶりにされたサンタクロース」という論文を中沢新一が訳し、自身の「幸福の贈与」という論文とともに収めたものである。レヴィ＝ストロースの「火あぶりにされたサンタクロース」の話は1951年にフランスで起こった事件である。それは当時のレヴィ＝ストロースにとって‘現在’のことであり、またフランスの地方都市を舞台としている点で非常に興味深い。

（6）西郷由布子は、筆者のいう「伝播」を「流通」という言葉で表現している。筆者は、「よさこい」は‘形式’の伝播ゆえにさまざまなアレンジが可能で、そのために全国展開しているという主張をした。一方、西郷は自身の論文の中において、岩手の「黒川さんさ」は広がることは認めながら、その著作権ゆえにアレンジが許されないことを述べている［西郷由布子：2006］。西郷は、明言はしていないが、アレンジができるものであるならば、それを認めることが、「「自ら演じて」楽しみたい」（同 p.63 ）という人々の喜びとなり、それこそが「民俗芸能」なのではないかと主張していると読み取れる。

第4章 「よさこい」の正統性

全国展開する「よさこい系」祭りであるが、本家・高知の人々、あるいは本家に対する人々の意識はどのように変容していくのであろうか。

「よさこい」の祭りの本家は高知であることは間違いない。高知では1999年から「よさこい全国大会」を開催している。これは全国から踊り子が集まって高知の踊り子と一緒になって踊るというものである。地方からわざわざ本家の高知の「よさこい祭り」に参加するための遠征専用のチームを再編成する動きもある。しかし一方で、「YOSAKOIソーラン祭り」の踊りの方を好む人が出てきたり、他地域の「よさこい系」の祭りでも踊り方を「YOSAKOIソーラン祭り」の踊りに似せたものも多くなっている。

そこで、「YOSAKOIソーラン祭り」が開始された1992年以降の高知「よさこい祭り」における参加者の'語り'から、本家に対する意識の変容を探りたいと考える。調査するなかで聞こえてきた「よさこい系」祭りに対する人々の意見から、祝祭の正統性について考察したい。

第1節 「YOSAKOIソーラン祭り」開始以降の高知「よさこい祭り」

「YOSAKOIソーラン祭り」が開始されたのは1992年である。そこで、1992年以降の高知「よさこい祭り」における県外参加チーム、および1999年から始まる高知の「よさこい全国大会」における県外参加チームをみてみたい。

1.「よさこい祭り」本祭における県外参加チーム(1992年以降)

「よさこい祭り」の本祭への参加は、どのチームでも希望すれば可能である。本祭参加費は3万円であるが、別途に責任者法被が2着必要である(1着1万円で合計2万円)が、すでに持っているチームは購入しなくていいとなっている。

表4-1 「YOSAKOIソーラン祭り」開始以降の高知「よさこい祭り」（本祭）における県外参加チームの推移（1992-2002年）

●第39回（1992年）　県外５チーム（５地域）
　北海道１、東京都１、神奈川県１、兵庫県１、香川県１
　　北海道代表よさこいソーランチーム「なまらあついべや〜」（北海道）
　　「WORK」チーム（東京都）
　　専修大学高知県人会（神奈川県）
　　尼崎武善会（兵庫県）
　　徳島文理大学香川校　カーニバル・アート（香川県）

●第40回（1993年）　県外５チーム（４地域）
　北海道１、東京都２、兵庫県１、愛媛県１
　　YOSAKOIソーラン大賞北海道ガス＆学生合同チーム（北海道）
　　土佐寮with京都土佐塾（東京都）
　　東京私学六大学連合（東京都）
　　尼崎武善会（兵庫県）
　　松山東雲女子大学短期大学高知県人会（愛媛県）

●第41回（1994年）　県外４チーム（４地域）
　北海道１、東京都１、兵庫県１、香川県１
　　YOSAKOIソーラン大賞　平岸天神＆学生合同チーム（北海道）
　　土佐寮with京都土佐塾（東京都）
　　尼崎武善会（兵庫県）
　　さぬき踊らんな連（香川県）

●第42回（1995年）　県外６チーム（４地域）
　北海道３、東京都１、大阪府１、香川県１
　　北海道学生チーム（北海道）
　　平岸天神（北海道）
　　さあさよっちょれおどろよチーム（北海道）
　　東京土佐寮with京都土佐塾（東京都）
　　関西地区大学連合（大阪府）
　　さぬき踊らんな連（香川県）

●第43回（1996年）　県外10チーム（６地域）
　北海道４、東京都１、京都府１、大阪府１、兵庫県２、香川県１
　　さあさよっちょれおどろよチーム（北海道）
　　極楽とんぼ（北海道）
　　三石なるこ会（北海道）
　　北海道合同チーム（北海道）

東京私学六大学連合(東京都)
京都学生「夢大路」(京都府)
関西地区大学連合(大阪府)
清+C-NAS (兵庫県)
尼崎武善会(兵庫県)
さぬき踊らんな連(香川県)

●第44回(1997年) 県外11チーム(8地域)
北海道2、東京都3、京都府1、大阪府1、兵庫県1、鳥取県1、香川県1、宮崎県1
三石なるこ会(北海道)
北海道高知県人会(北海道)
専修大学高知県人会(東京都)
TEAM・SANRIO (東京都)
東京土佐寮(東京都)
京都学生「夢大路」(京都府)
関西地区大学連合(大阪府)
尼崎武善会(兵庫県)
鳥取県よさこい踊り子隊(鳥取県)
さぬき踊らんな連(香川県)
宮崎ふるさとまつり宣伝隊(宮崎県)

●第45回(1998年) 県外11チーム(7地域)
北海道3、東京都3、静岡県1、京都府1、大阪府1、鳥取県1、香川県1
wamiles 踊り子隊 美翔女(北海道)
北見薄荷童子(北海道)
北海道高知県人会(北海道)
東京土佐寮(東京都)
専修大学高知県人会(東京都)
TEAM・SANRIO (東京都)
イキ・粋なかみせ鳴子隊(静岡県)
京都学生「夢大路」(京都府)
関西地区大学連合(大阪府)
鳥取県よさこい踊り子隊(鳥取県)
さぬき踊らんな連(香川県)

●第46回(1999年) 県外19チーム(9地域)
北海道7、東京都5、神奈川県1、京都府1、大阪府2、兵庫県1、奈良県1、鳥取県1、香川県1
wamiles 踊り子隊 美翔女(北海道)
北見薄荷童子(北海道)

そりゃ！阿寒(北海道)
GAZE（北海道)
いっか(北海道)
北海道高知県人会(北海道)
さあさよっちょれおどろよチーム(北海道)
日本クラウンよさこい連(東京都)
東京私学六大学連合高知県人会(東京都)
東京土佐寮(東京都)
TEAM・SANRIO（東京都)
専修大学高知県人会(神奈川県)
京都チーム「櫻嵐洛」(京都府)
関西地区大学連合(大阪府)
夢舞隊＆絆(大阪府)
尼崎高知県人会よさこい近松隊(兵庫県)
天理大学よふぼく会(奈良県)
鳥取県よさこい踊り子隊(鳥取県)
さぬき踊らんな連(香川県)

●第47回(2000年)　県外13チーム(８地域)
北海道３、東京都３、静岡県１、京都府１、大阪府１、兵庫県２、鳥取県１、香川県１
北海道大学“縁”（北海道)
さあさよっちょれおどろよチーム(北海道)
北海道高知県人会(北海道)
東京土佐寮(東京都)
東京私学六大学連合(東京都)
TEAM・SANRIO（東京都)
よさこい沼津「FUJIYAMA組」(静岡県)
京都チーム「櫻嵐洛」(京都府)
関西地区大学連合(大阪府)
尼崎市高知県人会よさこい近松隊(兵庫県)
ひめじ良さ恋まつり実行委員会(兵庫県)
鳥取県よさこい踊り子隊(鳥取県)
さぬき踊らんな連(香川県)

●第48回(2001年)　県外14チーム(９地域)
北海道２、東京都２、静岡県２、京都府１、兵庫県２、鳥取県１、香川県１、愛媛県２、福岡県１
さあさよっちょれおどろよチーム(北海道)
北海道高知県人会(北海道)
東京土佐寮(東京都)

TEAM・SANRIO（東京都）
夜桜新鮮組（静岡県）
大富士東麻祭組＆蒲原（静岡県）
京都チーム「櫻嵐洛」（京都府）
尼崎高知県人会よさこい近松隊（兵庫県）
ひめじ良さ恋連（兵庫県）
鳥取県よさこい踊り子隊（鳥取県）
新居浜ちょおうさ踊り子隊（愛媛県）
さぬき踊らんな連（香川県）
純信連（愛媛県）
筑前かすや踊り子隊（福岡県）

●第49回（2002年） 県外21チーム（13地域）
北海道2、宮城県1、東京都2、福井県1、愛知県1、京都府2、大阪府1、兵庫県2、鳥取県1、山口県2、香川県2、愛媛県2、福岡県2
北海道高知県人会（北海道）
さあさよっちょれおどろよチーム（北海道）
六陸～RIKU～（宮城県）
土佐寮（東京都）
人祭会（東京都）
えちぜん剣武道 with TECHNO STUDIO（福井県）
RAN（愛知県）
RINN（京都府）
京都チーム「櫻嵐洛」（京都府）
夢源風人（大阪府）
KinKi颯爽（兵庫県）
夢笑志＆オレンジキッズ♪ミックスジュース（兵庫県）
鳥取県よさこい踊り子隊（鳥取県）
長州連（山口県）
錦よさこい連 蛍（山口県）
高松よさこい連（香川県）
さぬき踊らんな連（香川県）
伊予からの風 純信連（愛媛県）
新居浜ちょおうさ踊り子隊（愛媛県）
西日本工業大学（福岡県）
筑前かすや踊り子隊（福岡県）

地図4-1　「YOSAKOIソーラン祭り」開始以降の高知「よさこい祭り」（本祭）における県外参加地域の推移（1992-2002年）

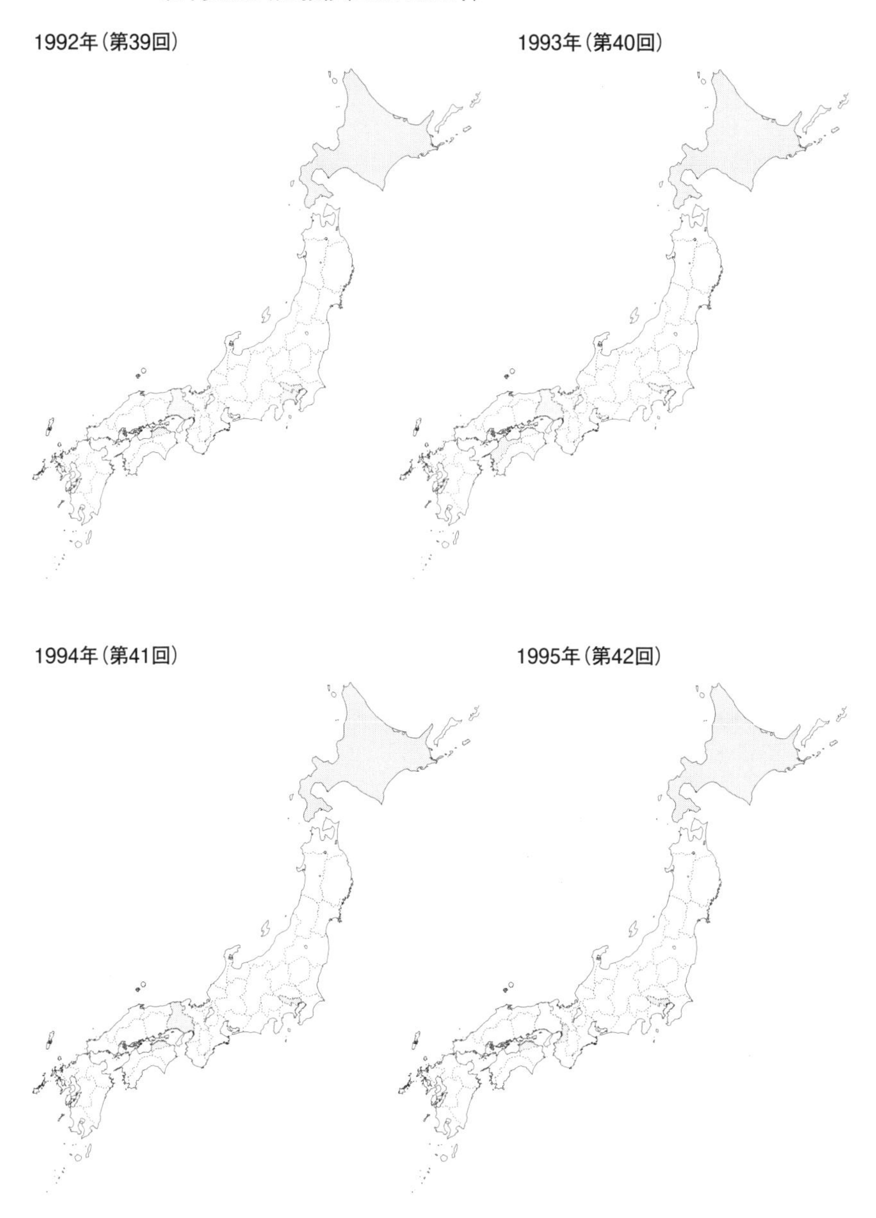

（地図4-1）

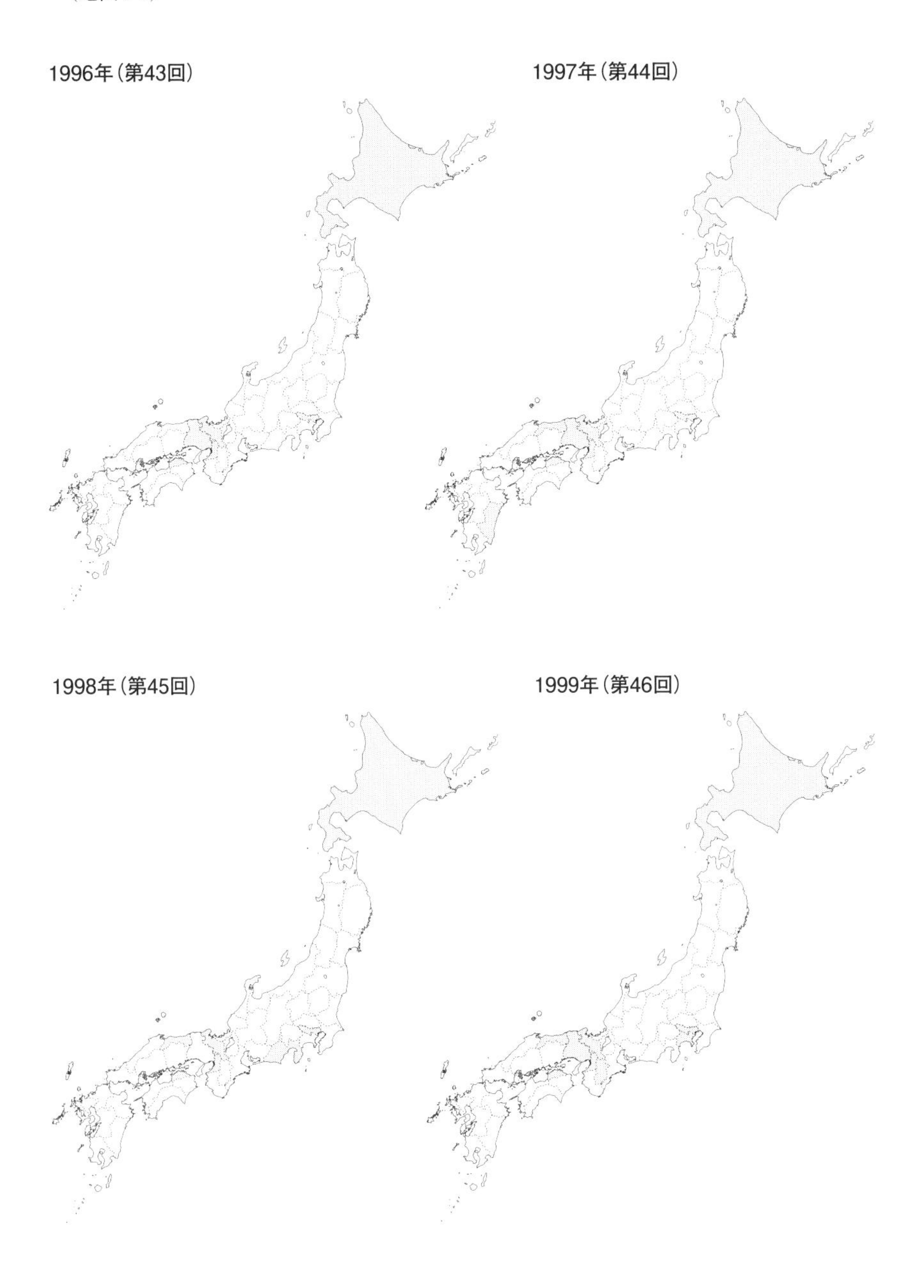

（地図4-1）

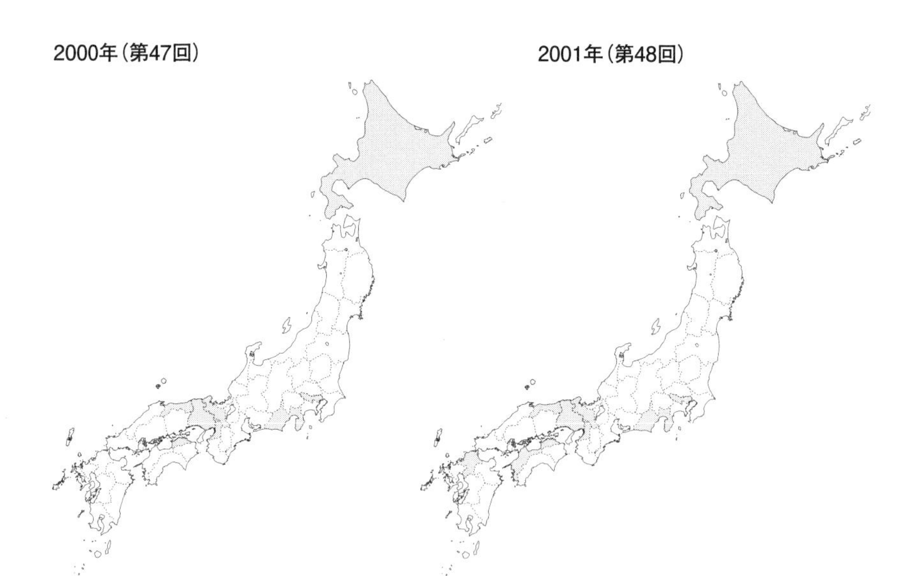

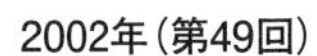

「YOSAKOIソーラン祭り」が開始された1992年からの高知「よさこい祭り」(本祭)における県外参加チーム(地域)の推移を示したのが[表4–1][地図4–1]である。

「よさこい全国大会」開始の1999年からは本祭・全国大会両方に出場するチームも出てきている。なおチーム名のあとのカッコは'所属'であるが、チームの責任者の住所であるので、年による違う場合がある。例えば、「専修大学高知県人会」は東京都であったり神奈川県であったりする。原則として関係者の資料に拠ってはいるが、チームとしての実態を優先している。

詳しくは[表4–1]のとおりであるが、1992年から2002年までの県外参加チーム数と地域数、ならびにその内訳について列挙すると次のようになる。

・1992年：5チーム(5地域)／北海道1、東京都1、神奈川県1、兵庫県1、香川県1
・1993年：5チーム(4地域)／北海道1、東京都2、兵庫県1、愛媛県1
・1994年：4チーム(4地域)／北海道1、東京都1、兵庫県1、香川県1
・1995年：6チーム(4地域)／北海道3、東京都1、大阪府1、香川県1
・1996年：10チーム(6地域)／北海道4、東京都1、京都府1、大阪府1、兵庫県2、香川県1
・1997年：11チーム(8地域)／北海道2、東京都3、京都府1、大阪府1、兵庫県1、鳥取県1、香川県1、宮崎県1
・1998年：11チーム(7地域)／北海道3、東京都3、静岡県1、京都府1、兵庫県1、鳥取県1、香川県1
・1999年：19チーム(9地域)／北海道7、東京都4、神奈川県1、京都府1、大阪府2、兵庫県1、奈良県1、鳥取県1、香川県1
・2000年：13チーム(8地域)／北海道3、東京都3、静岡県1、京都府1、大阪府1、兵庫県2、鳥取県1、香川県1
・2001年：14チーム(9地域)／北海道2、東京都2、静岡県2、京都府1、兵庫県2、鳥取県1、香川県1、愛媛県1、福岡県1
・2002年：21チーム(13地域)／北海道2、宮城県1、東京都2、福井県1、愛知県1、京都府2、大阪府2、兵庫県1、鳥取県1、山口県2、香川県2、愛媛県2、福岡県2

2.「よさこい全国大会」における県外参加チーム

1999年に始まる「よさこい全国大会」は、全国の地区ごとに出場チームを募っている。

北海道地区３チーム、東北地区２チーム、関東地区３チーム、中部北陸地区３チーム、近畿地区４チーム、中国地区２チーム、四国地区１チーム、九州地区３チームである。ブロックごとに目安のチーム数が決められているので、希望が多いときには地区ごとで抽選もあり、参加意思のとおりにいかないこともある。全国大会への参加費は無料である。全国大会の県外参加チームの推移を示したのが［表4-2］である(なお、チーム名のあとのカッコの‘所属’については前項と同様である)。

詳しくは［表4-2］のとおりであるが、1999年から2002年までの県外参加チーム数と地域数、ならびにその内訳について列挙すると次のようになる。

・1999年：14チーム(９地域)／北海道５、埼玉県１、神奈川県１、石川県１、静岡県１、京都府１、大阪府２、兵庫県１、香川県１

・2000年：17チーム(14地域)／北海道２、宮城県１、東京都１、神奈川県１、石川県１、静岡県１、愛知県１、京都府１、大阪府２、兵庫県１、岡山県１、広島県１、香川県１、長崎県２

・2001年：18チーム(14地域)／北海道２、宮城県１、東京都１、神奈川県１、石川県１、静岡県１、愛知県１、京都府１、大阪府２、兵庫県１、鳥取県１、岡山県１、香川県１、長崎県３

・2002年：20チーム(17地域)／北海道１、宮城県２、東京都１、新潟県１、石川県１、静岡県１、愛知県１、京都府１、大阪府２、兵庫県１、岡山県１、広島県１、山口県１、香川県１、愛媛県１、福岡県１、長崎県２

3．本祭と全国大会にみる県外参加チームの推移

全体的にはチーム数、地域数とも増加しており、四国の他県や近隣である

表4-2 高知「よさこい全国大会」における県外参加チームの推移(1999-2002年)

●第1回(1999年) 県外14チーム(9地域)
北海道5、埼玉県1、神奈川県1、石川県1、静岡県1、京都府1、大阪府2、兵庫県1、香川県1
新琴似天舞龍神(北海道)
平岸天神(北海道)
北見 薄荷童子(北海道)
そりゃ!阿寒(北海道)
千歳爽燗会 蒼天燗華(北海道)
彩夏隊 夏舞徒(埼玉県)
大井町ひょうたん文化推進協議会(神奈川県)
七尾商業高等学校&能登・和倉温泉(石川県)
よさこい沼津「親父組」(静岡県)
京都チーム「櫻嵐洛」(京都府)
夢舞隊&絆(大阪府)
Team Kinki SASSO (大阪府)
加古乃花舞(兵庫県)
さぬき踊らんな連(香川県)

●第2回(2000年) 県外17チーム(14地域)
北海道2、宮城県1、東京都1、神奈川県1、石川県1、静岡県1、愛知県1、京都府1、大阪府2、兵庫県1、岡山県1、広島県1、香川県1、長崎県2
パスキー&北海道医療大学(北海道)
wamiles 踊り子隊 美翔女(北海道)
みちのくYOSAKOI合同チーム「RIKU ～六陸～」(宮城県)
TOKYO夜さ来いCOMPANY (東京都)
海老名商工会議所婦人部 えびな桜舞会(神奈川県)
サンガ・めだかっちゃ(石川県)
イキ・粋なかみせ鳴子隊(静岡県)
名古屋学生チーム「鯱」(愛知県)
京都チーム「櫻嵐洛」(京都府)
夢舞隊(大阪府)
Team Kinki SASSO! (大阪府)
加古乃花舞(兵庫県)
吉備国祭衆 うらじゃ(岡山県)
くれ・よっしゃこい踊り子隊(広島県)
さぬき踊らんな連(香川県)
あっぱれ青組(長崎県)
阿蘭陀400 させぼ隊(長崎県)

●第3回(2001年) 県外18チーム(14地域)
北海道2、宮城県1、東京都1、神奈川県1、石川県1、静岡県1、愛知県1、京都府1、大阪府2、兵庫県1、鳥取県1、岡山県1、香川県1、長崎県3

石狩流星海(北海道)
北見よさこいソーランチーム薄荷童子(北海道)
六陸～ RIKU ～ (宮城県)
TOKYO夜さ来いCOMPANY (東京都)
湘南茅ヶ崎「若華会」(神奈川県)
夢遊人(石川県)
よさこい沼津合同チームFUJIYAMA組(静岡県)
鳴海商工会チーム「猩々」(愛知県)
京都チーム「櫻嵐洛」(京都府)
Kinki颯爽(大阪府)
夢舞隊(大阪府)
KAKOGAWA踊っこまつり加古乃花舞(兵庫県)
安来・どじょうすくいよさこい隊(鳥取県)
吉備国祭衆“うらじゃ”(岡山県)
さぬき踊らんな連(香川県)
あっぱれ青組(長崎県)
させぼ飛躍年隊(長崎県)
風神社中(長崎県)

●第４回(2002)　県外20チーム(17地域)
北海道１、宮城県２、東京都１、新潟県１、石川県１、静岡県１、愛知県１、京都府１、大阪府２、兵庫県１、岡山県１、広島県１、山口県１、香川県１、愛媛県１、福岡県１、長崎県２
鼓(北海道)
みちのくYOSAKOI連KOI♡KOI (宮城県)
六陸～ RIKU ～ (宮城県)
TOKYO夜さ来いCOMPANY (東京都)
よさこいにっぽん佐渡(新潟県)
七商よさこい翔舞連(石川県)
大富士東麻祭組＆蒲原(静岡県)
名古屋学生チーム「鯱」(愛知県)
京都チーム「櫻嵐洛」(京都府)
Kinki颯爽(大阪府)
夢舞隊(大阪府)
KAKOGAWA踊っこまつり加古乃花舞(兵庫県)
吉備国祭衆“うらじゃ”(岡山県)
サークル　にぎや家(広島県)
豊浦よさこい舞龍神(山口県)
さぬき踊らんな連(香川県)
伊予からの風　純信連(愛媛県)
筑前かすや一番隊(福岡県)
させぼ飛躍年隊(長崎県)
青嵐(長崎県)

近畿地区からは毎年参加している。香川県と鳥取県には「よさこい祭り」に参加することを目的につくられたチームがある。香川県の「さぬき踊らんな連」と鳥取県の「鳥取県よさこい踊り子隊」である。本祭には「さぬき踊らんな連」は1994年から連続参加し、「鳥取県よさこい踊り子隊」は1997年から連続参加している［表4−1参照］。「さぬき踊らんな連」は全国大会にも第１回から連続参加している［表4−2参照］。また、宮城県のチーム「六陸〜RIKU〜(りく)」は本祭には2002年、全国大会には2001年から参加しているが、このチームは東北で本家の高知に行きたいという踊り子が集まって結成された遠征用のチームである［表4−1、表4−2参照］。また、九州からも本祭には2001年、全国大会には2000年から連続参加している。北海道からは「YOSAKOIソーラン祭り」開始の1992年に早速、本祭に参加している。当初はキャラバン隊的なチームを結成して参加していたが(「YOSAKOIソーラン祭り」の大賞受賞チームと学生の合同チームなど)、1995年からは純粋に単独のチームが参加している。本祭・全国大会ともに、1999年を頂点として北海道のチーム数が減少していることが著しい。

第２節　メディアのとらえる本家：高知「よさこい祭り」に対する意見

高知「よさこい祭り」に対する意見を、「YOSAKOIソーラン祭り」開始の1992年から2002年までの「よさこい祭り」開催中、およびその前後の『高知新聞』の記事から見てみる。毎年８月になると「よさこい祭り」関係の記事が掲載されるようになり、祭りのプログラムやチーム紹介や競演場の案内、テレビ放送の予定などが告知される。また、連日にわたって特集記事を組む年もある(【　】内は‘語り’の通し番号で、新聞の見出しや新聞の記述(表現)なども含む)。

１．1992年「よさこい祭り」(第39回)

1992年、前日祭(現在の前夜祭の前身)を伝える記事の中に早速、「「よさこいソーランチーム」[1] も若さあふれる激しい踊りを見せ、観客から「こらあなかなか…。本場が負けそう」の声も」【１】とある(８月10日朝刊・28面)。

しかし、その他には北海道の動きに対しては特にコメントはない。

香川県からの観光客M夫妻の意見として「子供のころ一度見たことはありましたが、随分変わりましたね。青空ディスコって感じですね」【2】とある（8月11日朝刊・31面）。また、西条市（高知県）からのツアー客Kさんの「見ていて元気の出る祭りです」【3】、名古屋市からの観光客の「年を追うごとに迫力もすごくなってきますね」【4】の意見の他、長崎県から帰省した人の「派手な若者のお祭りもいいですが、里帰りした者は和太鼓などを使った日本的なものに出合うとほっとするんですけどね」【5】との意見、大阪市から夏休みに毎年帰省しているというFさんの「よさこい踊りは年々、ディスコ調、ロック調のものが増え、「じんまもばんばも」踊れなくなってきているような気もします」（筆者注：高知の方言で‘じんま’は‘おじいさん’、‘ばんば’は‘おばあさん’のこと）【6】、東京からの観光客Kさんの意見として「「よさこい祭り」は2回目です。前回は年配の方がもう少しいたような気がしましたが、今は単なる若者だけの祭りになったみたい」【7】との意見を載せている。また、かつて「阿波踊り」(2)を踊った経験があり、今回踊り子として参加したブラジル出身で日系3世のIさんの「「阿波踊り」よりエキサンティング」【8】との感想もある（8月12日朝刊・26面）。祭りの総括として、復古調を目指すチームが目立ったことや、地方車の音量や踊り子の定員の問題、また、踊り子が食べた弁当を放置したことに対する苦情などがあったことを述べている（8月12日夕刊・7面）。

2．1993年「よさこい祭り」（第40回）

この年、「よさこい祭り」は40回を迎えた。「踊る夏　よさこい祭り40年」と題して15回にわたる連載記事を組み、これまでの歴史やこれからの課題を載せている。また、「40th ANNIVERSARY　よさこいフレンズ」という特集記事で高知市以外のチームの紹介をしている。祭りの前日には40年記念フォーラムが開催されたことを伝えている（8月9日朝刊・26面）。祭りが始まると、この年開幕したJリーグのテーマ曲をアレンジしたチームがいたことや、ジュリアナ風のボディコンの女性が羽根扇子を持って踊ったなどとの紹介がある。40回を記念して編成された日米合同チームでユタ州から参加したＳさんの「衣装や音楽、踊りがバラエティー。アメリカにはない素晴らしい踊りだ。とても楽しかった」【９】との感想がある（８月11日朝刊・27面）。また、香川県丸亀市から来たＭさんの「香川にはよさこいみたいに県全体がまとまる祭りがないから、うらやましい。熱気が違う、さすが南国。振り付けに個性があって面白いっ」【10】、またその友人Ｉさんの「ディスコが街中に現れたみたい。向こう（香川）の踊りはジメジメした感じで…」【11】との意見を載せている（８月12日朝刊・27面）。祭りの総括として相変わらずの騒音苦情をあげ、音対策が今後の最大の課題としている（８月12日夕刊・８面）。40回という記念の年だったためか、北海道についてのコメントは見られない。

３．1994年「よさこい祭り」（第41回）

1994年には、「よさこい祭り　応援「談」1994よさこいシアター」と題して特集記事を組み、踊り子以外で「よさこい祭り」に関わる人々（地方車製作者など）の意見を載せている。北海道の関係者が来高、祭りを見学したことを伝えている（８月11日朝刊・30面）。不況の影響か、昨年までの派手さを競った衣装と違い今年は全般に地味であり、その分、踊りは凝った振り付けが登場したと述べている。また、この年にはすでにソーラン節を取り入れたチームが目についたともあり、北海道チームの踊りに、「「いやあ、ソーラン節の鳴子踊りもいいね」と感心させた」【12】とある（８月11日朝刊・31面）。さらに近年、外国人の踊り子や見物客が目立ちだしたとして、その人々の感想を述べている。「アメリカのような若い国から来たので伝統的なものが大好き」（アメリカ・ハワイ）【13】、「イギリスにはこんな祭りはありません。活気があって素晴らしい」（イギリス）【14】、「とてもパワーがある。普通の日本の音楽はつまらないが、この音楽は最高!!」（ドイツ）【15】のような意見がある（８月12日朝刊・24面）。また、大阪市からの観光客Ｍさんの「エネルギッシュな土佐の夏祭りを見て「びっくりした」「圧倒された」とひたすら感動する」【16】様子を伝え、同氏が「大阪ではまだまだ知らない人が多いそうで、「写真をたくさん撮ったので帰ったら友人に見せて広めます」と笑顔で会場を後にした」【17】とも述べている（８月12日朝刊・25面）。

4．1995年「よさこい祭り」（第42回）

1995年には、８月９日の朝刊で別刷「広告特集」として、11ページにわたる「YOSAKOI　MOVEMENT　1995」という「よさこいガイド」を制作している。内容は今までの歴史を振り返りながら、「YOSAKOIソーラン祭り」については「「YOSAKOIソーラン祭り」は年々、出場チームが増加し、踊りもレベルアップ。“本家’としては、うれしい限りだ」【18】と述べている（３面）。高知市長と踊り子隊代表などとの座談会の記事もあり、市長の意見として、「ＰＲのなどのために全国を走り回っている彼らの姿は、よさこい祭りでも参考にしなければいけないですね」【19】とある（７面）。

祭りが始まり、一般の人の意見としては、競演場近くで青果店を営むＨさんの「昔のよさこいはもっと情緒があってよかったねえ」【20】というものや（８月11日朝刊・26面）、祭りの写真を撮るのが趣味というアマチュアのカメラマンＯさんの「全国でいろんな祭りを見てきたが、よさこいは青森のねぶたに次いで２番目にいいです。ダイナミックさは阿波踊りの比じゃないですね」【21】というものもある（８月12日朝刊・25面）。またこの年６月に「よっしゃこい！土佐もん会」という組織が結成された。これは、「YOSAKOIソーラン祭り」の学生主体の運営に刺激を受けてできたもので、高知大と高知女子大などの学生が中心となっており、観客と踊り子の感動の共有を目的とし、観光客への踊りの指導などを行うものである。その高知大学の学生の「このままじゃよさこいソーランに負けてしまいますからね」【22】との意見も出てきている（８月11日朝刊・27面）。また祭りの総括として「北海道の縁も一段と強固に」【23】として今年は北海道から３チームがやってきたことと、「よっしゃこい！土佐もん会」の結成、そして相変わらず騒音に対しての苦情が多いことを伝えている（８月13日朝刊・29面）。

5．1996年「よさこい祭り」（第43回）

1996年には、祭り開催前に「進化する祭り、ヨサコイ。未来像」と題して市長とチーム代表らとが語る連載記事があり、その中で高知出身で「YOSAKOIソーラン祭り」で踊っているＹさんの「このままでは、よさこい祭りは間違いなく北海道が中心となります」【24】との意見がある（８月５

日朝刊・9面)。また、同氏の「ソーランの踊り子の中には、本家のよさこい祭りに参加したいという者がかなりいます。大げさではなく、札幌では、高知は一種のステータスなんですよ」【25】の話も載せている(8月6日朝刊・20面)。

祭り開催中の記事では、「北海道チームなど遠来のチームが鳴子を鳴らしてあいさつすると観客は腰を浮かせて大歓声を送った」【26】(8月11日朝刊・30面)、また、「全国結ぶ鳴子の輪」【27】という見出しで、北海道に加え、ことしは京都からの参加もあり、「踊りの輪は一段と広がった」【28】とある(8月11日朝刊・31面)。また、母親と四国霊場88カ所巡りの途中の京都府の会社員の「祇園祭りが文化財なら、よさこいはまさに現在進行形」【29】との意見がある。さらに、兵庫県からの観光客の男性の「昨年は阿波踊りを見たが、あれは完成品。よさこいの方が迫力があっておもしろい」【30】との意見もある(8月12日朝刊・23面)。祭りの総括として、全体的には「和風回帰」のチームが目立ったことや問題点として経費がかさむことや、会場の狭さを指摘している。さらに、「北海道チームならぬ地元チームがソーラン節を取り入れたり」【31】との記述もある(8月13日朝刊・19面)。

6. 1997年「よさこい祭り」(第44回)

1997年には鳥取県米子市の米子商工会議所青年部のTさんの意見として「若者が集まってイベントを盛り上げる姿勢に感動した。ぜひ米子も参考にして、全国から人を呼べる祭りをつくりたい」【32】がある。大阪府からの観光客の「この音の振動が迫る感じはすごい。大阪の岸和田の祭りに近いものがあります。メークもきれいだし、参加者の個性が出ていて素晴らしい祭りですね」【33】との意見もある。また、高知市内の主婦Kさんの意見としては、「最近の踊りは鳴子を持つだけで何でもよさこい。昔のよさがなくなっている。昔ながらの正調のものを見るとホッとする」【34】もある(8月11日朝刊・21面)。さらにこの年初参加した、県外観光客の飛び入りチーム「あったか高知踊り子隊」の定員150 人がすぐ満杯となったことを伝えている(8月11日朝刊・23面)。

また、北海道の動きに対しては、「ことしも“分家”北海道から5チームが出場した」【35】ことを伝え、なかでも「北海道高知県人会」のチームが８人で初参加したことを伝えている。高知県人会とはいっても全員、高知に無縁の北海道の人たちが“高知ファンクラブ”の意味合いで結成したものである。「高知が好きでたまらない。ぜひ、“本家”で踊りたい」【36】というメンバー８人である。また「高知の暑さでかく汗は心地いいですね。それに高知の人は、小さなチームも温かく迎えてくれる。来年はもっと大勢で来たい」【37】との感想もある（８月12日朝刊・25面）。

7．1998年「よさこい祭り」（第45回）

1998年、前夜祭のトップバッターに北海道から「wamiles(ワミレス) 踊り子隊　美翔女(びしょうじょ)」が初出場し、「「よさこいが好きだー！」「高知が好きだー！」と叫びながらダイナミックな踊りを披露。北国からのさわやかな新風に、やんやの喝さいが上がった」【38】とある（８月10日朝刊・26面）。

また、県在住の留学生や研修生ら外国人によるチーム「こうちくらぶ」が初参加したとある。「こうちくらぶ」は県内在住の外国人らのネットワークで約270人が登録されており、メンバーからの「よさこいに出たい」との要望で、世界16カ国、約80人の参加となったものである。「こんな祭りがあるとは…。メキシコにも祭りはあるが街中に何カ所も踊る場所があって、チームごとに衣装も踊りも音楽も全然違うのは意外」（メキシコ）【39】、「チームごとに音楽や踊りを創るというところ、そして楽しむ心はカーニバルに通じる。見るだけの人がいるのは文化の違いでしょうか」（ブラジル）【40】、「中国にもたくさんの祭りはあるが、それぞれ小さくまとまっている。街全体でこれだけ多くの人が一緒に踊るのは見たことがない。自分も多くの人前で踊ったのは初めて」（中国）【41】との意見がある（８月13日夕刊・６面）。また、他チームに参加した外国人の意見としては、スイスから参加した女性の「スイスでは上手な人だけ踊る。よさこいはみんなで踊る。そこがいい」【42】「「この暑さで踊るのはクレイジー。そのクレイジーなところが好き」とベタほめ」【43】もある（８月12日朝刊・24面）。

そして、「これが本場よさこいだ」【44】（８月11日朝刊・26面）として、静岡県沼津市のチーム紹介や、「“分家”もゲストもよう踊る」【45】として、神奈川県大井町のチームの紹介などをしている（８月11日朝刊・27面）。

祭りの途中における、北海道との比較の意見としては、北海道チームの踊り子Ｋさんの「とにかく暑さが違う。こっちの人は楽しんで踊っている気がする。何かが違う。言葉にできない。高知の方が好き」【46】との意見、さらには、「よさこい祭り」にチームが参加しているＦ社の高知支店長Ｎさんの「よさこいの全国大会を開いたらどうですか。早くしないと北海道にとられてしまいますよ」【47】という話も載せている（８月12日朝刊・24面）。「北海道からやってきた熱狂的なよさこいファンは「やっぱり本場は違う」「高知の人は本当にタフ」とせん望のまなざし。猛暑をものともしない入魂の群舞、乱舞で“本家よさこい”の心意気を見せつけた」【48】とも述べている（８月12日朝刊・24面）。

そして、祭り終了後には、「分家は本家で何を見た」【49】との見出しで、北海道をはじめとする県外チームの踊り子たちの声を拾っている。北海道の踊り子の意見としては「YOSAKOIソーラン祭り」との違いに「観客との一体感」をあげた人が多かったと述べ、「高知のは土地に密着している、土地の人が踊りを支えているという感じ」【50】という札幌市のＴさんの意見、また、「ソーランは踊る人は踊る。見る人は見るって感じだけど、ここには観客との一体感がある。長い伝統のせいでしょうか」【51】という北海道チームの踊り子Ｍさんの意見を載せている。

さらに踊りそのものについて、「やっぱり本場は違う。うまい」【52】との意見がある。また、「実力チームもそうでないチームもまったく平等に踊っているのにびっくりした。だれかがひょっこり後ろの方について踊ってもいいような自由さが最高」【53】という意見、静岡県沼津市のチームが、「「若い人の衣装や化粧にびっくりしたけど、祭りの間、こういうことを自由にさせる町の自由さが高知のすごさだねえ」と舌を巻いた」【54】とある。さらに、「運営面でも、競演場ごとの給水所など踊り子へのサポート態勢の充実振りを評価する声が多く、市民と踊り子が一つになってつくり出すよさこいの素晴らしさに感嘆していた」【55】とも述べている。

一方で、「北海道の方がエキサンティング」【56】、「ソーランの方がテンポがよく踊りやすい」【57】、「よさこいには昔の‘和’が残っているけど、やっぱりソーランの方が好き」【58】という意見もあるとしている。また、「男性的なYOSAKOIソーランに対し、よさこいは女性らしい」【59】との意見が目立ったとも述べている（８月12日朝刊・25面）。また、毎年審査員として参加している伊藤亜人氏の意見として「（「よさこい祭り」を）生んだのは高知の皆さんの遊び心と仲間意識です。実にユニークだ」【60】、「こんな祭りを街ぐるみで45年かけて自然にはぐくんできたのは日本全国でほかにない。誇りに思うべきです」【61】との意見も載せている（８月13日朝刊・26面）。

この他には、車いすで参加した踊り子を取り上げ、来年は障害者チーム結成をと伝えている（８月12日朝刊・24面）。また、「よさこい」の全国交流懇親会が開催され、約120 人が参加し、交流組織「よさこいJAPAN」を旗揚げすると伝えている（８月11日朝刊・７面）。さらに、この年には夕刊で長期にわたり、「灼―よさこい進化論」と題して、全国展開する「よさこい系」祭りやの紹介の連載記事がシリーズとして掲載された。

８．1999年「よさこい祭り」（第46回）

この年、「よさこい」は若者ばかりの踊りではないと、高知市老人クラブ連合会が「高知シニア」として参加したことを伝えている。このチームは65歳以上の女性のチームで、この年最高齢は94歳だった（８月11日朝刊・26面）。また、障害者のチーム「てんてこ舞」も初参加したとある（８月11日朝刊・27面）。

そしてこの年、２回目の出場となる「h2」というチームは、高知県春野町の「h」と北海道の「h」と２つの「h」を合わせてできたチームであることを伝えている（前年は「春野＆北海道連合チーム」という名で出場）。春野町在住のＹさんが北海道での大学時代に「YOSAKOIソーラン祭り」で３年間踊ったが、北海道には高知の一部のチームしか紹介されていないことを感じ、郷里で就職後、「高知にはもっといろいろなチームがあるんだよ」と呼び掛けて北海道の踊り子との合同チームができたという経緯を述べている（８月12日朝刊・26面）。

「よさこい全国大会」はこの年から始まった。祭りが始まると、「全国の仲間なだれ込む」【62】という見出しで、県外チームが14チーム参加したことを伝え、北海道の阿寒町のチームの「氷点下30度の生活が長い私たち。こんな暑い所で踊れて幸せ」【63】という話を載せている。また、「「よさこい外交」活発」【64】として県外から県庁や市役所に表敬への関係者の表敬訪問が相次いでいることを伝えている。（８月12日朝刊・27面）。さらに、「広がった「鳴子文化」」【65】という見出しで「北の「ソーラン」が華麗に舞った。大阪泉州の「ソーリャ」（筆者注：この地区で盛んな「だんじり」の掛け声）の声が激しく夜空にとどろいた。全国各地に散らばった「よさこい」が大きく大きく育って戻ってきた」【66】(3)、「夕暮れから始まった乱舞はまさに「鳴子文化」のオンパレード。極寒の北国で鍛えられた太鼓が響き、神秘的なタンチョウヅルの鳴き声が「ほろろん」とこだま。「若者が里帰りするまちづくり」を目指す静岡の商店主が懸命に汗を散らせば、石川の高校生はさわやかな笑顔で能登の風を運んだ」【67】(4)とある（８月13日朝刊・27面）。

さらに、徳島県出身の新人記者Ｕさんのリポートとして「阿波踊りは今も伝統的なスタイルを重んじている。鳥追がさをかぶりうつむきかげんで踊る女踊り。整然とした行列。それに対してよさこい踊り子の表情は豊かだ。失敗したときの顔、感極まった泣き顔、疲れた顔、自信たっぷりの顔。いろんな顔が見える。感情がそのままストレートに突き刺さってくる」【68】とある（８月14日朝刊・24面）。

また、1999年には、高知市／社団法人高知市観光協会により作成された『よさこい人』（よさこいびと）という「よさこい全国大会」のパンフレットが作成された。これは第１回の「よさこい全国大会」の開催後に発行されたものである。それによると、北海道のチームＳの「高知の踊りは情緒あふれ、しなやか。札幌は荒々しさ、力強さがある」【69】、京都のチームＫの「やっぱり、高知の「よさこい祭り」は街全体の盛り上がりがすごく、楽しい」【70】、大阪のチームＴの「ほかの人たちとコミュニケーションが取れたことがうれしい」【71】、北海道のチームＫの「高知は街全体で踊り子を迎えてくれる感じで本当にうれしい」【72】、北海道のチームＳの「高知の暑さがうらやましい。汗が観客に飛ぶくらいの距離がいい」【73】という意見を載せている。

一方で、大阪市の踊り子（チーム名は不明）の「（ずっと連続して踊ることに意義があるのが高知の「よさこい祭り」のようだが、それではバリエーションがないから飽きてくるので）札幌の「YOSAKOIソーラン祭り」のような５分で（当時。現在は４分30秒）100メートル程進むようなパレード形式をとってはどうか」【74】との意見もある。

その他、一般の観客の意見として、香川県Ｋさんの「正調の「よさこい鳴子踊り」が見たい」【75】、高知市Ｉさんの「全国に「よさこい」が広がっているが、高知が負けたらいかん」【76】というものもある。

9．2000年「よさこい祭り」（第47回）

この年は2000年であったので「ミレニアムよさこい」という表現が目立つ。「老若男女“よさこい人”」【77】という見出しで、「今風の踊りで全国から人が集まるのはえいこと。えいところは残しながら変わっていったらえい」【78】との高知市Ｈさんの意見がある（８月11日朝刊・28面）。また、JR高知駅でJR四国連の出陣式があり、駅長も踊ることに観光客の「駅長さんまで踊るなんて。さすが本場！」【79】との意見を述べている（８月11日夕刊・10面）。また、愛媛県Ｓさんの「今年初めて祭りを見ました。何か熱気が肌に刺さる感じです」【80】、広島市Ｆさんの「想像した以上のものすごい迫力、とにかくエネルギッシュ。高知にはこんなにたくさんの若い人がいるんですね」【81】というものもある。また、県外のチームの県庁や市役所の訪問が相次いでいることを「“分家筋”の表敬続々」【82】という見出しで伝えている（８月12日朝刊・30面）。

また、「“本家”で陶酔3000人」【83】という見出しで「全国大会」のことについての声には次のようなものがある。仙台市のチームＲの「レベルが高い。学んだことを仙台にこっそり持ち帰ろうとたくらんでます」【84】、名古屋市のチームＮの「レベルが高いのに驚いた。これだけ地元が力を入れてくれれば、踊ってて嬉しい。名古屋もこんなに盛んになればいいな」【85】、長崎県のチームＡの「歴史の重みを感じる。観客の真剣な眼差しがすごくプレッシャー」【86】、北海道のチームＰの「札幌は踊る人と見る人が離れているけど、さすが本場、一体感がたまらない」【87】という意見を載せている（８月13日朝刊・30面）。

10. 2001年「よさこい祭り」（第48回）

2001年には、インターネットでメンバーを募集し、祭り当日が初顔合わせだったという「ネットでよさこい」というチームを紹介し感想を述べている。東京都Ｋさんの「街全体が熱い。街が祭り一色なのに正直驚いています」【88】（８月11日朝刊・26面）、また「日韓友情　鳴子で証明」【89】という見出しで、韓国と日本の大学生の合同チームの紹介をしている。韓国の大学生の「踊り子も観客も楽しんでいる。韓国にはこんな祭りはない」【90】という意見も載せている（８月11日朝刊・27面）。

また、「心一つに完全燃焼」【91】との見出しで、「鳴子の音が踊り子たちの心を結び、全国に飛び火した「よさこい」は“本家”で一つになった」【92】とある（８月13日夕刊・８面）。

また、この年、再来年の第50回に向けて「よさこい祭り」の方向性を探る「2001よさこいシンポジウム in KOCHI」が開催され「よさこい祭りのアイデンティティー（主体性）とは何か」について語られた。高知市長の「よさこい祭りは日本の祭りになり、全国各地に元気を振りまいている。本家の自信と誇りを持ちながらさらに発展させたい」【93】とのあいさつがある。また、このシンポジウムには他地域の「よさこい系」の祭りの主催者も参加し、「「規模が大きくなるにつれ、スペースやスタッフの確保、渋滞対策などの頭の痛い課題も増えた」など本家高知との共通課題も浮かび、「今後も対話と情報交換を続けよう」と約束し合った」【94】ともある（８月14日朝刊・26面）。

11. 2002年「よさこい祭り」（第49回）

2002年、「やっぱり本場が一番！」【95】という見出しで、福井から初参加したチームと北海道のチームの感想を載せている。福井のチームＥの「「YOSAKOIソーラン祭り」は、チームが審査員にこびているよう。踊る時間も短い」【96】、「高知は賞にとらわれずに踊っている。みんな楽しくて仕方ない顔してる。ほんと、こんだけ踊れたら幸せやー！」【97】、北海道のチームＨの「「YOSAKOIソーラン祭り」はイベント。踊りも仲間内で、わあわあ楽しむだけ。でも、高知のよさこいは観客と一緒になって楽しんでいる。よさこいは、お祭りなんですね」【98】と載せている（８月13日朝刊・23面）。

また、全国大会については「共鳴し合い、乱舞」【99】という見出しで、次のような意見を載せている。大阪市のチームKの「もう楽しくて楽しくて。全国各地でよさこいに出たけれど、これほど自由でアバウトな所はほかにないです。いつ、どこの競演場に行って踊ってもいいなんて。いっぱい踊れるのも最高」【100】、高知の「よさこい祭り」に参加するために編成された東北のチーム「六陸～ RIKU ～」のHさんの「涙でなんにも見えません」【101】という意見もある（８月13日朝刊・26面）。

第３節　聞き取り調査にみる本家：高知「よさこい祭り」

１．高知への意見

筆者は1998年から高知、1999年から北海道の調査を行っている。次に、主に北海道の人々からの聞き取りを行った高知に対する意見・感想を述べる。

1999年、北海道の調査開始当初によく言われたことは、多くのチームで「やはり、本家の高知にはぜひ行ってみたい。高知のチームってみんな「セントラル」(5)みたいなんでしょう？」【102】であった。

次に高知「よさこい祭り」の本祭や全国大会に参加したチームの意見を拾ってみる。北海道のチームK（1998・1999年本祭参加、1999・2001年全国大会参加）は、「アーケードで観客が団扇であおいでくれた。とても嬉しかった。このくらいの近さがいい」【103】という。一方、北海道のチームS（1999年全国大会参加）は、「本家の高知だが、一度行ったら気が済んだ。機会があったらまた行きたいけれど、夏は道内のイベントが多いから行けない」【104】という。また、北海道のチームH（2000年本祭参加）は、「一部を除いては踊りのスケジュールが決まっていないので、行きたい競演場に行って、何回でも踊っている。分刻みの札幌から考えると、信じられない」【105】、北海道のチームI（2001年全国大会参加）は、「観客の反応が今ひとつだった。札幌と高知では求められている踊りの種類が違うような気がする」【106】、「「ソーラン」は舞台の演出に凝るが、高知では演出はあまり、こだわらない。物足りない感じがした」【107】、「札幌と違って、道路が狭くて踊りにくい」【108】という。愛知のチームN（2001年全国大会参加）は、「また高知に行けるものなら、行きたい。本家はいい」【109】という。また、宮城のチームＲ(2001・2002年全国大会参加)は、「やっぱり本家で踊ってみたかった。本家は違う」【110】という。

その他、次は祭りの場面以外での筆者の体験である。

北海道では「YOSAKOIソーラン祭り」以外のイベントでも「よさこい」の踊りが踊られることが多く、道内での「よさこい系」の祭りもある(阿寒町の「YOSAKOIほろろん祭り」など)。道内においては「よさこい」の発祥は「札幌」と認識されていることも少なくない。高知の「よさこい祭り」のことに触れると、「へぇ、高知でも「よさこい」やってるんですか」と言う人もいた【111】(1999年)。また、ここ数年、札幌駅構内で「YOSAKOIソーラン祭り」開催期間に合わせて高知物産展を行っているが、その際に数点飾られていた「よさこい祭り」のポスターを見た年配の男性が「ふぅん、これも「よさこい」なんだ」と言っていた【112】(2000年)。

２．高知での意見

次は、本家・分家という関係での語りではないが、昔から参加しているチームの、新しいチームに対する意見がうかがえるので、ここにあげておく。これは、筆者が聞いた2001年の第48回「よさこい祭り」が終了したときのある母娘の会話である。娘は「上町(かみまち)よさこい鳴子連」の衣装を着た小学校３、４年くらいの子である。

桟敷席でこの年の祭りの最後、「よさこい全国大会」を見終わり、帰ろうとしながら女の子が言った言葉に対して、母親がひどく怒ったのである。「上町よさこい鳴子連」とは高知市内の上町という地域のチームで「よさこい祭り」に第１回から連続出場している子どもチームである。上町は龍馬が生まれ育った地で、毎年、「龍馬祭」などのイベントも行われている。「上町よさこい鳴子連」は子ども対象で、大人には「本丁筋(ほんちょうすじ)」というチームがある。また、会話に出てくる「ほにや」とは1991年から参加しているチームで、和風の衣装で踊る、洗練された感じの踊りのチームで、昨今特に人気が高く、公募チームであるが募集してもすぐ一杯になるチームである。前夜祭や本祭でも上位入賞を果たすので全国大会にも必ず出場するチームである。ちなみに「ほにや」とは土佐弁で「本当に、そうですね」の意味である。

娘：「うち、おおきゅうなったら「ほにや」で踊る！」〔にこやかに〕
　　（わたし、大きくなったら「ほにや」で踊りたい！）
母親：「あんたが、おおきゅうなったときには、「ほにや」はもうない。あんたは、おおきゅうなったら「本丁筋」で踊るてきまっちょるきぃ!!」〔怒り〕（あなたが、大きくなったときには「ほにや」なんてもうないのよ。あなたは、大きくなったら「本丁筋」で踊ると決まっているのよ!!）
娘：「………。」〔泣きそうになる〕【113】

第４節　高知「よさこい祭り」に対する語りの分析

それでは、２・３節の高知「よさこい祭り」に対するそれぞれの語りを分析してみる。

１．メディアの「語り」に対する分析

1992、1993年の頃は「YOSAKOIソーラン祭り」については意識せず(この頃にはまだ「YOSAKOIソーラン祭り」の知名度は低かった)、1992年には早くもそのパワーを認める意見もある【１】。しかし、概ね、高知「よさこい祭り」そのものの変化や感想を述べている。1992年には祭りをほめる一方で【２，３，４】、もっと日本的なものがいい、若者だけの祭りになっているのではないか、とも言っている【５，６，７】。また、「阿波踊り」より「よさこい」がいい、とも言う【８】。1993年には、踊り子によるアメリカとの比較や観光客による隣県との比較で「よさこい」のよさを述べている【９,10,11】。

1994年になって「YOSAKOIソーラン祭り」を意識してくる。ソーラン節を取り入れたチームもあり、北海道のチームにも好意的である【12】。そして、外国人の「よさこい祭り」に対する好意的な感想を載せている【13, 14, 15】。また、大阪からの観光客が感動した様子を強調して伝えている【16, 17】。

1995年、この頃に“本家”という表現が出てくる【18】。そして、「YOSAKOIソーラン祭り」に参考にすべき点を認めたり【19】、対抗意識も持ち始めて

いる【22】が、北海道との「縁」が強くなることには好意的である【23】。また、例年のように昔の「よさこい」がよかったという声【20】や「阿波踊り」より「よさこい」がいい【21】という声もある。

1996年には、「YOSAKOIソーラン祭り」を脅威に感じているものの【24】、本家のステータスを述べている【25】。北海道などの遠来のチームに対して、観客が非常に好意的であり【26】、また、'全国'を意識し始める【27, 28】。さらに、「祇園祭り」と比較したり【29】、「阿波踊り」との比較で「よさこい」の方がいい、という声もまた登場している【30】。その一方で、ソーラン節の影響力(地元チームもソーラン節を使用する)についても述べている【31】。

1997年には、これから「よさこい系」の祭りを始めたいというところからの視察者が感動した、参考にしたいという話を載せて本家性をアピールしている【32】。また、観光客による他地域の祭りを引き合いにしての肯定的意見【33】がある一方で、正調を好む人の意見【34】もある。分家・本家という表現【35】、また、その分家のチームは高知ファンクラブの人たちであることや高知のよさの話を載せている【36, 37】。

1998年、この年は、ここ数年で「よさこい」に関する記事が最も多い年であった。

まず、北海道のチームの登場に対しての好意的な態度【38】、また、外国人による「本国にはない」という意見【39, 40, 41, 42, 43】が続く。

さらに、非常に強く高知と北海道の比較を打ち出してもいる。「本場(本家)」「分家」という表現を使い【44, 45, 48, 49】、高知の「よさこい」の方がいい、あるいは何かとの比較でなく高知「よさこい」のよさを認めている【46, 50, 51, 52, 53, 54, 55, 60, 61】。一方、北海道の「YOSAKOIソーラン祭り」の方がいい【56, 57, 58】というの意見も載せている。またどちらがいいというのではなく、祭りのもつ感想として高知は女性的、北海道は男性的ともいう【59】。しかし、確実に本家の危機感を感じている人はおり、全国大会の早い開催を求める声もある【47】。

「よさこい全国大会」開始の1999年には、全国を意識し【62】、「よさこい外交」と表し【64】、鳴子を「よさこい」のシンボルとして位置づけて、「鳴子文化」と表現している【65】。全国各地から参加しているいろいろなチームについて細かく描写している【66, 67】。また、「阿波踊り」との比較もある【68】。そして、高知で踊れることに喜びを感じている他地域の踊り子の「楽しい」「うれしい」という言葉が続く【63, 70, 71, 72, 73】。一方で、踊りのルールを北海道式にしては、という意見や【74】、正調の踊りが見たいという声や【75】、本家としての危機感もみられる【76】。

2000年には前年に比べて、高知に対する批判的な意見がなくなる。「よさこい人」という新しい表現【77】、全国から集まることへの肯定意見【78】、‘本場’の強調表現【79】、迫力や熱気に驚く観客の様子を伝えている【80, 81】。また、‘分家’の表現もあり【82】、‘本家’という文字が強調され【83】、他地域の踊り子が参考にしたがっていたり【84, 85】、歴史性を認めていたり【86】、北海道との比較で、北海道にはない‘一体感’がいい、と述べていたりする【87】。

2001年、インターネットという超域的なつながりで参加した東京の踊り子が、大都会にない街全体が祭り一色という状態に驚いている(【88】)。日本と韓国の合同チームは歴史の問題や言葉の壁を乗り越えて参加し楽しんでいる(【89, 90】)。さらに、“本家”で一つになるという表現もある(【91, 92】)。本家の自信と誇りを訴え(【93】)、他地域との対話と情報交換の必要性についても述べている(【94】)。

2002年、本場が一番いいということを強く訴えている【95】。「YOSAKOIソーラン祭り」と比べて高知の方がいいという【96, 97, 98】。「よさこい」の象徴として「鳴子」をとらえ、全国大会について「共鳴」という表現で文字通りの意味と鳴子の共鳴を表し【99】、高知がどの「よさこい」よりもすばらしい【100】とし、感動している東北のチームの様子を伝えている【101】。

2．聞き取り調査にみる「語り」の分析

まだ高知の「よさこい祭り」を実際に見たことがないチームは、高知のチームは皆「セントラル」のような激しい踊りのチームばかりだと思っている【102】。実際に高知に行ったチームは、観客との距離が狭いことがいいといったり【103】、自由にどこの競演場でも踊れることを驚いたりしている【105】。やはり本家はいいという踊り子もいる【109, 110】。その一方で、本家に対し

てそれほど強い思い入れは感じていなかったり【104】、踊りの種類が違うと感じたり【106, 107】、狭くて踊りにくいと言ったりしている【108】。

そして、「YOSAKOIソーラン祭り」が本家を凌ぐ状態になってくると、「よさこい」の起源発祥地があいまいになっていく【111, 112】。

また、本家内での新しいチームに対する意見がうかがえる母娘の会話は、次のように分析される。若者（ここでは幼いが）は流行に敏感である。それに対して母親は、「流行（新しいもの）は長続きしない。それに、成長したらどこで踊るかはすでに決まっている（地縁に基づく参加）」と言っているのである。もちろん、どこで踊るかは自由に決められるのであるが、このときには、母親は子どもを運命づけている【113】。

第５節　祭りの正統性

『高知新聞』は地元紙であるので、地元の文化に対して好意的意見が目立つのは当然であろう。全国大会開始以降、1999年からはまったく高知に対する否定的意見が載らなくなったことについては、実際にそのような意見が聞かれなくなったのか、あるいは何からの取捨選択がなされているかは定かではない。しかし、それがたとえ全部の意見ではないにせよ、新聞というメディアがこのような意見を載せているというのは事実である。

「よさこい祭り」の本祭や全国大会には、近畿などの比較的近隣の地域は連続して参加している。しかし、北海道にとっての高知は地理的に非常に遠い。踊り子数十人が参加するには諸費用がかかり過ぎる。また、夏期は北海道ではイベントが一番多い時期で、そちらを優先させている。「よさこい祭り」は８月９～12日と開催日程が決まっており、2001年は木～日、2002年は金～月とイベントの多い土日が挟まったので動きがとれなかったために北海道からの参加チームが少なかったと考えられる。しかし、あまりにも近年、札幌チームの参加が少なくなっている。北海道から複数回出場しているのは姉妹都市の北見市のチームのみである。しかも2002年の全国大会にはそれまで来ていた「YOSAKOIソーラン祭り」の上位入賞チームの参加がなかった。「全国大会」の賞は順位ではないので、順位に慣れている北海道のチームには物足りないとも考えられる。北海道のチームの選択肢としては、地元のイベントを差し置いてまで高知に行こうという選択までは至っていないようである。

また、新しく「よさこい」を始めようとするところは、まず「よさこい」とは何かを知ってもらうために代表的なチームに来てもらい踊りを披露してもらう。高知のチームが遠征していたのは最初の頃で、今では主に北海道のチームが遠征する。新しい祭りを始めるにあたっては権威づけのために発祥地の手助けが必要であるが、最近は高知より北海道が「よさこい」の手本となってきている。他地域の祭りでも2000年頃から「本家が高知」というのは強調されなくなり､そもそも「よさこい」とは何かについての説明もなくなっている。また、踊り子たちのなかで、「本家」がいい、と強く言っていたのは筆者が聞いた限りでは、北海道以外のチームであった。最近では、高知と北海道と対比させること自体も少なくなっている。

「語り」については、「YOSAKOIソーラン祭り」開始当時にはほとんど北海道については触れられていなかったが、1994年に北海道チームの踊りについての感想が述べられ、1995年には「本家」という表現が出て、北海道を認める一方で、さらには対抗意識もみられるようになる。1996年には「全国」を意識し、地元チームでもソーラン節で踊るチームもあることに疑問のあるような表現をしている。また、1997年にはこれから「よさこい」を始めようとするところの視察者の意見から本家の誇りを表している。1998年には近年にないほど「よさこい」についての記事が書かれた年であり、「分家は本家で何を見た」という新聞の見出しでわかるように、「本家」と「分家」意識が非常に際立った年であり、この収斂エネルギーがその翌年の「よさこい全国大会」につながっていったようである。全国大会開始の1999年以降には、高知に対する好意的な意見ばかりが目立ち、それ以外の意見はほとんど出てこなくなる。唯一、パンフレットの『よさこい人』に北海道式の踊り方を好む踊り子の意見がある。そして2000年以降は高知に対する否定的な意見はまったく出てこなくなり、「YOSAKOIソーラン祭り」との比較でも高知をよしとする意見しかみられなくなる。他地域の祭りとの比較では「阿波踊り」との比較が多く、外国人の評判は概ね肯定的なものばかりである。

本家と分家との関係と同じ構造で、本家内の新旧のチームの対比がみられたのが、高知の母娘の会話である。「ほにや」が参加し始めたのは1991年、そして、一方、札幌の地で「YOSAKOIソーラン祭り」が始まったのは1992年である。「上町よさこい鳴子連」と「ほにや」の関係は、高知「よさこい祭り」と札幌「YOSAKOIソーラン祭り」の関係と時間的な経過をほぼ同じくする。高知の「よさこい祭り」は戦後に始まった新しい祭りとはいえ、すでに半世紀を迎えようとし、それはもはや‘伝統的な’祭りとなっているのである。近年始まったばかりの「YOSAKOIソーラン祭り」にはない歴史性がある。母親の怒りは、チームや地域に対する愛着や誇りからきている。そこに自分の文化があるからである。それは、第1回からの連続出場という他には真似できない、とうてい追いつけないチームに対して、また、龍馬が生まれ育ったところという歴史性のある地域に対しての愛着や誇りである。これがひいては、「よさこい祭り」という「祭り」に対する愛着になるのである。

高知をも含めて、「よさこい系」祭りが、祭りとして確固たるものとなったとき、各々の祭りに関係する人々は、自分あるいは、自分たちの文化ゆえに、意味や価値をもつ。意味や価値をもつものは伝えなければならない。それが「文化の伝承」である。

さらに、本家・高知において全国から集まったそれぞれの集団が、「よさこい」を競い合うことにより、伝承力を強化させている。その都市内の競争だけでなく、‘都市間の’競争もある。全国で競い合うことで伝承する力が強くなっていくのである。

＜付記＞本章は2002年時点のデータに基づいている。2003年、「よさこい祭り」は50回を迎えた。電車通りやアーケードにおいて歴代の踊りの披露などの記念イベントが行われ、メディアはこぞって特集を組んだ。翌年には記念誌も発行された。この頃から「本家」「分家」という表現はほとんどされなくなり、2005年においては淡々とした祭り紹介に戻っている。

註

（1）「YOSAKOIソーラン祭り」の表記は、当初はローマ字ではなく「よさこいソーラン」としていた。国際的な祭りにしたいという願いから後にローマ字になっていったそうである。

（２）　正確には本場の徳島の表記では「阿波おどり」となっているが、『高知新聞』では「阿波踊り」と表記されているので、『高知新聞』の表記に従った。

（３）「北のソーラン」については北海道のチーム全般のことだが、「ソーリャ」は大阪府貝塚市の「夢舞隊＆絆」というチームのことである。

（４）　この記事の描写で、どこのチームかがわかる。順に、北海道札幌市の「平岸天神」、北海道阿寒町の「そりゃ！阿寒」、静岡県沼津市の「よさこい沼津「親父組」」、石川県和倉市の「七尾商業高等学校＆能登・和倉温泉」である。

（５）「YOSAKOIソーラン祭り」を始めるにあたって、本場高知の「よさこい」の手本として参加してもらった「セントラルグループ」のことで、激しい踊りをするチームである。

第Ⅲ部

祭りの時間的伝承性

第5章　都市祝祭におけるオーセンティシティ再考
—祭りの参加集団にみる地域表象—

都市社会には自他性があり、相互主観性がある。自己主張だけでは成り立たない。それゆえに、都市で表現されるものはイメージや、ときには婉曲的表現のものもある。実物そのものでは強すぎるために、「らしさ」が求められることがあるのは事実である。従来、観光人類学においては、「オーセンティシティ（authenticity）」の追求が当然のことと論じられてきた。「オーセンティシティ」とは「本物性」「真正性」「本物らしさ」をいう。

しかしながら、イメージや「らしさ」だけで人々は心的充足を得られるのだろうか。都市には居住する人がいる。都市の祭りにおいては、観客は観光客だけでなく、そこに居住する人、また祭りの参加者も観客となる。「ミル人」／「スル人」や「ゲスト」／「ホスト」という単純な二項対立的関係ではとらえきれない多様性をもつ。ここに外部の人間だけを観客の対象とした従来の観光人類学の考えを都市人類学のとらえ方に引き戻す必要があると考える。つまり、「本物らしさ」などではなく、もっと実体に迫るベクトルで、都市住民の動態を掘り起こす必要があるのである。

本章では、祭りの参加集団が表現する地域表象を中心に、その参加集団が属する地域社会との結びつきに深く注目したい。

まず、札幌市豊平区のチームと札幌市以外の地方、三石町（みついしちょう）のチームを取り上げる。前者は大賞受賞回数が1番多いチームであり、後者は2002年に初めて札幌市以外の地方のチームとして大賞を受賞したチームである。この2チームの対比から、踊りのオリジナリティとして表出される地域性が、その地の歴史や生活背景とどう結びついているのかについて考察したい。つまり、都市において表象が生活のリアルな実践をどう反映しているのかを問うのである。

そして、次に、このように参加集団において表現される地域性が、近年、さらに実体から離れていく方向性がみられる。上述の札幌市豊平区のチームと、札幌市北区のチームである。地域表象は、もちろん、オーセンティシティでよいのだが、実体から離れ過ぎたとき、そのとき人々はどう反応するのかに注目する。

第１節　札幌市のチームの地域表象

「YOSAKOIソーラン祭り」の踊りは「ソーラン節」を取り入れるというルールがある。「ソーラン節」は掛け声だけで、ほとんど地域性を表出しないチームもあるが、多くのチームは、波を表したり、網を投げたり引いたりする振り付けで漁業性を表す。内陸部である札幌市のチームも漁場ではないのに漁業性を表現することが多い。そのなかにおいて、その地が屯田兵開拓の地ということで漁業性でなく、屯田兵開拓の精神を踊りのモットーとしているチームもある(1)。「札幌市」の地域性の表出は非常に困難であり、札幌という都市の生活者が‘地域性’として表現するのは、往々にして、札幌という地域ではなく「北海道」であり、また「漁業(ニシン漁)」というイメージである。

１．「平岸天神(ひらぎしてんじん)」

「平岸天神」というチームは、札幌市豊平区平岸に所在する。「ひらぎし」はアイヌ語の「ピラ・ケシ・イ」(崖のはずれ)からきているという。1871(明治４)年に岩手県から65戸(62戸の説もある)、203人が入植し、開拓された土地である。明治初期に開拓使からリンゴの苗木を配付されたのをきっかけにしてリンゴの栽培が盛んになり、1936年頃には「平岸リンゴ」「札幌リンゴ」としてシンガポールに輸出されるようにもなったが、宅地化の進行や道路整備などにより1971年の地下鉄開通の頃にはリンゴ園は姿を消した。現在は住宅地、商業地である。豊平区の人口は約20万人で、このうち平岸地区の人口は約２万人である。

1992年に第１回の「YOSAKOIソーラン祭り」を開催するにあたり、手本として高知の「セントラルグループ」というチームが参加した。その踊りに触発されて1993年に結成されたのが「平岸天神」である。この地には、従来、平岸天神中央商店街振興組合を支持母胎とする「平岸天神太鼓」があり、それに続く郷土芸能として「平岸天神ソーラン保存会」をつくった。４つのＳ、スピード・シャープ・ストロング・スマイルを踊りの基本としている。

第２回「YOSAKOIソーラン祭り」に初参加し、「ヨイヤサ賞」[(2)]、1994年（第３回）大賞、1995年（第４回）大賞、1996年（第５回）準大賞、1997年（第６回）準大賞、1998年（第７回）大賞、1999年（第８回）大賞、2001年（第10回）高知県知事賞〔第５位〕、2002年（第11回）準大賞の受賞歴がある[(3)]。踊り子数140人、全体の年齢は17～40歳、平均年齢26歳、男女比は３対７である。参加費は１万8000円で、高校生以上という条件があるが、踊りのレベルが相当に高く、平岸居住者も敬遠してしまうようなチームである。当初は平岸地区の人が多かったが、現在は平岸地区の踊り子の方が少ないそうである。1999年には小学生対象の「平岸天神ジュニア」も誕生した。踊りの振り付けは1998年まではプロに頼っていたが、1999年からは自分たちで創作している。曲はプロの業者に依頼する。鳴子はオーソドックスな鳴子である。毎年、漁業性に強く固執し、ニシン漁の大漁を願い、喜ぶ漁師（ヤン衆）の姿の表現する。１枚１枚柄の違う長半纏（漁師の衣服は少しでも他者と違うものにすることから）[(4)]を着て、地方車（じかたしゃ：音響機材を搭載して装飾を凝らしたトラック）でも波を表す。地方車にはこの他に、天神太鼓も搭載する［写真5-1］［写真5-2］。

２．「平岸天神」に対する観客の反応

人気チームで、このチームが出場すると観客の拍手も一段と多くなる。しかし、2002年の「YOSAKOIソーラン祭り」では観客に今までにない変化が見られた。それは踊りの長い前口上についてである。それは次のようなものであった。

「昔はよかったなぁ。春になるとよ、浜がニシンであふれかえったもんだ。真っ黒に日焼けしたヤン衆の威勢のええかけ声が聞こえてくりゃ、今日も大漁だでぇ……。」

これに対して観客に明らかな反応が見られた。

①「え？　平岸の‘昔’はリンゴだろう」（大通公園西８丁目／メインステージ：男性、これに対してうなずく周りの数名）

写真5-1　「平岸天神」の踊り（2002年、於：平岸会場）

写真5-2　「平岸天神」の地方車

②「あんな細い身体で、あんな細い腕で、漁ができる訳がない。もともと説得力がない」

③「余計なことは言わない方がよかったのに」

④「あのセリフは野暮ったい感じがした」

⑤「『昔はよかった』って、まるで大賞をたくさんとっていた『平岸天神』の昔を懐かしんでいるみたいだ」（平岸会場：男性）

（②～④は祭り終了後の感想で、実際の漁場のチームの人々：男女）

イメージとしての漁業という許容範囲を超えてしまった、今までにない明らかな‘言葉’として発せられたメッセージに観客は違和感を覚えたと考えられる。

第２節　札幌市以外の地方チームの地域表象

札幌市以外の地方のチームも札幌市と同様に、漁場ではないのに漁業性を表すこともあれば、別のもので地域表象をすることもある。例えば、士別市のあるチームはこの地に牧羊の農場があるということでヒツジ型鳴子を使用する(5)。網走市のチームは市内の水族館にクリオネがいるということでクリオネ型鳴子を使用する。この鳴子は網走刑務所の受刑者が製作したものだそうである(6)。北見市のチームはこの地域が薄荷の産地ということで薄荷の色で薄荷の香りをしみ込ませた衣装で踊る(7)。石狩市のチームは鮭の一生を踊りで表現し、鮭の絵のついた法被や編笠を身につけ、イクラ／稚魚／成魚／ほっちゃれ(産卵のために川に戻ったメス)に分かれて踊る(8)。これらはほんの一例であり、札幌市以外の地方のチームの地域表象は多様で豊かである。

2002年、第11回「YOSAKOIソーラン祭り」の大賞受賞チームは初めて札幌市以外の地方のチームであった。それが次にあげる「三石(みついし)なるこ会」である。

１．「三石(みついし)なるこ会」

「三石なるこ会」は北海道三石郡三石町に所在する。「みついし」はアイヌ語の「ピットウシ」(小石の多い土地)からきているという。1786(天明６)年に阿部屋伝七が三石場所(9)の請負人となって漁業を営んだ。当時は、戸数30余、人口140余人であった。その後、場所制度が廃止されるが、後を継いだ(二代目)小林重吉(10)が、「小林屋」と名乗り、本州に魚や昆布を送る商売を始めた。明治の初期から中期にかけて、徳島、兵庫、岩手、福井の入植者が農業を、また、新潟からの入植者が漁業を始めた。1906(明治39)年に三石村となり、その後、1951年に三石町となる。現在の人口は約5,000人で漁業・牧畜・農業が主な産業である。特に昆布(学名「ミツイシコンブ」)と軽種馬(競争馬：オグリキャップ、ハクタイセイ、アグネスフローラなど)で有名な土地である。

従来の三石の郷土芸能としては、淡路地方からの入植者による「淡路おどり」(豊穣を願う踊り)、岩手県からの入植者による「南部盆おどり」(年貢米を納められず、代わりに使役労働を行ったが、その労働の苦しさの憂さ晴らしとして踊られたのが始まりといわれる)、福井県からの入植者による「越前おどり」(開拓の苦難のなかで故郷を偲んだ踊り)、また、「三石獅子舞」がある。「三石獅子舞」は当初、各地区の入植者の出身地の各々の方式により祭典に奉仕していたが、都合によっては中断することもあった。1935年有志が復活を志し、1937年から水産青年団が祭典行事とする。その後、新潟県出身者によって今日の獅子舞の基礎は確立されたという。

このような郷土芸能も一部の人のみのもので、特に地元で最も歴史があり規模も大きい三石神社の秋祭りがだんだん寂しくなってきた。そのために、誰でも参加できる何かを創りたいとの希望から、テレビで「YOSAKOIソーラン祭り」の映像を見た代表、酒井珠己子(さかいしゅみこ)さんが中心となって、1993年発足したのが「三石なるこ会」である。札幌以外の地方のチームとしては最初の参加チームとなった。

1994年第3回「YOSAKOIソーラン祭り」に初参加し、北海道高知県人会会長賞、1995年(第4回)積丹町賞、1996年(第5回)ベストドレッサー賞、1997年(第6回)準大賞、1998年(第7回)優秀賞、1999年(第8回)準大賞、2001年(第10回)札幌市長賞〔第4位〕、2002年(第11回)大賞の受賞歴がある。

現在のチームの人数138人、年齢は11～73歳、平均年齢45歳、男女比は1対9(踊り子は全員女性、男性はスタッフ)である。役員の配偶者(男性、5人)が「鴛鴦隊(おしどり)」として協力する。入るに際しての条件は中学生以上(親と一緒の場合のみ小学生も可)である。主婦と社会人が多く、中学生・高校生は約20人である。役員として、会長、副会長、鴛鴦隊、事務局長、会計(全部で16人)を置く。任期は1年で再任もある。当初は三石町の人のみだったが、江別市(札幌市に隣接)の知り合いに声をかけたのがきっかけで、現在は江別市や札幌市の踊り子も35人(江別28人、札幌7人)いる。代表は江別市まで週2回通って踊りを教えている[11]。三石町の踊り子は圧倒的に主婦が多いためにどうしても家庭の事情などで辞めていく人もいるが、全体のうち三石町の踊り子が半数を切ったらチームの存続は考えていないと代表はいう。「YOSAKOIソーラン祭り」に参加し、受賞チームの常連となり、それまでは札幌ではあまり知られていなかった「三石町」の知名度を上げることとなった。

踊りの特徴は漁業性、浜の女性の力強さを表現する。網を引く仕種は毎年必ず入れ、揺れる昆布、法被を脱いで回すなどの仕種が見られる。踊り子の身体は筋肉がたくましく、それは漁業をはじめとした労働をしている人の身体である。踊りは年ごとにテーマを決めている。1994年「ソーラン節」、1995年「サラブレッドのふるさと」、1996年「大漁―浜の勇ましさ」、1997年「大漁―浜の男の勇ましさと海」、1998年「大漁―浜のかあちゃん達の明るさ」、1999年「大漁―浜の女の昼と夜の顔」、2000年「YOSAKOIソーラン祭り」、2001年「三石の四季」、2002年「Peace ＆Love」である。

参加費は、年会費3,000円、衣装のクリーニング代が年間3,000円、ケガなどに対処するための保険料500円の計6,500円である。運営費は700～800万円でスポンサーはつかないが、後援会や町の応援団からの援助がある。

衣装は自分たちで大漁旗を利用して作ったリバーシブル（片方は濃紺で、‘みついし’の白い文字が入る）の法被である。踊りの振り付けは自分たちで創作したものを東京のプロに見てもらって仕上げる。曲は東京のプロの業者に依頼する。鳴子はオーソドックスな鳴子である。地方車にも船を使用している。この船は船大工に依頼した本物の船で中に鉄材も入っており、外して海に浮かべれば浮かぶものである。

地方のチームとして初めて誕生したチームであったために手本にしたいとの要望が多く、当初は道内のイベントに年30回ほど遠征していたが、イベントの多い夏はちょうど昆布漁の忙しい時期で、今では遠征は年５回ほどである［写真5-3］［写真5-4］。

２．「三石なるこ会」に対する観客の反応

1994年の第３回「YOSAKOIソーラン祭り」に初出場したときは、平均年齢が高い女性の集団に、冷やかな眼差しも感じられたそうであるが、回を重ねるにつれ、そのファンも増えている。観客の反応には次のようなものがある。

①「あっ、三石だ」「三石が来たぞ」（大通パレード北コース桟敷席、ならびに向かい沿道の人々：男女）

写真5-3　「三石なるこ会」の踊り（2002年，於：大通パレード北コース）

写真5-4　「三石なるこ会」の地方車

②「もうすぐ三石よ。これを見てから帰りましょう」（大通パレード北コース桟敷席：女性）

③「よっ、みついし！」（大通公園西８丁目／メインステージ：男性、「三石なるこ会」の代表によると毎年、このように声かけをしてくれる男性がいるという）。

このような観客の反応から「三石なるこ会」が観客に「待たれている」存在であることがわかる。　　　　＜第１節、第２節は2002年調査時点＞

第３節　地域表象のゆくえ

「YOSAKOIソーラン祭り」の審査の結果は、都市民衆の観客としての一般的な評価を反映しているところがある。近年、観客の審美眼や踊りパフォーマンスの文化を読み取る一般市民の眼や技術が高まり、また深まっている。「YOSAKOIソーラン祭り」においては、審査は競演場と時間で14のブロックに設定されて、そこで選ばれた１チームがファイナルで競い合うこととなる。

「平岸天神」はそれまでずっとファイナルの常連であったが、2005年、ファイナルに残れなかった。同じブロックで踊った青森のチーム(12)が選ばれたのである。「平岸天神」は例年どおり、地域性の表象として、リアルな「りんご」ではなく「本物らしい」イメージにのった「ソーラン節」の海のイメージを使った。つまりオーセンティックな文化表象を自らの地域シンボルとして使用したのである。一方、青森は、自らを表現する文化表象をオーセンティックなイメージによるものではなく、リアリティをもった「りんご」を前面に出して踊った。観衆と審査員の判断は、青森に高い評価を与えた。都市現代にあっては、リアルなものの実現は難しく、オーセンティックなもので納得しがちだとよく言われる。だが、「らしさ」が過ぎると、いくら都市現代でも、それは「違うもの」「ウソ」として両断される。都市現代の祝祭文化のおけるリアリティの重要性が指摘できる。

また、別のチームでは、そのチームの以前の姿との比較から地域表象について考えることができる。「新琴似天舞龍神（しんことにてんぶりゅうじん）」は、「YOSAKOIソーラン祭り」に1996年（第５回）から出場しているチームで、ファイナルで毎年、上位には残るものの、なかなか大賞が受賞できなかったチームである。それが、やっと2004年と2005年に連続して大賞を受賞することができた。このチームが所在する札幌市北区新琴似は、明治期に屯田兵が入植して作られた土地で、農地として開発された場所が札幌市の人口増加で宅地化された町である。踊りは開拓魂をイメージし、“和”を強調し、着流しの着物を着、編笠を使用する。さまざまなイベントに年100回ほども遠征する一方で、地元新琴似の祭り、主に夏祭りにも10回ほど参加している。また、地芝居の新琴似歌舞伎にも出演している。道内ではさまざまなイベントや祭り、道外では主に「よさこい系」の祭りへの参加している(「新琴似天舞龍神」については、第7章で詳述)。

この「新琴似天舞龍神」に対しては、今のカラフルで派手な衣装ではなく、1999年に3位だったときの、黒の地味な、いかにも屯田兵らしい姿の踊りが、「新琴似天舞龍神」の踊りでは最高だったという声をよく耳にする。このことも、都市の文化事象というものが、とかく派手に華美にイメージに「オーセンティックに」展開することを示すものの、トポスや地域性やローカリティに引き戻す「リアリティ」への逆動性を都市民衆が高く評価し、これを求める都市の文化動態を示していると考えちれる。

第4節　オーセンティシティとリアリティ

「平岸天神」の前口上はその本当の地域性を意識させてしまう(地域性を問う)明らかな言葉として発せられたメッセージであり、それはこれまで許容されていた範囲を超えてしまい、その結果、観客は違和感を感じたと考えられる。身体表現だけでなく言語化された表現内容は、その真偽が問われることとなったのである。

一方、「三石なるこ会」の踊りは、その日常をもとにした確かな生活感覚から作られている。実際に網を投げ、引き、毎日浜風を身体に受けている人々が作った踊りで、実体験に基づいている。それは「本物」であり、観客も納得しているのである。「平岸の踊り子は‘線’に見える。三石の踊り子は‘丸’に見える」という意見がある。三石の踊り子の筋肉は観客にとっても間違いなく納得できるリアリティなのである。演者のリアリティと観客のリアリティが共感しているのである。

極言すれば、都市の文化動態は、「すべて」オーセンティックであらざるを得ないが、そこでオーセンティックを手放しで受け入れ、開放系のみに依存すれば、資本やマスメディアや強大な他者の言いなりになってしまう、という危険性をはらんでいる。そのとき、地元性に引き戻すリアリティへの逆動や安心性の獲得が都市民衆によって再度なされる、ということである。

こういう都市における民衆文化の運動性やベクトルを、現代社会のコミュニティ形成の姿の当為たる事実として、抽出していく必要があると考える。

註

（1）　チームの地域表象として、‘屯田兵’を表現するチームは、いくつかある。代表的なチームは「新琴似天舞龍神」だが、そのほかに、「屯田舞遊神（とんでんぶゆうじん）」（札幌市北区屯田）というチームもある。

（2）「ヨイヤサ」とは高知の「よさこい祭り」における踊りの掛け声で、「YOSAKOIソーラン祭り」が始まった当初にあった賞である。賞の種類は毎年変わり、現在ではこの賞はない。

（3）　2000年第９回には会場で爆発事件が起こり、その影響でコンテストは中止された。

（4）　漁師の仕事は危険度が高く、海難事故の場合、人相が変わってしまい、人の判別がつきにくくなるために、少しでも特徴のある衣服を身につけるということである。この１枚１枚柄の違う長半纏の意味については、2000年、第２回「にっぽんど真ん中祭り」（名古屋）に遠征参加した「平岸天神の」チームの代表から祭りの司会者が聞いた話としてステージで紹介したものである。この長半纏は「平岸天神ソーラン保存会」の理事長の夫人が縫ったものである。

（5）「yosakoi そうらんサムライ士別（しべつ）with三好（みよし）フージャーズ」というチームである。

（6）「yosakoi ソーランあみばしり」というチームである。鳴子の色・形はオーソドックスなものから、衣装の色に合わせたもの、また、士別市や網走市の例のように、地域性が表されたものやチームの個性を強調するために大幅に形を変えたもの（例えば、柄を切り詰めて手の甲に固定する手甲型）など多種多様である。

（7）「薄荷童子（はっかどうじ）」というチームである。

（8）「石狩流星海（いしかりりゅうせいかい）」というチームである。

（9）「場所」とは松前藩とアイヌの交易の場をいう。本州からの米やたばことアイヌの魚や昆布などが交換された。

（10）「小林重吉」という名は三代続いた。

（11）　札幌市ではチーム数が多く、練習する場所がなかなかとれないために江別市で行うそうである。

（12）「AOMORI花嵐桜組（はなあらしさくらぐみ）」というチームである。

第6章 「YOSAKOIソーラン祭り」の参加集団・運営集団にみる都市性と継承性

「YOSAKOIソーラン祭り」のチームのメンバーは、地域や学校や企業のメンバーに限定されていることもあるが、原則としてそうであってもその友人・知人を含んでいることも多い。踊り子の募集は一般募集が多く行われており、数千円から数万円の参加費(振り付けの指導料や練習場所の借り賃などで、衣装・鳴子代は別途が多い)を払って好きなチームに参加する。自分にとってより好ましいチームを求めて毎年移動する踊り子もいる。つまり、上野千鶴子のいう「選択縁」[上野 1984] によって集団となることが多い。また、今まで特につながりをもたなかった町内会の有志が、祭りに参加するためにわざわざチームをつくるケースもあり、上野の表現を借りると、「「選べる」選択縁と「選べない」地縁とが総合して、一つの「選ばれた」共同体を創り上げようとする志向」[上野 1984:74] もみられる。

本章では、多様な意図のもとに集団形成をされたチームの事例から、「YOSAKOIソーラン祭り」における参加集団・運営集団の特徴にみる都市性と継承性について考察したい。

第1節 「YOSAKOIソーラン祭り」における参加集団の分類と特徴

1. 結合契機によるチームの分類とその特徴

「YOSAKOIソーラン祭り」ではチームを形成する原理は多様であり、多様な縁で集団編成が可能である。一般に募集の方法は、口コミ・ポスター・タウン紙・インターネットなどが用いられる。自分の好みのチームを選んで、数千円から数万円の参加費を払って踊り子となる。その際にオーディションを行うところもある。衣装代、鳴子代などは別途徴収されることが多い。

チームはその結合契機により、一般チーム、企業チーム、企業・大学生合同チーム、学生チーム、そして地域チームなどに分けられる(1)。

(1) 一般チーム

踊りたいという友人数名が呼びかけて仲間を募る。仕事仲間、飲み仲間などである。その一部をあげると次のようになる。

①「labor（れいばー）」: 1996年〜。札幌市。職業安定所の仲間中心で結成したのが始まりである。衣装の法被の背中に「衆」の象形文字がある。平均年齢は25歳である（平均年齢については2001年のデータ、以下同じ）。

②「手鼓舞（てこまい）」: 1997年〜。苫小牧市。既存のチームから抜けた人が結成した。「こじめ」という太鼓（太鼓と鼓の中間のような形状の楽器）を使い、バチで叩きながら踊る。平均年齢は30歳である。

③「札幌　男気流（だんきりゅう）」: 1998年〜。札幌市。メンバーは男性だけである。「YOSAKOIソーラン祭り」は全体的に女性の参加が多く、踊り子の約7割が女性であるため、このチームの登場は注目を浴びた。振り付けも特徴的で、殺陣を入れる。既存のチームから抜けた人が結成した。平均年齢は25歳である。

④「祭響（さいきょう）スコブル」: 1998年〜。札幌市。水芸や南京玉簾を使用して旅芸人風の振り付けをする。それまで他のチームの振り付けをしていた女性が自分のチームを持ちたいと結成した。平均年齢は28歳である。

⑤「WEBMEN（ウェブメン）」: 2000年〜。当初は「ゑ舞人」としていたが、「読みにくい」との意見で変更した。札幌市。インターネットを通じて知り合った仲間により結成された。本名ではなくハンドルネームで呼び合い、練習の情報もインターネットで送り、練習に参加できない人には振り付けも画像で送る。平均年齢は26歳である。

⑥「道〜DAO（タオ）〜」: 2001年〜。札幌市。既存のチームが事情により存続できなくなったため別名称で再結成した。美容師やその常連客、看護婦が中心となる。平均年齢は24歳である。

⑦「天晴末広∞梅津屋社中（あっぱれすえひろがりうめつやしゃちゅう）」: 2001年〜。札幌市。「祭響スコブル」の中心人物が新たに別の種類の踊りをするチームとして結成した。平均年齢は30歳である。

(2) 企業チーム

企業名は掲げていても踊り子は部外者の場合が多い。これは練習のための時間がとれない、また祭り当日は業務を休めない企業が多いためである。

①「JAL極楽とんぼ」:1995年〜。札幌市。JALが一般から募集して結成したチームである。平均年齢は29歳である。

②「DoCoMo（ドコモ） OLE!OLE!YEAH!YEAH!（オレオレヤーヤー）」:1996年〜。札幌市。NTTドコモが一般から募集して結成したチームである。平均年齢は25歳である。

③「á・la・collette?（アラコレッテ） 4 プラ（ヨンプラ）」:1996年〜。札幌市。すすきのに位置するファッションビル「４丁目プラザ」がスポンサーである。一般募集で、入るに際してオーディションがある。若い女性を対象としたファッションを扱うので、踊りは女性美・優雅さを表した洋風の踊りである。平均年齢は24歳である。

④「wamiles（ワミレス） 踊り子隊　美翔女（びしょうじょ）」:1997年〜。札幌市。踊り子が内部の者のみという「YOSAKOIソーラン祭り」では例外的なチームで、「ワミレス化粧品」というところが経営するエステサロンが持つチームである。踊り子は社員とエステサロンの会員である。平均年齢は33歳である。

(3) 企業・大学生合同チーム

資金を企業が負担し、大学生が踊る。踊り手が欲しい企業と資金が欲しい学生とは相互補完の関係にある。「YOSAKOIソーラン祭り」全体では、大学生のチームは20チームあるが、そのうち企業がスポンサーとなっているものは約半数である[2]。

①「パスキー＆北海道医療大学」:1994年〜。札幌市。「パスキー」とは消費者金融会社である。踊り子は社会人（パスキーの社員と大学生OBなど）と現役大学生で構成される。現在は社会人４に対して、大学生６の割合である。平均年齢は20歳である。

②「コカ・コーラ　札幌国際大学」:1994年〜札幌市。踊り子は札幌国際大学の大学生である。札幌国際大学は元が静修女子大学という女子大だったため、現在も踊り子はほとんどが女性である。平均年齢は20歳である。

(4) 学生(大学・学校)チーム

①「北海道大学“縁”」:1999年～。札幌市。北海道大学の学生中心だが、他大学や専門学校生も含んでいる。平均年齢は19歳である。

②「稚内市立稚内南中学校」:1993年～。稚内市。この中学の３年生が踊り子となる。教育活動の一環として学校全体で取り組んでおり、毎年新３年生に、背中に「学び座」と書かれた衣装の法被が受け継がれる。「YOSAKOIソーラン祭り」が誕生する以前からロック調のソーラン節で踊っていたもので、「南中ソーラン」と呼ばれる。鳴子は持たずに踊る特別なチームで、審査の対象外である。1994年と2001年は参加していない。

③「旭川末広北小学校」:1998年～。旭川市。「YOSAKOIソーラン祭り組織委員会」が学校教育用に制作したオリジナルの曲・振り付けの「教材用ソーラン」で踊る。2001年は参加していない。

(5) 地域チーム

その地域の居住者が中心となってチームが結成されるが、地域を基盤としながら、さらにその結合形態の展開もみられる。

＊地域密着型

①「平岸天神」:1993年～。札幌市豊平区平岸。この地従来の「平岸天神太鼓」に続く郷土芸能として「平岸天神ソーラン保存会」をつくって活動している。漁師をイメージした和風の衣装と踊りである。４つのＳ(スピード、シャープ、ストロング、スマイル)をモットーにしている。大賞を４回、準大賞を２回受賞している人気チームである。平均年齢は26歳である。

②「三石なるこ会」:1994年～。三石町。漁業、牧畜、馬の生産や製材業などに携わっている主婦が中心となる。平均年齢は46歳である。

③「乱舞童」:1995年～。白老町。白老八幡神社の宮司が始めた。この神社の例大祭でも踊る。平均年齢は26歳である。

④「新琴似天舞龍神」:1996年～。札幌市北区新琴似。新琴似は屯田兵が開拓した地であり、踊りも開拓魂を表現する(詳細後述)。平均年齢は29歳である

⑤「清田フレンズ」:1996年～。札幌市清田区。地元有志が中心となって呼

び掛けて結成した。正調風のソーラン節にこだわり、“和”を基調としている。一方、パラパラ調の踊り、「KIYOパラ」も観客をも含めて皆で楽しめるように創作している。平均年齢は29歳である。

⑥「石狩流星海」：1997年～。石狩市。“石狩の海と鮭の一生”がテーマで踊りの型を原則として変えない(詳細後述)。平均年齢は25歳である。

⑦「北見YOSAKOIチーム薄荷童子」：1997年～。北見市。特産の薄荷の匂いをしみ込ませた衣装で踊る。平均年齢は29歳である。

⑧「響」：2000年～。札幌市北区新琴似。先にできていた「新琴似天舞龍神」に次ぐ新琴似のチームとして結成された。家族参加が多い。平均年齢は20歳である。

＊地域と企業

⑨「蒼天爛華and富士建材」：1998年～。千歳市。チームと地元の企業が結びついた例である。この企業はスポンサーではなく大口協賛である。山伏風の衣装で踊る。平均年齢は28歳である。

＊地域と大学

⑩「札幌学院大学・文京台」：1998年～。江別市文京台。札幌学院大学のある江別市文京台の地域住民と大学生が中心となる。大学生以外が半数以上である。平均年齢は21歳である。

＊地域チームと近隣区の大学チームのジョイント

⑪「清田フレンズ＆札幌大学」：2000年のみの参加である。札幌市清田区の地域チーム「清田フレンズ」と隣の豊平区にある「札幌大学」がジョイントして、「YOSAKOIソーラン祭り」で2000年から始まった「正調ソーラン節部門」の踊りに出場した。

一般チームの例でみられたように、既存のチームから抜けた人が新たなチームを結成をすることも多い。理由は、チームの踊りに対する取り組み方に賛同できなくなるなどである。例えば、賞ねらいばかりが嫌になったとか、逆に賞をねらうほどのチームになりたいとか、あるいはまったく違った種類のチームをつくりたいというなどである。

また、大学生のなかには北海道ではそれぞれの自分の大学のチームに属しながら、他地域の「よさこい系」の祭りに、大学の枠を超えて遠征専用のチームを新たに結成することもある。仙台の「みちのくYOSAKOIまつり」(1998年〜)には「BOTCH（ボッチ）」というチームが初回から2000年まで参加していた[3]。名古屋の「にっぽんど真ん中祭り」(1999年〜)には、「ZEAL（ジール）」という北海道大学と藤女子大の学生中心のチームが2001年に参加している。

つまり、踊り子たちは、いろいろな参加動機、そしてさまざまな結合契機でチームを編成している。既存のチームから抜けて新たにチームをつくったり、大学生の例にみられるように複数のチームに所属したりする。

このようにして編成されたチームは、そのチームの独自性を表出しようとする。他のチームとの違いを強調しようとし、男性だけのメンバーで殺陣の振り付けをするチームや、インターネット仲間のチームや、水芸をしたり南京玉簾を使用するチームなどが最近登場している。また、地域チームも、地域の居住者だけでなく、企業や大学と結びつく例が近年みられる。

そしてチームの独自性はそのチームの「型」となり、定着しつつある。例えば、「“洋”の「ア・ラ・コレ」、“和”の「平岸」」という言い方がある。踊り子のなかには、その踊りで進路(大学)を決定した人もいるほどである。

全体的にも「型」ができているチームが多いなかで、ここ２年ほど、特に地域密着型のチームにおいて、その踊りを「続けたい」「伝えたい」という言葉が頻繁に聞かれるようになってきている。

２．地域密着型チームの事例

では、ここで、(この踊りを)「続けたい」「伝えたい」との声がよく聞かれる地域密着型チームの２例について報告したい。

(1)「新琴似天舞龍神（しんことにてんぶりゅうじん）」

「新琴似天舞龍神」は、「YOSAKOIソーラン祭り」に1996年(第５回)から出場している。1996年(第５回)新人賞、1998年(第７回)優秀賞、1999年(第８回)第３位、2001年(第10回)第３位の受賞歴がある。また、ジュニア部門の「新琴似子龍隊（こりゅうたい）」は北海道深川でのジュニア大会で４年連続グランプリを受賞している。

所在する札幌市北区新琴似は、明治期に屯田兵が入植してつくられた町で、農地として開発された場所が札幌市の人口増加で宅地化された。人口7万人である。新琴似と新琴似西に町内会が分かれ、町内ごとの夏祭りなどはさかんであったが、新琴似全体の祭りやイベントはなかった。そこで、新琴似在住の乾氏ら8人が中心となり、1995年12月に約40人で発足したのが始まりである。

写真6-1 「新琴似天舞龍神」(2001年、於:新琴似会場)

人気チーム「平岸天神」の“天神”に対抗して“龍神”、北区なので「北舞龍神」も考えたが、より広く“天”とし、「天舞龍神」に決め、頭に地域名の新琴似をつけた。

現在のメンバー数は170人で女性が8割である。小学生以上が条件である。ジュニア隊「新琴似子龍隊」(小学生・中学生、1998年に結成)と、シニア隊「新琴似拓魂」(40歳以上、2000年に結成)もある。全体の年齢は6～60歳で、親子三代の参加もある。平均年齢は29歳である。本祭出場の150人[(4)]は練習出席率8割以上の人となっている。

チームのコンセプトとして、「地域の活性化」「青少年の健全育成」「感動の共有」をあげている。子どもが踊り子として参加するには親も踊り子かスタッフとして参加することを義務づけている。子どもを人に任せきりにしないためである。

踊りは開拓魂をイメージし、“和”を強調し、着流しの着物を着、編笠を使用する。

衣装、振り付け、地方車は新琴似近隣の人々に依頼している。曲はメンバーの知人で札幌市東区在住のプロに依頼している。演奏の三味線は津軽三味線(仙台在住、メンバーの知人)、太鼓はメンバー5人である。歌は新琴似在住の民謡の先生の弟子で、隣接する石狩市花川在住の女性(素人)である。

年間運営費は約1,000万円で地元協賛金を得ている。現在、地元の商店・病院・個人ら約600件が協力している。

年間活動として年100回ほどの「YOSAKOIソーラン祭り」以外での活動がある。地元新琴似の祭り、主に夏祭りにも10回ほど参加している。また、地芝居の新琴似歌舞伎にも出演している。道内ではさまざまなイベントや祭り、道外では主に「よさこい系」の祭りへの参加している［写真6-1］。

(2)「石狩流星海(いしかりりゅうせいかい)」

「石狩流星海」は、「YOSAKOIソーラン祭り」には1997年(第６回)から出場している。1998年(第７回)優秀賞、1999年(第８回)優秀賞、2001年(第10回)準大賞を受賞している。

所在する石狩市花川は札幌市のベッドタウンで、働く人のうち８割が札幌市内に勤務する。1996年に石狩町から石狩市になった。人口5万5000人である。この地域は北海道内のさまざまな地方の人が集まった新興住宅地で、これといった祭りがなく、1996年の「YOSAKOIソーラン祭り」を見て、14人の母親と子ども４人で結成したのが始まりである。この年の７月７日の地元「七夕まつり」で踊りを初めて披露した。七夕にデビューしたので、流れ星のイメージで「流星」、そして石狩の「海」、頭に地域名をつけて「石狩流星海」とした。

現在のメンバー数は150人で女性が８割である。入るに際しての条件はない。家族参加が多く、親子三代の参加もある。全体の年齢は３～58歳で、平均年齢は25歳である。

チームのコンセプトは特に掲げてはいないが、「地域住民との親睦」「活気あふれる街づくり」がモットーである。

「石狩の海と鮭の一生」がテーマで、毎年ほとんど踊りの型を変えないのが特徴である。これは石狩を出ていった子どもがいつ帰ってもまた踊れるような、「盆踊り型」の踊りを目指しているからである。年齢により、イクラ／稚魚／成魚／ほっちゃれ(産卵のため川に戻ったメス)に分かれて踊る(5)。鮭の絵のついた法被と編笠を使用する。

写真6-2 「石狩流星海」(2000年、於:大通パレード南コース)

衣装、振り付け、地方車は石狩市居住者に依頼している。曲はメンバーの知人、札幌在住のプロに依頼している。演奏は太鼓はメンバー(北響太鼓)、歌はチームの代表である

年間運営費は約400万円で、踊りが制限されるのを好まないため、スポンサーはあえてつけない。

年間活動として、年50回ほどの「YOSAKOIソーラン祭り」以外での活動がある。道内が主で、そのなかでも石狩市内の活動が多い。地元の商店街の祭り、神社の祭りなどに参加している。その他、病院や老人ホームの慰問などを行っている[写真6-2]。　　　＜第1節は2001年の調査時点のもの＞

第2節　祭りの参加集団と運営集団にみる都市性と継承性

第1節においては、「YOSAKOIソーラン祭り」参加集団をその結合契機により分類し、特にその踊りを継承させたい意思がうかがえる、地域密着型参加集団について詳しくみてきた。本節においては、「YOSAKOIソーラン祭り」の参加集団と会場の運営集団を絡めて検証し、都市祝祭を支えるエネルギーについて考察したい(第2節は2003年の調査によるもので、第1節と一部、重複する)。

1．「YOSAKOIソーラン祭り」会場の主催と運営

祭り全体の主催は「YOSAKOIソーラン祭り組織委員会」であり、運営はこの「組織委員会」と「YOSAKOIソーラン祭り学生実行委員会」との二組織体制である。

祭りが開催される会場の設定は組織委員会からの打診に始まるが、今や札幌市全体に拡大しており、その運営は会場ごとに任されている。第12回の会場数は25会場であったが、このうち5カ所は、1つの会場で2コース設定してそれぞれに数えているために、それをまとめると20カ所となる。各会場の運営についてまとめたのが［表6-1］である(2003年時点)。

メインステージとなる「大通公園西8丁目」は「YOSAKOIソーラン祭り学生実行委員会」が主催・運営する。この祭りは学生が始めたということで、メインステージは今でも‘聖域’としての意味をもっている。「大通パレード＜北・南コース＞」は「YOSAKOIソーラン祭り組織委員会」が主催・運営する。

その他の会場については、運営を代理店に任せてある会場もあるが、企業・商店街・地域などが主催者となる。企業が主催者であっても、町内会の協力を得ているところもある。また、その地域住民や商店街が支持母体となったチームがある会場もある。

各会場の運営を、その主催者から分類する(①大通西8丁目と②パレード以外)。

(1) 代理店あるいは会場主催者の関連会社の運営：③一番街、⑤札幌四番街、⑥すすきの、⑦JR札幌駅南口、⑨ワオドリソーラン、⑲イオン札幌、⑳新さっぽろ、である。なお、③⑤⑥については、地域の企業・商店、観光協会も協力している。

(2) 企業の運営：⑧サッポロファクトリー、⑩イシヤチョコレートファクトリー、⑯東札幌である。⑩⑯については地域住民も協力している。

(3) 地域の運営：⑪澄川、⑭新琴似、⑱清田である。

(4) 商店街の運営：⑬麻生、⑮平岸、⑰本郷通である。

(5) その他、④道庁赤れんが会場は、もともとは道庁職員有志が中心だったが、現在では道庁や地域にこだわらない、まったくのボランティアが支え

表6-1 「YOSAKOIソーラン祭り」各会場の主催と運営(2003年)

会　　場	主　　催	運　　営
①大通公園西８丁目	YOSAKOIソーラン祭り学生実行委員会	同左
②大通パレード＜北・南コース＞	YOSAKOIソーラン祭り組織委員会	同左
③一番街＜三越・丸井今井前＞	一番街商店街、ＨＢＣ北海道放送	(株)アド電通
④道庁赤れんが	道庁赤れんが会場実行委員会	ボランティア
⑤札幌四番街＜Ｎ・Ｓステージ＞	札幌四番街商店街振興組合	(有)ステップス
⑥すすきの＜西３・４丁目＞	すすきの観光協会、すすきの実行委員会、AIR-G’FM北海道、uhb北海道文化放送	AIR-G’ＦM北海道
⑦JR札幌駅南口広場	JR、読売新聞	(株)北海道ジェイアールエージェンシー
⑧サッポロファクトリー	サッポロビール開発	同左
⑨ワオドリソーラン	YOSAKOIソーラン祭り組織委員会	北海道テレビ
⑩イシヤチョコレートファクトリー	石屋製菓株式会社	同左
⑪澄川(すみかわ)	澄川会場実行委員会	同左
⑫楡陵(ゆりょう)企画祭YOSAKOIソーラン北大会場	北大会場実行委員会	同左
⑬麻生(あさぶ)	麻生商店街振興組合	同左
⑭新琴似(しんことに)	新琴似会場実行委員会	同左
⑮平岸(ひらぎし)	平岸会場実行委員会	平岸商店街振興組合
⑯東札幌	白石区東札幌第３町内会、第４町内会、東札幌商店街振興組合	ダイエー東札幌店
⑰本郷通＜東・西コース＞	本郷通商店街振興組合	同左
⑱清田	清田会場実行委員会	清田地区商工振興会
⑲イオン札幌平岡ショッピングセンター	イオン札幌平岡ショピングセンター	(株)パブリックセンター
⑳新さっぽろ	ＳＴＶラジオ	(株)パブリックセンター

(矢島作成、2003)

会場の形態:①公園、②道路、③道路、④行政機関の敷地、⑤道路、⑥道路、⑦広場、⑧企業敷地、⑨公園、⑩サッカー場、⑪駐車場、⑫大学構内、⑬駐車場、⑭道路、⑮道路、⑯駐車場、⑰道路、⑱区役所前広場、⑲駐車場、⑳公園

る。ボランティアをするために留学先のアメリカから帰国する人もいるという。また、⑫北大会場は、楡陵祭(大学祭・教養部)の催しものの一部である。大学祭の実行委員が運営する。

2．参加集団と地域社会

祭りの参加集団はその結合契機により、一般チーム、企業チーム、企業・大学生合同チーム、学生チーム、地域チームに分けられる。踊りたいという仲間が集まった一般チーム、企業が持つ企業チーム(踊り子はその企業の社員に限る場合もあるが、一般から募集する場合が多い)、企業が出資して大学生が踊る企業・大学生合同チーム、スポンサーをつけない学生チーム、そして地域住民が中心となった地域チームというように結成原理も多様である。

参加集団は自分たちが踊りたい会場を選んで各会場に申し込む。地域住民が運営する会場は中心部から離れているにもかかわらず人気が高い。競演場が広くて踊りやすいところが多いが、それだけの理由ではなく、そこの運営者に好感をもっているからという理由も聞かれる。

会場のうち、地元にチームがある場合は、チームと運営側との関係は緊密になる。地元の祭りへの参加など「YOSAKOIソーラン祭り」以外での活動も盛んである。地域住民が運営する会場のうち、「澄川」「新琴似」「平岸」「清田」においてはチーム名にその地区名を掲げているチームがそれぞれにあり、地域の代表として活動している。会場での踊りの披露は地元チームで始まり、地元チームで終わる場合が多い。

(1) 澄川：札幌市南区澄川

札幌市南区は札幌市の南西部に位置し、札幌市の６割近くの面積を占めている。南区の大部分は森林で、豊平峡ダム・定山渓ダムがある。南区澄川地区は札幌市中心部に近い住宅街である。南区の人口は約15万人で、このうち澄川地区の人口は約３万人である。

地元チーム、「澄川精進蛍会」は「YOSAKOIソーラン祭り」に1997年(第６回)から参加している。町内会の祭り好きの人が集まったのがきっかけだが、川(精進川)に蛍を呼び戻すことをはじめとした環境づくりも目指している。祭りに初参加と同時に会場運営も開始した。チームの代表者が会場の主催・運営もする。踊りで使う曲には、毎年どこかに「ほーほーホタル来い」のメロディーが入る。子どもの踊り子は‘子蛍’と呼ばれる。チームのコンセプトは“きずな”であり、踊り子のほとんどが澄川在住である。

次が澄川会場の概要である。運営スタッフとして、地域住民、町内会役員など、２日間で延べ約200人が関わった。

＜澄川会場＞

①主催／ YOSAKOIソーラン祭り澄川会場実行委員会（澄川精進蛍会）
　後援／澄川地区連合会、澄川商店街振興組合、澄川暴力追放運動推進協議会
　協力／札幌市南区役所、南区（澄川）選出議員
②会場運営開始／ 1997年（第６回）
③競演日程／ 2003年６月７日（土）11:00 ～ 16:00（50チーム）
　　　　　　　　　６月８日（日）10:00 ～ 15:00（50チーム）
④賞／チーム賞など20個（２日間）
⑤競演場／札幌市南区澄川３条６丁目３番１号　札幌東急ストア自衛隊駅前店駐車場　間口25m・奥行25m　ステージ形式
⑥運営スタッフ／地域住民、町内会役員など延べ約200人
⑦運営費／約300万円
⑧観客動員数／７日（土）約8,000人、８日（日）約10,000人

(2) 新琴似：札幌市北区新琴似

札幌市北区新琴似は、1887（明治20）年５月に入植した九州の士族が中心になった屯田兵により開拓された土地で、母村の琴似屯田兵村に対して区別するために‘新琴似’と名づけられた。「コトニ」とはアイヌ語の「コッ・ネイ」（低く窪んだところ）によるといわれる。

昭和20年代までは農業が盛んで、大根の産地であった。昭和30年代、札幌市の急激な人口増加に伴い、農地が宅地化され、新移住民が増加する。現在の北区の人口は約27万人で、このうち新琴似地区の人口は約７万人である。

地元チーム「新琴似天舞龍神（しんことにてんぶりゅうじん）」は「YOSAKOIソーラン祭り」に1996年（第５回）から参加している。新琴似全体で楽しめる祭りをつくりたいとして結

成されたチームである。この地が屯田兵が開拓した土地ということでその開拓魂を表現する。他のチームには見られない独特の踊りの型(漁業性は表出しない、田植え・稲刈りの仕種を入れたりする)ができており、常に上位にも残る。チームのコンセプトは「感動の共有」「青少年の健全育成」「地域の活性化」である。小中学生対象の「新琴似子龍隊」というジュニアチームもある。2003年、準大賞を受賞した。踊り子の約半数が新琴似在住者(北区全体だと約８割)である。

新琴似会場の概要は次のとおりである。運営スタッフとして、地域住民、商店街代表など２日間で延べ約200人が関わった。

＜新琴似会場＞

①主催／ YOSAKOIソーラン祭り新琴似会場実行委員会

②会場運営開始／ 1997年(第６回)

③競演日程／ 2003年６月７日(土) 13:00 ～ 16:00 (25チーム)
　　　　　　　　　　６月８日(日) 13:00 ～ 16:00 (25チーム)

④賞／新琴似YOSAKOI大賞、準大賞、第３位～５位の５チーム、特別賞他５チーム

⑤競演場／札幌市北区新琴似７条６丁目～６条６丁目　第２横線　パレード形式　全長370m (踊りのスペース330m)　幅20m (横４列、縦30 ～ 50列)、４車線のうち３車線を使用

⑥運営スタッフ／地域住民、商店街代表など延べ約200人

⑦運営費／約200万円

⑧観客動員数／７日(土)約25,000人、８日(日)約30,000人

(3) 平岸：札幌市豊平区平岸

「ひらぎし」はアイヌ語の「ピラ・ケシ・イ」(崖のはずれ)からきているという。1871 (明治４)年に岩手県からの入植者により開拓された土地。明治初期に開拓使からリンゴの苗木を配付されたのをきっかけにしてリンゴの栽培が盛んになり、1936年頃には「平岸リンゴ」「札幌リンゴ」としてシンガポールにも輸出されるようになった。その後、宅地化の進行や道路整備などにより、1971年の地下鉄開通の頃にはリンゴ園は姿を消した。現在は住宅街であ

る。豊平区の人口は約20万人で、このうち平岸地区の人口は約２万人である。なお、現在の豊平区のシンボルマークも「リンゴ」をデザインしたものである。

地元チームである「平岸天神（ひらぎしてんじん）」は「YOSAKOIソーラン祭り」に1993年(第２回)から参加している。ニシン漁にこだわり、漁業性を強く表出する。従来の「平岸天神太鼓」に続く郷土芸能として位置づけている。大賞を５回、準大賞を３回という受賞歴がある。４つのＳ、スピード・シャープ・ストロング・スマイルを踊りの基本とする。小中学生対象の「平岸天神ジュニア」もある。商売をする人には､よそで「YOSAKOIの「平岸天神」の平岸ですね」と好感をもたれて商談がうまくいくというメリットがあるなど、商店街のイメージアップに貢献している。しかし、あまりにも踊りが高度になったために地元の人々も敬遠し、だんだん地元の踊り子が少なくなり、2003年にはついにゼロになった。ある店主は「俺たちは誰のために金を出しているんだろうか」と嘆く。2003年に大賞を受賞した。

次が平岸会場の概要である。運営スタッフは商店街、町内会役員など約250人である。

＜平岸会場＞

①主催／ YOSAKOIソーラン祭り平岸会場実行委員会、平岸連町内会・平岸中央商店街振興組合
　共催／北海道テレビ
　後援／豊平区、札幌商工会議所
②会場運営開始／ 1993年(第２回)
③競演日程／ 2003年６月８日(日) 11:30 ～ 16:00 (50チーム)
④賞／設定なし
⑤競演場／札幌市豊平区平岸２・３条４丁目～７丁目　国道453号(平岸街道)両側４車線　パレード形式　全長500m　幅７m
⑥運営スタッフ／商店街、町内会役員など約250人
⑦運営費／約300 万円
⑧観客動員数／約32,000人

(4) 清田：札幌市清田区

清田区の中心はかつて「あしりべつ」と呼ばれ、稲作や酪農が生業であった。「清田」という地名は1944年、字名改称の際に、美しい清らかな水田地帯という意味で名づけられた。昭和30年(1955)代には宅地化が進み、1961年に清田団地、1963年には「八望台団地」、1970年には「北野団地」「真栄団地」と大型団地が次々と造られ、農村地帯から住宅地へと変わっていった。隣接する豊平区の一部であったが1997年11月に豊平区から分区し、「清田区」となった。現在の人口は約11万人で、札幌市では一番新しい区である。

地元チーム、「清田フレンズ」は「YOSAKOIソーラン祭り」に1996年(第5回)から参加している。地元有志が中心となった、漁業性を表現する正調のソーラン節にこだわったチームである。一方で一般の人も一緒に踊れるようにパラパラ調の踊り(KIYOパラ)も創作している。「フレンズ」という名にも表れているように、札幌市で一番新しい区である清田区の地域の人々をまとめる役割を目指している。踊り子の6割は清田区在住である。残りは知人、友人だが、「清田フレンズ」の踊りのファンから踊り子になった人が多い。

清田会場の概要は次のとおりである。運営スタッフとして、商店街、町内会、地元の大学である札幌国際大学の学生など、2日間で延べ約450 人が関わった。

＜清田会場＞

①主催／ YOSAKOIソーラン祭り清田会場実行委員会

企業協賛／北海道コカ・コーラボトリング株式会社、株式会社贈答の富士

②会場運営開始／ 1998年(第7回)

③競演日程／ 2003年6月7日(土) 11:00 ～ 15:30 (26チーム)

6月8日(日) 11:00 ～ 15:30 (29チーム)

④賞／1チーム1名個人賞

⑤競演場／札幌市清田区平岡1条1丁目(清田区役所前広場)

パレード形式　コース幅6.5 ～ 7.5m　全長85m

⑥運営スタッフ／商店街、町内会、札幌国際大学学生など延べ約450人

⑦運営費／約70万円

⑧観客動員数／7日(土)約8,000人、8日(日)約14,000人

第３節 祭りの都市性と継承性

地域密着型としてあげた２つのチーム「新琴似天舞龍神」と「石狩流星海」は、地域性をチームの独自性として強く表出し、地域内の祭り・イベントに参加する一方で、「YOSAKOIソーラン祭り」での上位入賞を果たす人気チームとなり、他地域の多くのイベントにそれぞれの地域を代表するチームとして参加している。内的にも外的にも認められた存在となっている。

また、どちらも子どもをチームのメンバーとして大事にし、次世代のことを考えている。回を重ねるごとに、この踊りを「続けたい」、そして次の世代にこのチームの独自性を「伝えたい」という意識が出てきている。親子三代の参加もあり、それは同時期に三世代が同じ文化を共有しているということである。

すでに述べたように、それ以外のチームにおいても、地域性に限らず、そのチームの「型」を創り出してきている。一般チームにおいても、最近では特に既存のチームとの違いを強調するようになっている。構成人員が特徴的なチーム（男性だけ）や、結合契機が特徴的なチーム（インターネット仲間）や、振り付けや小道具が特徴的なチーム（水芸・南京玉簾、殺陣の取り入れ）である。その他の地域チームにおいても、企業や大学と結びつくなど多様な結合方法がみられるようになってきた。

また、参加集団と絡めた会場の運営集団の分析からは、次のことが指摘できる。

「YOSAKOIソーラン祭り」の会場はほぼ札幌市全体に及んでいる。都市は多様性をその特徴とする。会場の‘拡大’には、地理的な広がりを表すだけでなく、立地も公園や道路、商店街や駅前広場、企業の敷地や大学構内や駐車場など多様である。また主催・運営も商店街、マスメディア、企業、観光協会、町内会などさまざまである。多様な原理での立地や運営があり、さらに運営をイベント企画会社に委託することもあり、きわめて都市的な面がみられる。つまり、会場の立地、主催・運営両面において、都市性の発現形態といえる多様性が確認される。

一方で、自主運営をしている地域の会場は、数百万に及ぶ運営費を自分たちで負担し、数百人の地域の人々がボランティアで活動する。祭り全体を支えるだけでなく、地元チームをも支えている。その会場独自の賞も設けているところもあり、そこに来てくれる参加者を評価し、一方向でない双方向の関係、つまりコミュニケーションも保とうとする姿勢もみられる。また、その会場の最初と最後に地元チームの踊りを披露させることは都市における「ローカリティ」の再確認につながっている。このようにそれぞれの地域の会場は主体性をもって運営をしている。祭りの参加集団・運営集団、どちらにも、「多様」であるという都市性が顕著にみられ、「続けたい」「伝えたい」という意思や「支えよう」とする意思がうかがえる。つまり、祭りの参加集団・運営集団の両方に、都市性と継承性が指摘できるのである。

註

（1）　これらは筆者による踊り子の結合契機からの分類である。祭りを主催する「YOSAKOIソーラン祭り組織委員会」はスポンサーの有無によりチームを３つに分けている。同組織委員会によると、チームは「企業チーム」「一般チーム」「子ども会・小学校・中学校チーム」に分類される。チーム名もしくは衣装もしくは地方車のいずれかひとつに企業名もしくは商品名が入っている場合は、露出の大小を問わず「企業チーム」とみなしている。「一般チーム」はチーム名もしくは衣装もしくは地方車のいずれにおいても企業名もしくは商品名が入っていない場合をいう。「子ども会・小学校・中学校チーム」とはチーム名もしくは衣装もしくは地方車のいずれにおいても企業名もしくは商品名が入っておらず、踊り子の構成のうち70％以上が該当する会・学校の児童・生徒の場合をいう。

（2）　公式のガイドブックや新聞によると、大学名が出ているチームは20チームである。このうち企業名が併記されているものは９チームであるが、企業の名は出さずにスポンサーとなる場合があるので（軌道にのるか１～２年ほど様子をみる例がある）、企業・大学生合同チームはその約半数と判断した。

（3）「BOTCH（ボッチ）」は「みちのくYOSAKOIまつり」の第１回から第３回まで連続参加していたが、中心人物の卒業で自然解散となってしまったそうである。

（4）「YOSAKOIソーラン祭り」は参加人数は40人以上150人以下と決まっている。この人数には踊り子だけでなく、旗振り・声出しなど衣装を着た人すべてを含む。下限の40人は、少数のチームの乱立で、スケジュールをこなせなくなるおそれのためで、上限の150人はパレードでの曲の届く範囲の人数であることと、舞台の強度の問題からである。

(5) イクラは小学校低学年以下(35人)、稚魚は3年生以上の小学生(30人)、成魚は中学生以上(40人)、ほっちゃれは母親(40人)である。

第7章 「YOSAKOIソーラン祭り」の地域密着型参加集団の歴史・社会背景

「YOSAKOIソーラン祭り」の参加集団はそれぞれのチームの独自性を表出しようとする。その際に地域性をそのチームの独自性として表出する場合がある。では、踊りのチームとそのチームが属する地域社会との関係はいかなるものであろうか。

祭りと社会組織についての研究は、祭りを運営する組織自体に注目した研究と、それを担う地域社会の関係を論じた研究に分けられる。前者には、肥後和男の「宮座」[肥後 1941] についての研究、有末賢の「佃・月島の祭礼組織」[有末 1983] についての研究などがあげられる。また、後者には、米山俊直の「祇園祭」[米山 1974]、「天神祭」[米山 1979] や、松平誠の「高円寺阿波おどり」[松平 1988, 1990, 1994, 1996, 1998, 2000] についての研究、さらに、田中重好の「弘前ねぷた祭り」[田中 1986]、和崎春日の「京都大文字」[和崎 1987a, 1996]、内田忠賢の「高知よさこい祭り」[内田 1992, 1994ab, 1998ab, 1999, 2000ab, 2001] についての研究などがあげられる。特に後者の研究においては、地域社会の日常のあり方がどう祭りと関わっていくかが論じられている(有末賢の前述研究はこの視点をも含んでいる)。

祭りとは非日常であるが、日常と切り離されて、突然に出現するわけではない。それは日常を必ず意識しながら行われる。松平誠は「祝祭」を「日常生活の反転、それからの脱却と変身によって、日常的な現実を客観化・対象化し、それによって感性の世界を復活させ、社会的な共感を生み出す共同行為」と定義している [松平 1980:2]。つまり祭りは非日常ではあっても日常の「生活」を踏まえてこそ成立するのである。

中鉢正美は、「生活学」について、「近代の交換経済により間接的統合によっては欠落してしまう人間の直接連体感情の部分、すなわち、祭り、芸術、娯楽、消耗などの、いわば人類が類として結合するための文化的様式をいかにして補充していくか、否、市場交換に対峙して、いかに拡大していくかということこそ問題なのである」[中鉢 1986:2] とし、その研究意義を示している。

今回注目している文化の動きは、祭りのチームが安易に資本に依存するのではなく、地域社会の生活行動と結びついて文化を創り出している動きである。

本章は、現代都市の新しい祝祭である「YOSAKOIソーラン祭り」を通して、現代の都市生活者が類として結合するための文化的様式を明らかにしたいという問題意識を推し進めるものである。事例として取り上げる「新琴似天舞龍神（しんことにてんぶりゅうじん）」というチームは、北海道札幌市北区新琴似に所在する「YOSAKOIソーラン祭り」の参加チームのひとつである。このチームは地域密着型のチームであり、その地域性をチームの独自性として表出する。このチームを担うのは、この地域の生活者集団である。その生活者集団はどのようにチームを形成し、また組織し、独自性のある踊りを創作してきたのだろうか。また、創作していくのだろうか。その踊りの独自性として表出される地域性の背景となる地元の歴史・文化について考察したい。つまり、独自の踊りによる生活文化が、地域社会の歴史と結びついていかに創造されていくかを、動態的に考察するのである。

具体的には次の順序で考察する。まず、「新琴似天舞龍神」が所在する新琴似の歴史について、次に、新琴似のさまざまな文化活動について論じたい。最後に、地域社会のなかでの歴史と文化創造が絡み合っていく生活文化の本質的な動態を、祭りを通して論じようとするものである。歴史については、主に文献・資料を参考にした。文化活動については、現地での聞き取り調査と補足的に文献・資料を参考にした。そして、その地に誕生した「新琴似天舞龍神」というチームと地域社会との関わりについては、現地での聞き取り調査を通して論じていく。

第１節　新琴似の歴史

新琴似は石狩平野の西北部にあり、1887(明治20)年に入植した屯田兵により開拓された土地である。もと琴似村の一部だが、琴似村内の未開拓地に創設された屯田兵村の設置にあたってつけられたもので、母村・琴似屯田兵村(1)に対して区別するために「新琴似」と名づけられたという。「コトニ」とはアイヌ語の「コッ・ネイ」(低く窪んだところ)によるといわれる。当初の正式名称は「石狩国札幌郡琴似村字新琴似」であり、琴似が町となり、1955年、琴似町は札幌と合併したが、その後も「札幌市字新琴似」または「札幌市琴似町新琴似」であった。1959年に「札幌市新琴似町」となり、1972年の区制施行に伴い、「札幌市北区新琴似町」となった(2)。

屯田兵制は、北辺の警備・士族への授産・北海道の開拓推進という3つの目的で、1873(明治6)年12月、明治政府により確立された。1887(明治20)年5月20日に新琴似に入植した屯田兵は九州の士族が中心で、福岡44戸、熊本41戸、佐賀40戸、鹿児島11戸、そして岡山10戸の、計146戸であった。屯田兵召募にあたっては、北海道ではたいそう豊かな暮らしが待っているような話で募集したが(3)、実際にはこの地は昼なお暗いうっそうとした原生林であり、たびたび河川も氾濫し、熊が近くで目撃されることもあったという。木を切り倒し、焼却し、畠地を作って播種する一方で、屯田兵としての厳格な訓練が続いた。ことにそれまで農業に従事したことのない士族はたいへんな苦労をしたことがうかがえる。無断で帰郷したり、逃亡したりする者もいたという。また、不満から中隊長を狙撃した事件も残っている(4)。

昭和20年代までは農業が盛んで、大根の産地として知られていた。昭和30年代、札幌市の急激な人口増加に伴い、農地として開発された土地が宅地化され新移住民が増加した。現在の人口は約7万人である。

新琴似の自治組織として、新琴似連合町内会と新琴似西連合町内会がある。新琴似連合町内会は1965年に組織され、現在、37の単位町内会がある。新琴似西連合町内会は世帯数増加に伴い新琴似連合町内会から分離した西側の箇所で、1972年に組織され、現在17の単位町内会がある。どちらも地域活動として、夏まつりが盛んである。夏まつりは町内会ごとに行われたり、複数の町内会で合同で行われたり、商店街と一緒に行われたりする。また、「新子連」と呼ばれる「新琴似地域子ども会育成者連絡協議会」が1981年に発足し、単位子ども会の連絡調整、各種事業の企画、運営、指導にあたっている。1984年からは毎年、「新子連まつり」が開催されている(新琴似ならびに後述の周辺地区については[地図7-1]を参照のこと)。

地図7-1　札幌市北区（西部）（5万分の1地図を縮小）

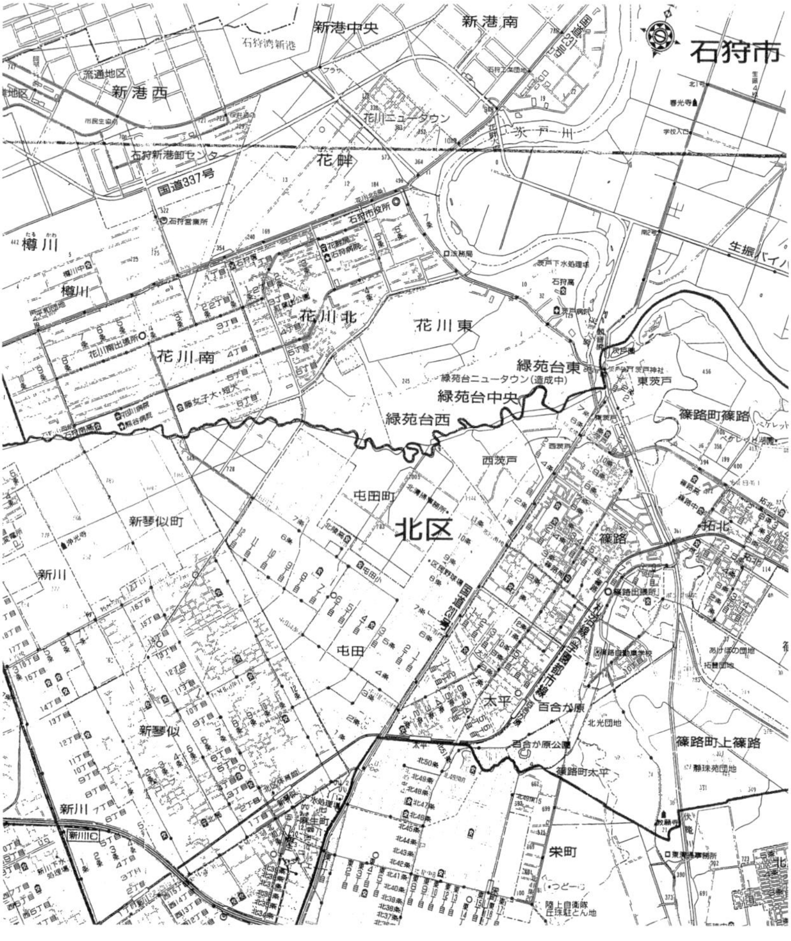

第2節　「新琴似歌舞伎」の始まりと盛衰

「新琴似歌舞伎」は、入植して10年経った1897（明治30）年頃、当時の村の青年たち８人が集まり、素人劇団を組織して芝居を演じたのが始まりである。いわゆる「地歌舞伎」「地芝居」である。厳しい開拓作業もようやく落ち着いて、人々が娯楽を求めていた時期である。当初、観覧料は一切無料だったが、娯楽に飢えていた村人には人気が高く、観客が投げ入れる‘花’で収支がまかなえたという。

中心になった人物は、両親とともに北海道に来た、鳥取県出身の田中松次郎という人物である。歌舞伎ははじめは新琴似神社(5)境内や知人の家や空き地で演じられていた。しかし、松次郎はそれだけでは物足りなくなり、自費で常設小屋を建てた。1910(明治43)年12月に、松次郎が地主と連署で札幌警察署長宛に提出した「劇場開設願」が残っている。それによると、劇場収容能力は310人であり、これは当時の村の人口の約半分を収容できる規模であったという。開設願に添付された劇場平面図によると、館内の舞台は3間×5間半、花道もあり、観客席は土間で5間×7間、楽屋、手洗いの設備があった。一隅に警察官席が設けられていた。これは公序良俗を守るためだったという。松次郎はこの劇場を自分の名の一字をとって「若松館」と名づけた。

写真7-1 田中松次郎使用の裃と台本
（手前）（於：プラザ新琴似）

農村芸能は一般に、春と秋の祭典に奉納芝居として催されるが、常設館ができたことによって、歌舞伎だけではなく、新派劇、義太夫、浄瑠璃、浪花節、幻燈映写などが月に数回催されるようになり、若松館は村の娯楽の殿堂となった。館の前にのぼりが立ち、提灯が並ぶと「本日興行」のしるしだったという。当初は無料だった観覧料もやがて大人10銭、子ども5銭を徴収するようになった。しかし即営利につながるほどの金額ではなかったという。最盛期には屯田兵二世も加わって、50人近くの団員がいたそうである。

大正に入ると新琴似青年会の演劇同好者たちが「白ばら倶楽部」を結成し、主に喜劇の短編ものを若松館で上演した。若者たちは新しい娯楽を求めるようになり、歌舞伎にもかげりがみえてくる。そのうち、映画の人気が急上昇

写真7-2　田中松次郎使用の袴と舞台の引幕（右）
（於：プラザ新琴似）

し、常設の映画館も開設された。映画時代の到来と、また、特に若年層が歌舞伎から離れたこともあり、1916（大正５）年頃、若松館は閉鎖した。「新琴似歌舞伎」自体は20年ほど続いたが、若松館は開設されてからわずか６年ほどしか存続しなかったことになる。

若松館のあった跡地に1975年、北区役所が歴史案内板を立てており、「新琴似歌舞伎」の歴史が述べられている[(6)]。また、地区の文化活動会館である「プラザ新琴似」[(7)]には松次郎の使用していた裃、化粧道具、浄瑠璃本、ひき幕などが展示されている［写真7-1］［写真7-2］。

また、新琴似の近隣に篠路（しのろ）という地区があり、そこには「篠路歌舞伎」がある。これは、1900（明治33）年頃に始まったものである。当時、開拓農民が慰安を求めて酒や博打に走って身を持ち崩すこともあり、「篠路歌舞伎」はこのギャンブルを止めさせせることを目的にしていた。青年会や少年団の会員すべてが必ず何かの役割を担当していたという。一流の出し物、傑出した演技を目指し、東京の歌舞伎を見聞して回り舞台も取り入れていた。松次郎もよくこの篠路に行っていたという。「篠路歌舞伎」は1934年まで続き、その後途絶えていたが、1985年に復活上演された。翌年には保育園（篠路中央保育園）が歌舞伎をカリキュラムに取り入れ、今では「子ども歌舞伎」で有名な土地となっている。

第３節 「新琴似歌舞伎」の復活

かつての「新琴似歌舞伎」を新琴似の文化として伝えていこうと「新琴似歌舞伎伝承会」が1993年７月に設立された。近くの「篠路歌舞伎」が開始時期がほぼ同期であったにもかかわらず、新琴似よりあとの1934年まで続き、しかも1985年には復活したことが刺激にもなったという。

1993年、北区の区制20周年を記念して「北区まちづくり構想“北区ビジョン21”」が策定された。そのプロジェクトのひとつが「歴史と文化のまちづくり構想」であった。区および関係団体で歌舞伎鑑賞教室実行委員会を設置し、「新琴似歌舞伎」と「篠路歌舞伎」を復活させようということになった。当時、新琴似連合町内会会長をしていた武田良夫氏が中心になり「新琴似歌舞伎伝承会」を発足させた。伝承会の目的は、①新琴似歌舞伎の歴史調査、②歌舞伎鑑賞教室への参加、③国立劇場歌舞伎研修所「稚魚の会」との交流、④篠路歌舞伎保存会との交流、⑤新琴似歌舞伎復活に向けての調査研究、であった。

まず、歌舞伎の魅力を知ってもらうために区の協力で定期的に本物の歌舞伎を生で観る「歌舞伎鑑賞教室」を開催した。これは、国立劇場「稚魚の会」による歌舞伎で、1993年から1995年のそれぞれ８月に開催された[8]。国立劇場では主役などできない研修所終了生は、この地では主役を演じられると喜んで来てくれたという。しかし、自分たちでやらなければ新琴似の芸能にはならないという話になり、伝承会会長の主催により、1996年に「新琴似歌舞伎」は復活した。およそ80年ぶりの復活である。

演目は「白浪五人男」のなかの「浜松屋の場」と「稲瀬川勢揃いの場」であった。「浜松屋」は「知らざぁ言って聞かせやしょう。浜の真砂と五右衛門が…」のセリフが有名で、また、「稲瀬川勢揃い」は「問われて名乗るもおこがましいが…」から「さてどんじりに控えしは…」までの五人男の名乗りの場面が有名な演目である。

演出は、市の文士劇の演出も手掛けた書家の島田無響氏（札幌市中央区在住）と札幌能楽会副会長の照井武氏（麻生：あさぶ[9]在住）が担当した。第１回公

表7-1　「新琴似歌舞伎」復活公演の配役

「浜松屋の場」		「稲瀬川勢揃いの場」	
役　名	演　者	役　名	演　者
日本駄衛門	栄英彦(麻生連町会長)	日本駄衛門	武田良夫(新琴似連町会長)
浜松屋幸兵衛	鳥潟賢(民生委員)	弁天小僧菊之助	障子秀信(連町副会長)
弁天小僧菊之助	森下誠二(日本舞踊家)	忠信利平	島田一功(北区長)
南郷力丸	鈴木則行(篠路高校教諭)	赤星十三郎	高島昭則(新琴似連絡所長)
浜松屋宗之助	竹田紗津子(日本舞踊家)	南郷力丸	宮崎義晴(琴星幼稚園長)
番頭与九郎	小野寺孝(連町総務部長)		
清次	村上輝夫(連町経理部長)		
佐兵衛	石川光男(青少年育成委員会)		
太助	記内孝一(民生委員)		
丁稚	外崎翔一(子役／小学5年生)		

(『新琴似連合町内会三十年史』p.523 参照、矢島まとめ、2001)

演の出演者は一般の希望者を募ったが、初めての試みとあって応募者が少なく、それではまず伝承会役員が率先してやろうということになった。復活公演の配役は［表7-1］のとおりだった。

「稲瀬川勢揃いの場」での5人の名乗りの本来のセリフのあと、復活公演では次のセリフが付け足されている。わざわざ付け足されたこのセリフには、「新琴似歌舞伎」の復活と伝承を願う意気込みが感じられる。

・日本駄右衛門「五つ連れだつ雁金は、明治末から大正と、20年の長きに亘り、新琴似村御当地に」

・弁天小僧　「松次郎さんが建てられた、若松館を根拠にして、打った歌舞伎は案の定」

・忠信利平　「当たりに当たって評判は、空に轟く雷の如くに広がり村から村へ」

・赤星十三郎「農村文化の走りよと、極印打たれし楽しみも、嗣ぐ人もなく立ち消えしを」

・南郷力丸「平成の代に甦らそうと、大きな布袋の腹づもり、打ってい出たる五人連れ、皆々様のお力添え」

・駄右衛門「一重に願い」

・五人「あげまする」

現在の団員は71人で、19歳から71歳までの年齢の人が属している。「役者も観客も知っている者同士なので、セリフを間違っても客席がどっと沸く。舞台と客席の一体感が農村歌舞伎の魅力」と武田氏は言う。1回の公演で貸衣装や舞台設営など、約500万円の経費がかかり、また、出演者の多くは本業を別にもっているために、練習のための時間がとりにくいなどの問題も抱えている。化粧・着付けも当初は頼んでいたが、隈取りなどの特殊メークも自分たちでできるようになった。定期的な公演のほかに、福祉施設を訪問したり、地域のイベントに参加したりもする。「篠路子ども歌舞伎」の子どもたちと一緒に舞台に立つこともある。男性だけでなく女性も舞台に立ち、「女白浪五人衆」も演じられている。このような柔軟性も地歌舞伎の魅力であるといえる。

第4節　新琴似文化振興会

1995年4月、「新琴似歌舞伎」の復活伝承をも含めて、新琴似地区の文化・芸能各団体の連携を図り、明るく健康的な街づくりを進めることを目的に「新琴似文化振興会」が設立された。

文化部と芸能部に分かれ、現在、46の団体がある。生け花・書道・茶道・絵画などの文化部20団体、日舞・民謡・琴・詩吟などの芸能部26団体である。新琴似歌舞伎伝承会は芸能部に属する。各団体は［表7-2］のとおりである（カッコ内は内容である。団体名だけではその内容がわかりにくいと思われるもので、筆者聞き取りによる）。

当初から39団体が加盟していたそうで、団体数は実に多い。毎年11月には「プラザ新琴似」において文化部の「文化展」、芸能部の「芸能の集い」がそれぞれ開催されている。

第5節　新琴似の歴史の伝承

1．歴史と文化の八十八選

新琴似の属する北区の‘個性あるまちづくり事業’の一環として、1990年、

表7-2「新琴似文化振興会」加盟団体一覧

文　化　部	芸　能　部
①新琴似菊花会（菊の花を育て愛でる）	①新琴似フォークダンス愛好会
②新園正古流（生け花）	②晶翠会（日舞）
③鈴木華香池坊いけばな教室	③鈴木タマリ民謡教室
④三才流盤景景祥会（盤にミニチュアの景勝を作って楽しむ）	④平中篁翠民謡門人会
	⑤恵和会（日舞）
⑤裏千家茶道榎本社中	⑥日本民謡協会札幌峯声支部
⑥書楽（書道）	⑦うたごえサークル・ポエム
⑦徳泉書会（書道）	⑧晃章民謡門人会
⑧すずしろ陶芸サークル	⑨寿々都絵会（日舞）
⑨楽画会（水彩画）	⑩西崎緑扇会（日舞）
⑩山田由美子池坊いけばな教室	⑪コールプラザ（コーラス）
⑪浮世絵押絵	⑫いこい会民謡部
⑫写真	⑬澤田祐篁民謡会
⑬小出きもの教室（着物着付け）	⑭日本舞踊喜踊会
⑭盆栽	⑮筝曲山水社中（生田流琴）
⑮デコパージュ田上教室	⑯新琴似歌舞伎伝承会
⑯絵手紙サークル	⑰紫文会（日舞）
⑰千島きもの教室（着物着付け）	⑱晶泉会（日舞）
⑱北南有志の会（水墨・墨絵）	⑲平中篁昇民謡会
⑲写真（⑫とは別団体）	⑳延扇会（日舞）
⑳茶道表千家同好会	㉑琴伝流（大正琴）
	㉒稲翠流詩吟旭玲会
	㉓五條流与志の会（日舞）
	㉔札幌剣詩舞研究会
	㉕新琴似太鼓
	㉖西川流光扇会（日舞）

（新琴似連絡所提供、矢島調べ、2001）

北区内の「歴史と文化の八十八選」が選定された。新琴似からは次の14カ所が選ばれ、それぞれの箇所に説明プレートがある（以下、説明を簡略化したもの）。

①安春川の水辺と散策路：地区を流れる安春川の河川敷を整備して散策路とし、下水道の高度処理水を流している。

②新琴似屯田兵屋：最初に入植した屯田兵の兵屋である。

③屯田兵もやい井戸：桶を半分まで地中に埋めたもので、桶の底から水源までモウソウ竹が通じていた（‘もやい’とは‘共同’の意である）。

④東繁造君学勲碑：人間と動物の血液を早く確実に鑑別する化学的方法に成

功した氏の功績を讃えて有志により建立された。

⑤新琴似兵村記念碑：屯田兵入植から50年を迎えたことを記念して1936年に建立された。

⑥新琴似の馬魂碑：農耕馬の病気治癒と安全を祈るために建立された。はじめは光明寺(10)の前庭にあったが、1975年、新琴似神社に移された。

⑦吹田晋平歌碑：吹田晋平(本名：菅進)の文学と市議会議員としての市政での両面での功績を讃えて有志により建立された。

⑧新琴似「百年碑」：新琴似地区の開基100年を記念し、先人たちの偉業を讃えるとともに、地域の発展を願い、1986年に建立された。

⑨新琴似屯田兵中隊本部：1886(明治19)年建築の札幌に残る唯一の屯田兵中隊本部で、ほぼ完全な原形をとどめている。内部は開拓資料館となっており、屯田兵がかつて使用した遺品が残されている(市指定有形文化財)。

⑩新琴似「拓魂」碑：開基100年を迎え、地域発展に寄与してきた農業協同組合長を顕彰して建立された。

⑪新琴似「開村記念碑」：1887(明治20)年に入植し開村したことを記念し、1892(明治25)年に建立された碑である。

⑫歌人・若山牧水来訪の地：若山牧水は1926(大正15)年、夫人を伴って新琴似村を来訪し、牧水が主宰する歌誌「創作」の社友・白水春二宅を宿とした。

⑬新琴似歌舞伎の跡地：農村歌舞伎として盛んだった新琴似歌舞伎の常設劇場若松館の跡地である。

⑭帝国製麻琴似製線工場跡：1890(明治23)年に同工場は操業を開始し、昭和32年まで麻布の生産を行っていた。その工場の跡地である。

これを見ると、14カ所のうち10カ所が開拓、および開拓に付随した芸能と産業に関するもの(②③⑤⑥⑧⑨⑩⑪⑬⑭)であることがわかる。

2．新琴似神社境内の記念碑

前項にあげたもののうち、②から⑪は新琴似神社の境内に存在する。新琴似神社の境内には12基の記念碑があり、その一部は前項と重複するが、記念碑すべてについて説明すると以下のようになる（[新琴似開基百年記念協賛会 1986］[新琴似連合町内会三十年史編集委員会編 1996］および筆者確認調査による）。

①「開村者」：建立年月日不明。高さ2.13m。最初の屯田兵220人の氏名が列記してある。他の碑に比べて最も傷みが激しいことや入地最初の年に死亡、離脱した屯田兵の名もあることから入地直後の1888（明治21）年か1889（明治22）年の頃と推定されている。

②「開村記念碑」：1892（明治25）年５月20日建立。高さ3m。開基５周年を機に建立された。

③「地神塔」：1901（明治34）年８月15日建立。高さ1.40m。五角柱に太陽の神の天照大神、農耕の神の大己貴命（大国主命）、土の神の埴山姫命、食物の神の稲田姫命、農耕の神の少彦名命など農業と関わりの深い５人の神を祀っている。徳島県出身者による豊穣祈願と感謝の碑である。

④「忠魂碑」：1908（明治41）年５月20日建立。高さ3.70m。日露戦争の戦没者７人を裏面に、台石に出征者60人の氏名、他、寄付者氏名などが記されている。

⑤「神門碑」：1917（大正６）年５月20日建立。高さ1.60m。屯田兵親交会解散を記念して建立された。開基30周年の折に建立された。

⑥「馬魂碑」：1919（大正８）年８月１日建立。高さ2.84m。開拓時代に活躍した農耕馬の供養のために、はじめ光明寺境内に建立したものを1975年、神社境内に移動させた。また、1980年には、なおも分散していた７戸の馬頭塚を合碑した。

⑦「兵村記念碑」：1930年５月20日建立。高さは台座１m。碑石は5.27mで境内中の碑では最も高い大型記念碑である。開基50周年記念事業として建立された。1892（明治25）年建立の「開村記念碑」が風雪にさらされて文字の解読も困難になったことから新しく建立された。

⑧「殉国英霊之碑」：1956年９月20日建立。高さ4.42m。開基70周年を機に建立された。日中戦争、太平洋戦争の応召者209人と戦没者38人の氏名などを記してある。

⑨「東繁造君学勲碑」：1970年10月22日建立。高さ2.30m。東繁造は1920（大

写真7-3 新琴似神社鳥居

写真7-4 新琴似神社

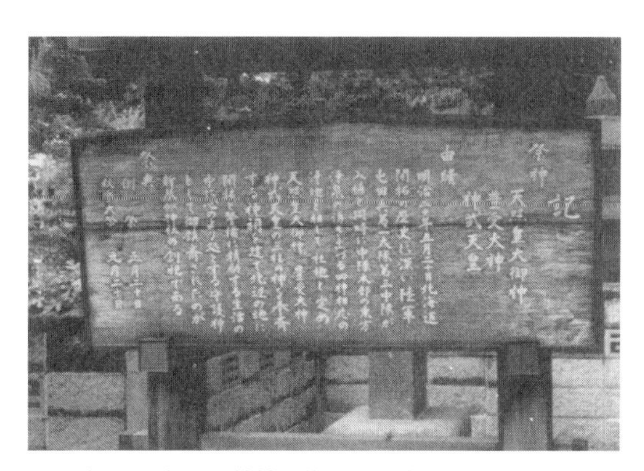

写真7-5 新琴似神社の祭神・由緒・祭典

写真7−6　「拓魂」の碑(新琴似神社境内)

正９)年、人間と家畜類の血液鑑別法を発見した。古畑東京大学名誉教授らが功績を讃えて全国各地から寄せられた寄付でこの碑を建立した。

⑩「吹田晋平歌碑」:1972年９月24日建立。高さ1.46m。歌人吹田晋平(元市議、菅進)の古稀を記念して、歌道と公人としての功績を讃えて建立された。前面記載の歌は「村を拓きし屯田本部の跡どころ　こぶしは咲けり朝の日ざしに」である。

⑪「拓魂碑」:1986年５月16日建立。高さ3.30m。開拓の先人を讃えて、開基100 年記念にあたり新琴似農協が建立した。

⑫「百年記念碑」:1986年５月20日建立。高さ5.30m。開基100年記念にあたり建立された。

ひとつの神社の境内に多くの碑が存在し、10周年ごとの開基(開村)の記念事業として建立されたものも多く、その度に新琴似の歴史が確認されていったことがうかがえる［写真7−3］〜［写真7−6］。

第６節　「新琴似天舞龍神」

これまでみてきたように、新琴似は地域の歴史の伝承を町全体で行っており、その文化活動も盛んである。途絶えていた歌舞伎も復活させ、文化振興会に所属する団体も46と多い。しかし、新琴似全体で大勢が同時に楽しめるものがなかった。盛んな夏まつりもそれぞれの町内会のものであり、新琴似全体の祭り・イベントはなかったのである。

新琴似在住の乾（いぬい）氏らが1995年、第４回の「YOSAKOIソーラン祭り」を近くの麻生会場で見て感動し、この年の12月、仲間８人で発足したのが「新琴似天舞龍神」である。1996年の第５回「YOSAKOIソーラン祭り」に初出場し、新人賞を受賞、以後、1998年（第７回）優秀賞、1999年（第８回）第３位、2001年（第10回）第３位の受賞歴がある。また、1998年に結成されたジュニア隊（小学生・中学生）である「新琴似子龍隊（しんことにこりゅうたい）」は「YOSAKOIソーラン祭りジュニア大会」（1998年～）で４年連続グランプリを受賞している。

「YOSAKOIソーラン祭り」ではすでに大賞を数回取っていた人気チームの「平岸天神（ひらぎしてんじん）」の“天神”に対抗して“龍神”、北区なので「北舞龍神」も考えたが、より広く“天”とし、「天舞龍神」に決め、頭に地域名の新琴似をつけて「新琴似天舞龍神」というチーム名となった。現在のメンバー数は170 人で、男女比では、女性が８割である。小学生・中学生の「新琴似子龍隊」は50人である。参加資格は小学生以上である。2000年に結成された40歳以上のシニア隊「新琴似拓魂（しんことにたっこん）」（25人）もある。全体の年齢は６～60歳で、親子三代の参加もある。平均年齢は29歳である。新琴似居住者が８割強、遠方では倶知安（車で２時間要する）から通う踊り子がいる。残りは札幌市内全域である。

入るに際して面接があり、チームのコンセプト（後述）に賛同できるか、また、練習にどの程度参加できるかなどを聞く。踊り子のうち新琴似居住者以外は当初は知人関係が多かったが、現在では「天舞龍神」の踊りを好んで入った人がほとんどである。「地域」のチームであることを強く意識し、本祭出場の150 人は練習出席率８割以上の人である。

役員として代表、代表代行、幹事長、総務長、事務局長、地域局長、組織局長、管理局長、総務次長、事務局次長を置く(11)。任期は１年であり、再任もある。

チームのコンセプトとして、「感動の共有」「青少年の健全育成」「地域の活性化」をあげる。それぞれの内容として、「感動の共有」は「年代をこえた互いの友情を育み、皆が感動を共有できる祭りをつくりあげる」としてい

写真7-7　「新琴似天舞龍神」
(2001年「YOSAKOIソーラン祭り」、於：新琴似会場)

写真7-8　「新琴似天舞龍神」の地方車(2001年)

る。「青少年の健全育成」は「子ども達が踊りを通じて、達成感・充実感を味わうことにより心身の健全な育成をはかる」とする。「地域の活性化」は「年齢を問わず参加することにより、世代を越えた交流・友情の輪を広げていくことにより地域の一体化をめざす」としている(12)。子どもが踊り子として参加するには親も踊り子またはスタッフとして参加することを義務づけている。子どもを人に任せきりにしないためである。

踊りの特徴は新琴似の歴史性を重視し、屯田兵の開拓の魂を表現する。毎年踊りを変え、年ごとにテーマを決める。1996年:「北からの挑戦」、1997年:「龍神の舞」、1998年:「炎の舞」、1999年:「開拓の舞」、2000年:「開拓と祭り」、

2001年:「天下統一・開拓と粋艶（すいえん）の舞」である。「YOSAKOIソーラン祭り」は「ソーラン節」を取り入れるルールがあるので、網を投げたり引いたり、波を表す漁業性の表現が振り付けとして多く見られるが、このチームには漁業性の表現は少ない(波を表現することはあった)。2001年の振り付けには田植え・稲刈りという農作業の仕種が見られた。

参加費は12,000円で、鳴子代と組織委員会への運営協力費(13)も含む。スタッフは6,000円、小学生8,000円、中学生10,000円で他に衣装代として20,000円必要である。

衣装は新琴似の服飾専門学校に依頼し、授業の一環として生徒がデザインしたものを使用する。「和」を強調し、着流しの着物に編笠である[写真7-7]。鳴子は当初は色のついたものも使用していたが、現在は白木である。踊り子の後ろで「龍」の文字の入った大きな旗を振る。

曲は札幌市豊平区在住のプロに依頼している。2001年の歌詞には「龍神節」や「天舞の風」という言葉が見られた。演奏の三味線は津軽三味線(仙台在住、メンバーの知人)、太鼓はメンバー5人である。歌は新琴似在住の民謡の先生の弟子で、新琴似に隣接する石狩市花川在住の女性(素人)である。振り付けは新琴似在住のバレエ教室の先生に依頼し、また、地方車は新琴似の業者に依頼している[写真7-8]。

こうしてできた踊りは地元の小学校や中学校を借りて練習される。年間運営費は約1000万円で、地元の協賛金もある。一口1,000円から募り、現在、約600件の協力を得ている。その内容は商店や病院、個人などである。

1997年(第6回)から「YOSAKOIソーラン祭り」の会場のひとつに新琴似会場が加わり、この会場では、本祭初日「新琴似天舞龍神」で始まり、2日目「新琴似天舞龍神」で終わるスケジュールになっている。会場役員として、札幌市北区長や新琴似連合町内会会長、新琴似西連合町内会会長、新琴似町内会文化部長などが運営本部長や実行委員長などを担っている。ちなみに、2001年の「YOSAKOIソーラン祭り」のスケジュールは[表7-3]のようであった。ジュニア隊、シニア隊のヴァリエーションもあり、踊りの種類が豊富で、会場の広さにより踊りを選択することができる。また、観客もさまざまな踊りを楽しむことができる。

表7-3「新琴似天舞龍神」2001年「YOSAKOIソーラン祭り」演舞スケジュール

日時		会場・演舞の形式		備考
6月6日(水)		演舞なし		
6月7日(木)	20:45	大通り8丁目	ステージ“拓魂”	※1
	22:19	大通り8丁目	ステージ	
6月8日(金)	16:58	大通り8丁目	ステージ　2000子龍隊	※2
	18:31	大通り8丁目	ステージ　ニュー教材用ソーラン「ファンクソーラン2001」子龍隊	※3
	18:36	四番街	ステージ	
	19:34	大通り8丁目	ステージ　ニュー教材用ソーラン「ファンクソーラン2001」子龍隊	
	20:11	大通り8丁目	ステージ	
6月9日(土)	11:05	大通り北	パレード	
	13:00	新琴似	パレード	
	15:54	麻生	パレード(ストップヴァージョン)	
	17:52	一番街	ステージ	
	18:48	市民会館	ステージ“拓魂”	
	20:20	SPICA	ステージ“拓魂”	※4
	20:45	すすきの	ステージ	
6月10日(日)	10:00	札幌南口	ステージ	
	11:30	澄川	ステージ	
	13:24	平岸	パレード	
	14:35	大通り南	パレード	
	15:42	新琴似	パレード	

※1：“拓魂”とはシニア隊(40歳以上)で、‘正調ソーラン節’の踊りである。

※2：2001年の場合、6月6・7日が予選、8日がソーランナイトと呼ばれる前夜・祭、9・10日が本祭であった。ソーランナイトでは前年度の受賞チームが踊る。受賞の対象となった踊りは前年度のものなので、ここでは2000年のヴァージョンが子龍隊により披露された(2000年、爆発事件の影響でコンテストが中止されたため、2001年は第1次審査通過チームと1999年の受賞チームのなかから抽選で選ばれた)。

※3：教材用ソーランとはYOSAKOIソーラン祭り組織委員会が学校教材用として作成した踊りで、2001年に新しくファンク調の踊りを作り、その紹介として子龍隊と福島県と兵庫県の子どもたちとの合同チームに踊らせたものである。

※4：SPICA(スピカ)とは2001年度に設定された屋内会場である。

(『2001　新琴似天舞龍神パンフレット』参照、矢島調べ、2001)

表7-4 「新琴似天舞龍神」参加イベント(1996-2001年)

年 月	参加イベント	合計参加回数
1996年7月	新琴似一番通り東まつり/新琴似六番通りふるさとまつり	
8月	東神楽町酔花祭(北海道東神楽町)/新琴似西まつり/新琴似中央地区夏まつり/新琴似ふれあいまつり/24時間テレビ 他	40回
1997年2月	さっぽろ雪まつり	
6月	八雲山車行列(北海道八雲町)	
7月	新琴似一番通り東まつり/女満別YOSAKOIソーランオホーツク大会(北海道女満別町)/新琴似六番通りふるさとまつり	
8月	函館港まつり/新琴似西まつり/新琴似中央地区夏まつり/新琴似ふれあいまつり/YOSAKOIほろろん祭り(北海道阿寒町)/24時間テレビ	
12月	仙台光のページェント(宮城県仙台市) 他	76回
1998年1月	東京ディズニーランドソーランパレード(千葉県浦安市)	
2月	さっぽろ雪まつり	
6月	ハワイまつりinハワイ(ホノルル)/八雲山車行列(北海道八雲町)	
7月	新琴似一番通り東まつり/新琴似六番通りふるさとまつり	
8月	函館港まつり/新琴似西まつり/「新琴似子龍隊」発足・第1回空知北YOSAKOIソーランジュニア大会(深川市/すすきのまつり/留辺蘂(るべしべ)夏まつり(北海道留辺蘂町)/新琴似中央地区夏まつり/新琴似ふれあいまつり/24時間テレビ	
9月	北海道観光フェスティバル(東京)/白老八幡神社例大祭(北海道白老町)	
11月	第1回みちのくYOSAKOIまつり(宮城県仙台市) 他	92回
1999年2月	さっぽろ雪まつり	
6月	八雲山車行列(北海道八雲町)	
7月	新琴似一番通り東まつり/第1回YOSAKOIソーラン千歳トーナメント祭り(北海道千歳市)/YOSAKOIかいかい祭り(石川県七尾市和倉町)/新琴似六番通りふるさとまつり	
8月	函館港まつり/新琴似西まつり/すすきのまつり/第1回よさこい祭り全国大会(高知市)/第2回 空知北YOSAKOIソーランジュニア大会(深川市)/新琴似中央地区夏まつり/新琴似ふれあいまつり/FISサマージャンプ大会(札幌市大倉山)/24時間テレビ	
9月	白老八幡神社例大祭(北海道白老町)	
10月	第2回みちのくYOSAKOIまつり	
11月	第2回よさこい沼津(静岡県沼津市) 他	100回
2000年2月	さっぽろ雪まつり	
5月	第27回江刺甚句まつり(岩手県江刺市)	
6月	八雲山車行列(北海道八雲町)/どんとこい積丹味覚祭り(北海道積丹町)	
7月	新琴似一番通り東まつり/三石蓬来山まつり(北海道三石町)/赤平火祭り(北海道赤平市)/第2回千歳ソーランパレード/YOSAKOIソーラン日高支部大会(北海道静内町)/第1回よさこいソーランのと祭り(石川県押水町)/新琴似六番通りふるさとまつり/YOSAKOIかいかい祭り(石川県七尾市和倉町)	

8月	函館港まつり／新琴似西まつり／すすきのまつり／第３回空知北ソーランジュニア大会(深川市) ／新琴似中央地区夏まつり／新琴似ふれあいまつり／留辺蘂夏まつり(北海道留辺蘂町) ／北のソーランカーニバル(北海道夕張町) ／ YOSAKOIソーラン北北海道大会(北海道枝幸町) ／24時間テレビ	
9月	伊達時代村(北海道登別) ／白老神社例大祭(北海道白老町) ／有珠山噴火義援金チャリティーイベント(北海道伊達市) ／ YOSAKOIソーラン根釧支部大会(北海道根室市) ／ふるさとの祭り(北海道森町) ／セキスイハイム見学会(北海道岩見沢市)	
10月	よさこいソーランのと祭り加賀大会前年祭(石川県加賀市) ／第３回みちのくYOSAKOIまつり(宮城県仙台市) ／「新琴似天舞龍神」５周年記念公演	
11月	YOSAKOIソーラン胆振中央ブロック(北海道穂別町)	
12月	新世紀へのカウントダウンin赤レンガ(北海道主催)　他	100回
2001年１月	YOSAKOIソーランinハウステンボス(長崎県佐世保市)	
2月	さっぽろ雪まつり	
4月	よさこいソーランのと祭り加賀大会(石川県加賀市)	
5月	第28回江刺甚句まつり(岩手県江刺市) ／リコー感謝の集い(北海道富良野市)	
6月	安田火災(北海道小樽市) ／ほろのべよさこい祭り(北海道幌延市／よさこいソーランのと祭り七尾会場(石川県七尾市)	
7月	新琴似一番通り東まつり／三石蓬来山まつり(北海道三石町) ／よさこいソーランのと祭り本祭(石川県押水町) ／神戸ダンシングカーニバル(神戸市) ／赤平火祭り(北海道赤平市) ／むろらん港まつり(北海道室蘭市)／和寒ふれあい夏まつり(北海道和寒市)／歌志内しょってけ祭り(北海道歌志内市) ／新琴似六番通りふるさとまつり	
8月	函館港まつり／新琴似西まつり／すすきのまつり／第４回空知北YOSAKOIジュニア大会(深川市) ／ YOSAKOIソーラン上川支部大会(北海道旭川市) ／ YOSAKOIソーラン日高支部大会(北海道日高町) ／留辺蘂夏まつり(北海道留辺蘂町) ／新琴似中央地区夏まつり／新琴似ふれあいまつり／ YOSAKOIほろろん祭り(北海道阿寒町) ／ YOSAKOIソーラン胆振千歳支部大会(北海道苫小牧市) ／ kesen よさ恋フェスタ(岩手県大船渡市) ／ 24時間テレビ／北のソーランカーニバル(北海道夕張市)	
9月	第４回みちのくYOSAKOIまつり(宮城県仙台市) ／白老神社例大祭(北海道白老町) ／ YOSAKOIソーラン北北海道大会(北海道羽幌町) ／海商(スーパー:北海道小樽市)	
10月	よさこい沼津(静岡県沼津市)　他	110回

(「新琴似天舞龍神」提供、矢島調べ、2001)

上位入賞を果たす実力派の人気チームのため、「YOSAKOIソーラン祭り」以外での活動も多く、その数は年100 回ほどにもなる。内容は全体の半数が祭り・イベントで、半数が結婚式や会社の結成式などである。道内での「YOSAKOIソーラン祭り」の支部大会の出場が約10回ほどである。そのうち、地元新琴似の祭り（主に夏まつり）にも10回ほど参加している。また、毎年、元日午前零時から新琴似神社横で餅搗きを行い、初詣の人々にその餅を入れた‘しるこ’を振る舞う。1999年にはメンバー５人が「新琴似歌舞伎」に出演し、「白浪五人男」を演じた(14)。道外での活動は主に「よさこい系」の祭りへの参加である。結成から2001年までの「YOSAKOIソーラン祭り」以外の主な活動は［表7−4］のとおりである。

今や「新琴似」という地域を代表するシンボルとして「新琴似天舞龍神」は位置づけられ、内的にも外的にも認められた存在となっている。初参加で新人賞を受賞したことが、初年度から他のイベントにも招待されることが多い理由だが、その後もいかに「新琴似天舞龍神」が認められ、また、求められてきたかがわかる。道外の「よさこい系」の祭りにおいては、「よさこい沼津」や「みちのくYOSAKOIまつり」など、新しく祭りを立ち上げようとするところに対して、踊りの見本・手本の役割を果たしている。

第７節　「新琴似天舞龍神」の地域性

「新琴似天舞龍神」は新琴似の地域性の表出にこだわっている。地域性がみられるものをまとめると次のようになる。

屯田兵による開拓の魂の表現として、「和」を強調し、衣装は着物であり、振り付けにも漁業性の表現は少ない。シニア隊の「拓魂」という名称、また、各年の踊りのテーマには「開拓」という言葉がよく使われている。衣装・振り付け・地方車は新琴似居住者であり、人材のリクルーティングは地元ということがわかる。また、踊り子の８割は新琴似居住者である。そして、運営費として地元の協賛も数多く得ており、地元の祭り、特に夏祭りには年10回ほど参加している。元日には餅搗きを行い、伝統芸能である新琴似歌舞伎にも参加している。

新琴似が「YOSAKOIソーラン祭り」の会場に加わったことにより、より地域とのつながりが増した。元日の餅搗きは、「地域の皆様へのご恩返し」という。厳寒の屋外である。伝統芸能の「新琴似歌舞伎」にも役者として出演しているが、これにはそれ以前から「新琴似天舞龍神」がこの歌舞伎の裏方の手伝いをしていた経緯があるという。さらに、人気チームで遠方まで行くことも多いなかで、地元の夏まつりへの参加も積極的に行っている。地域へ貢献する努力の姿が見られる。

そして、チームのコンセプトのひとつとして「青少年の健全育成」をあげ、ジュニア隊である「新琴似子龍隊」もつくり、活動している。子どもを大事にし、次世代のことも考えており、「伝えたい」という伝承の意思も強く表出され始めている。

註

（1）　琴似屯田兵村は1875（明治８）年に開村された。

（2）　新琴似町のうち、○条○丁目で区分される地域を新琴似、条丁目がない地域を新琴似町と呼んでいる。

（3）　エピソードとしてよく聞かれる話としては「北海道に行くと川にはサケやマスがあふれていくらでも手づかみできる」とか、「木を伐るだけで生活できるのだから、まるで木の枝に金がぶら下がっているようなものだ」とか、「伐採する木には五円札や十円札がぶら下がっており、これは木を伐った者の所有になる」などの誘い話が残っている

（4）　1890（明治23）年、新琴似兵村の兵事を総括する安東貞一郎中隊長が、官舎で屯田兵十数名により銃で襲われた。未遂に終わったが、事件の背景には不況不作に備え、玄米などを蓄えておく備蓄制度に対する不満があったという。

（5）　屯田兵が入植した1887（明治20）年に、心のよりどころとなる村の鎮守様として中隊本部の東方に社地を定め、天照皇大神、豊受大神、神武天皇の三神を祀った。屯田兵の入植日の５月20日が毎年の例大祭とされる。また、９月20日は従来は「馬頭祭」を行っていたが、農耕馬もいなくなったため、現在は秋祭りとなっている。

（6）　案内板には次のように書かれている。「新琴似歌舞伎の跡地明治30年ころから20年後の大正５年まで、新琴似では農村青年を中心に開拓を支える慰

安として歌舞伎が華やかに演じられていた。当初は新琴似神社境内で上演されていたが、最盛期には屯田兵二世も加わり明治43年には収容能力310人の常設劇場「若松館」が開設された。ここはその劇場の跡地である。道内の農村芸能史上、常設劇場が建設されたことは珍しいことであり、同時代に存在した篠路歌舞伎とならんで北区の貴重な農村文化史である。札幌市北区役所」

（７） プラザ新琴似は新琴似連絡所に併設する会館である。札幌市の出先機関として新琴似地区には、新琴似連絡所と新琴似西連絡所の２カ所が開設されている。実際の業務は住民票、戸籍謄抄本、印鑑証明の取次、母子手帳の交付、死亡、出生、婚姻届など諸用紙の交付で、他に、連町・各町内会に関する事務、併設する会館の使用(西は福祉会館)事務などがある。

（８）「稚魚の会」による「歌舞伎鑑賞教室」は1993年から1998年まで続いた。

（９） 新琴似町の東端の地区は、この地ではかつて亜麻が栽培され、帝国製麻琴似製線工場(1890〔明治23〕年操業)があったことから、通称「帝麻部落」と呼ばれていた。1972年の区制施行の際、かつての亜麻工場の昔を偲んで「麻生(あさぶ)」と町名がつけられた。工場は原料のコスト高や化学繊維の進出などにより1957年に閉鎖された。

(10) 日蓮宗の寺で、1891(明治24)年、「新琴似村日蓮宗説教所」として建てられたのが始まりという。

(11) 幹事長は役員の総括、総務長は一般職、事務局長はイベントの指揮、地域局長は新琴似会場の運営、組織局長は実際に踊り子を動かす役目、管理局長は備品の管理である

(12) 新琴似天舞龍神会員規約、第２条〔目的〕による。

(13)「YOSAKOIソーラン祭り」を主催する同組織委員会に、運営協力費としてメンバー１人につき1,200 円払うことが必要である(2001年時点)。

(14) 毎年11月に開催される新琴似文化振興会・芸能部の「芸能の集い」に参加した。

第Ⅳ部

「都市の伝承母体」論

第8章 フォークロリズムの視点からの「都市の伝承母体」再考

従来、民俗学の対象は‘基層文化’とされ、それゆえ、世代を超えて‘伝承’されるものが「民俗」とされてきた。したがって、表層的・流動的で一過性の「都市」の文化事象は民俗学の対象とならない、また、そこに伝承性はみられないと考えられがちであった。

農村においては、共同の生産単位・宗教単位・信仰単位・娯楽単位をもつが、都市はそれらが共同でなく、農村のようなメカニズムでは文化は伝承されないのではないかと考える。

また、「フォークロリズム」はドイツ語の「フォークロリスムス」がもとになった言葉であり、日本語には訳しにくい言葉で、その定義づけがはっきりとしていない用語である。ハンス・モーザーは「(ファーストハンドではない)セカンドハンドによる民俗文化の継承と演出」といい［ハンス・モーザー 1989, 1990］、ヘルマン・バウジンガーは「なんらかの民俗的な文化事象が本来それが定着していた場所の外で、新しい機能を持ち、また、新しい目的のために行われること」という［ヘルマン・バウジンガー 1990］。

高知から札幌、そして、同様な「よさこい系」の祭りが全国で開催されていることをみると、「よさこい系」の祭りはそのすべてが、「セカンドハンド」により「定着していた場所の外」で「新しい機能」と「新しい目的」を持ちながら「継受と演出」される祭りで、まさに「フォークロリズム」のひとつといえる。

「YOSAKOIソーラン祭り」への参加集団(チーム)の結合契機は最初から多様であったが、ここ数年、さらに多様性に富んで複雑さを増してきている。また、この祭りには開催地域以外からも多く参加し、さらに、踊り子たちは地元の祭りで活動するだけでなく、他地域の「よさこい系」の祭りにも遠征する。

「YOSAKOIソーラン祭り」は、現代祝祭という都市の文化事象であるが、参加集団はその結合契機をさまざまに変えながらも確かに「続いて」いる。

そして、この「よさこい系」祭りを支えているものは開催地域のエネルギーだけでなく、開催地域も含めた諸地域のネットワークによるエネルギーであり、人々は互いの文化を創造させ、変化させ、継承させている。

ここで、都市の伝承母体について、「フォークロリズム」の概念の再検討を行いながら、従来の「伝承母体」(1)についての見解を検証しつつ、「現代」における「都市の伝承母体」について再考したい。

第1節　「伝承」の概念

「民俗学」の対象となるものは「伝承」されているものと考えられており、「伝承」の概念は非常に重要なはずである。にもかかわらず、日本の民俗学会においては、「伝承」について大きく論じられたことは少なく、近年においては1991(平成3)年に日本民俗学会第43回例会で、小嶋博巳、川田順造、平山和彦らにより「伝承の認識」をテーマにしたシンポジウムがあげられるくらいである。

小嶋博巳は、文化のなかには、その文化要素を「伝承」することの正当化に、それが、「イイツタエ」や「シキタリ」だからという言葉が使われることがあると指摘し、そこには「価値判断の放棄、批判の封じ込め、集団への自己委譲等々の否定的側面がともなう」という。また、自明のことだとあえて問われることがないのに、そこに「伝承」であることがことさら強調され、さらに正当化することが必要となるのは、「文化が相対的な存在であることが自覚されざるをえない状況」つまり、「異なる文化的伝統の存在が意識されている状況」であり、「伝承の認識」は近代の所産であると述べる［小嶋1993:2–14］。

川田順造は、伝承文化は、実体概念ではなく、研究者の側の認識の仕方のうちに、分析概念としてある、と述べる。また、「traditionという語が含む、伝え、引き渡す行為を示すと同時に伝えられた人間を教化し拘束する力、そのことから派生する伝え承(う)けるという行為が含む集合性、無意識性」を問題にすべきだと述べている。そして、その一方で、個人には同時に自由意志があることも指摘し、「文化の総体は、いわば個人の自由意志に基づく選択や改革や創出を超えて、多少とも集合的に個人を規定しつづけるものと、個人の意志と、多分に偶発性を帯びた「出来事」との力で変えられてゆくものとの、動態的な拮抗関係のうちに、「過程」としてある」という［川田 1993］。

平山和彦は、「民俗というものを全て伝承を通して捉えなければならないとは思わない」といい、「交流とか、あるいは伝播といった問題についても充分に考慮しなければならない」「伝承というタテの関係だけでなく、伝播とか世代間の相互交流を忘れてはならない」と述べる。また、「今日、伝承よりも交流や伝播というかたちで文化が受容されたり、あるいは形成されたりという傾向が強まっているとしたら、それは何故なのかといった問題を考えるに際しても、伝承というものに対する理解は不可欠」と述べる［平山 1993:22-29］。

小嶋は、「伝承」の正当化には異質な文化(伝統)の存在があるという指摘をし、その環境を、「近代」というが、これはまた、「都市」でもある。小嶋の、「伝承」を正当化する「イイツタエ」「シキタリ」いう言葉の「価値判断の放棄、批判の封じ込め、集団への自己委譲等々」と、川田の、「tradition という語」の「人間を教化し拘束する力、そのことから派生する伝え承(う)けるという行為が含む集合性、無意識性」は同様のことを述べていると考えられる。川田は、その一方で個人の自由意志や何らかの出来事による変化も指摘している。筆者もこれが重要だと考える。

また、平山の「交流とか、あるいは伝播といった問題」への注目は筆者も同じである。「よさこい系」の祭りは、まさに、祭りの‘形式’の「伝播」であり、「交流や伝播というかたちで文化が受容されたり、あるいは形成された」ものである。そしてそれが各地でオリジナルの祭り・踊りとなり、「伝承」されているのである。

このシンポジウム以外で「伝承」について論述したものとしては、小野博史による柳田國男の伝承観の分析があげられる。柳田國男は、民俗学の対象となる「伝承」については、それは「無意識伝承」だと規定し、さらに「無意識伝承」は「無意識」に「保存」され、「無意識」に「推移」していると、小野はいう。柳田は「婚姻の儀礼」において、民俗学が対象とするものに関して、「慣習」には、当事者に趣旨が判るものと、当事者に趣旨が判らぬものの２種類があるという。「当事者に趣旨が判らぬもの」とは、「どうして斬ういふことをしなければならぬのか、関係の人たちにもよくは説明することが出来ず、従って何かの機会があればぢきに罷めてしまはうとする古くからの仕来り」で、「我々は斬ういふ事実を残留と名づけ、又は無意識伝承とも呼ぶことにしている」と記していると指摘する。また、柳田の「聟入考」には「保存が無意識に行われ」ていることが重視されているといい、「郷土生活の研究法」には、「古来の風」というのは「実質には幾変りにも変遷を重ねて」おり、当事者はその推移に気づくことはなく、「無意識の推移」であると述べられているという［小野 1995］。

筆者は、「伝承」には「無意識」だけでなく「意識的」なものもあるという重要性を指摘したい。川田が、「tradition という語」に「伝え承（う）けるという行為が含む集合性、無意識性」がある一方で、個人には同時に「自由意志」があると述べるように、筆者は、個人が何かに意味づけをしてそれを「伝えたい」という意志をもつ、つまり、意識的に伝承することもあると考える。また、「自由意志」で、文化を「保存」することも「推移」させることもあるはずである。平山が注目する、「交流や伝播というかたちで文化が受容されたり、あるいは形成されたり」することは、決して無意識でなく、ある目的をもって「意識的」に行われている。川田のいう「選択や改革や創出」は、筆者が主張する、ある文化やその文化の意味づけを選んだり、変えたり、あるいは新しい文化を創り出すなどの、都市にみられる文化動態そのものを表している。また、都市においては、「多分に偶発性を帯びた「出来事」」も多い。価値観が実に多種多様で、人々も流動的で、何らかの「出来事」も起こりやすい現代都市においては、ひとつの文化はそのままでは残っていけず、そこには、同一形態の継続の努力だけでなく、変化して生き残る努力も必要である。意識的に変えるからこそ、そして、その時代の価値を生ききるがゆえに、結果として、「保存」「伝承」されることが多い。小嶋のいう「伝承の認識」は、現代都市にこそ必要なのである。つまり、集合的には無意識性を確認しておく必要があるが、「伝承」も「保存」も「推移」（変化）も「意識的」になされることが多いのが、多様なニーズと欲求が交錯する現代であり、都市なのである。

第２節 フォークロリズムの観点からの「よさこい系」祭り

次に、「フォークロリズム」について、八木康幸の論考をもとにまとめてみる［八木 2003］。

「フォークロリズム」について、ハンス・モーザーは、セカンドハンドによる民俗文化の継受と演出といい、ヘルマン・バウジンガーはなんらかの民俗的な文化事象が本来それが定着していた場所の外で、新しい機能をもち、また新しい目的のために行われることと規定する。また、リトマン-アウグシュティンは、「フォークロリズム」は、本来の生きたフォークロアと、あらゆる文化的活動の着想としてのフォークロアとの間にあって、二次的な存在形態をなすフォークロアのことを指すのだという。さらに、現代メディアにおいても原初の芸術的な健全さを保持するものと、大衆文化として商品化されることで伝統的な特性の多くを喪失しているものという２つのレベルがあるという。ヴィルモシュ・ヴォイトは、フォークロリズムは、フォークロアが非フォークロアになる過程だといい、また、20世紀の新しい芸術はネオフォークロリズムであるとも述べている。

リンダ・デクは、アイデンティティの表現として、また伝統化の対象としてフォークロアは利用されるといい、フォークロアとフォークロリズムの概念は相互浸透的で排斥し合うものではないと主張する。

グンティス・シュミットヘンズはフォークロリズムとは、エスニック、リージュナル、ナショナルな文化の象徴としての民俗的伝統の意識的な再認や反復をいい、フォークリバイバルで演じられる音楽や踊りは、まがい物でも創られた伝統でもなく、現実に観衆を感動させる真正性を備えている、と述べている。

「よさこい系」祭りは、そのすべてが、「セカンドハンド」により、「定着していた場所の外」で、「新しい機能」と「新しい目的」をもちながら「継受と演出」される「二次的な」存在形態の祭りである。「よさこい系」祭りの踊りはアイデンティティの表現として踊られ、観衆に感動を与えている。

したがって、フォークロリズムの考えに照らして、「よさこい系」祭りの分析をする必要性がある。そのために、いかなる多様な踊り集団形成の結合原理や結合契機があるか、次に分析してみよう。

第３節 「YOSAKOIソーラン祭り」参加集団の結合契機の多様性とその変化

１．チームの結合契機

「YOSAKOIソーラン祭り」における参加集団をその結合契機から、①地域チーム、②一般チーム、③学生チーム、④企業・学生合同チーム、⑤企業チームという５つに分類し、都市の文化行事を実施・維持させる多様な受け皿があることを第６章で指摘した。踊り子は踊りたいという人や職場や学校の仲間を中心にして口コミで集まった場合が多く、やがてそれぞれのチームにはそのチーム独自の踊りの「型」が形成されてきて、その踊りに共感した、原則的参加条件以外の人々、例えば、その大学以外の学生や他地域の人々も入ってくるようになる。既存のチームに満足できなかった人が新たに別のチームをつくったりするようにもなる。大学生のなかには、自分の大学を離れて一般チームや地域チームに参加したりもする人も増えている。

まず、①地域チームであるが、札幌市豊平区平岸の「平岸天神（ひらぎしてんじん）」(実際の平岸在住者はほとんどいない)、札幌市北区新琴似の「新琴似天舞龍神（しんことにてんぶりゅうじん）」(新琴似在住者は６割以上)、札幌市南区澄川の「澄川精進蛍会（すみかわしょうじんほたるかい）」(地区の精進川にホタルを呼び戻したいという願いから)などがある。その他にも、札幌市清田区の「清田フレンズ」、札幌市北区屯田の「屯田舞遊神（とんでんぶゆうじん）」、札幌市北区新川の「新川天狗乱舞（しんかわてんぐらんまい）」，そして石狩市の「石狩流星海（いしかりりゅうせいかい）」、北海道三石郡三石町の「三石（みついし）なるこ会」などがある。このうち、「清田フレンズ」は2000年、清田区の隣の豊平区の「札幌大学」と合同で「清田フレンズ＆札幌大学」としても出場したことがある。地域チームにおいて特徴的なことは、地域チームには，ジュニアチームの形成がみられることである。「平岸天神」には、「平岸天神ジュニア」、「新琴似天舞龍神」には「新琴似子龍隊（こりゅうたい）」、「屯田舞遊神」には「屯田舞遊神　子屯舞（ことんぶ）」のジュニアチームがある。

次に、②一般チームであるが、「labor」(札幌市)は職安の仲間、「札幌男気流」(札幌市)は男性だけの集団で、スナックの仲間であり、「WEBMEN」(札幌市)はインターネットをとおして知り合った仲間である。この他に、障害者や養護学校や高齢者のチームもある。

また、③学生チームには、「北海道大学“縁”」(札幌市)、「札幌大学Lafete」(札幌市)、「北海道東海大学～祭屋～」(札幌市)、「酪農学園大学」(江別市)、「浅井学園大学～友和～」(江別市)などがある。また、大学の所在する地域の住民との合同チーム「札幌学院大学・文京台」(江別市)などもある。

そして、④企業・学生合同チームは、資金の足りない学生と踊り手が欲しい企業が相互補完の関係にある。消費者金融業者との合同である「パスキー＆北海道医療大学」(札幌市)、数の子などの加工食品会社がスポンサーとなる「井原水産＆北星学園」(札幌市)、コカ・コーラがスポンサーの「コカ・コーラ　札幌国際大学」(札幌市)などがある。

最後に、⑤企業チームとしては、「wamiles 踊り子隊　美 翔 女」(札幌市)「ワミレス化粧品」というエステサロンが持つチームで、踊り子はその経営者と客である。「á・la・collette? 4　プラ」(札幌市、2004年まで)は、札幌市内のレディースファッションを扱う４丁目プラザビルが持つチームである。これら２つのチームとも女性の美しさを踊りで表現する。その他にJALが持つ「JAL極楽とんぼ」(札幌市)、NTTドコモが持つ「舞DoCoMo」(札幌市)がある。「JAL」も「DoCoMo」も踊り子は一般募集である。

以上、開始から2001年頃までの踊りのチーム形成の結合契機を５種類に範疇化し、分析を加えた。ところが近年、この範疇に当てはまらないようなチーム形成が現出している。その実態をみてみよう。

２．結合契機の変化

祭りの回を重ねるごとに踊り子の総数は増加し、チーム数も増えていった。2000年あたりから、少人数のチームの乱立もみられるようになり、祭りのスケジュール運営に支障をきたすおそれが出てきた。そのために、2002年から踊り子の参加最少人数が40人と規制された。踊り子の数が集まらずに参加を断念するチームも出てくる一方で、チーム同士で組んで新しいチームをつくったり、一方に吸収されたりする動きも出てきた。その他にも次のような結合契機の変化(複雑化：チームのあり方の変形、新たな組み合わせ)がみられるようになる。

まず、①一般チームに企業がスポンサーとしてついた例として、「ヴァイヤ」が「ヴァイア＆豊栄建設」(札幌市)に、また「GOGO'S」が「GOGO'S＆クロザワグループ」(札幌市)に、そして「北海あほんだら会」が「北海あほんだら会＆ほくほくFG」(札幌市)に変わった。

次に、②地域チームが学生と組んだ例として、「恭賀千極と颪 feat 千歳科学技術大学」(千歳市)、「江別まっことええ＆北海道情報大学」(江別市)がある。これは地域チームはもとから存在しており、学生が自分たちも踊りたいと思ったが人数が集まらなかったために地域のチームに相談して成立したものである。

また、③分派した学生のチームに企業がスポンサーとしてつく例も出てきた。「テスク＆祭人」(札幌市)は、「北海道大学“縁”」から一部の学生が分派し‘祭人’となり、そこに企業(スポンサー)がついたものである。

さらに、④分派した学生が地域住民・社会人を取り込み、企業がスポンサーとしてつく例もみられる。「華澄withオロナミンC」(札幌市)は、札幌大学の学生と同年代の社会人と地域住民の集まりで、そこに企業(スポンサー)がついたものである。「華澄」とは、大学の最寄駅「澄川」の地(ここから活動が始まった)に「華」を咲かせようの意である。ちなみに、「オロナミンC」は祭りの主催者の組織委員会からの紹介である。

そして、⑤企業・学生合同チームのなかにはスポンサーが増加したチームがある。「藤・北大＆麻生自動車学校」はスポンサーが増えて、「藤・北大＆麻生自動車学校・ホンダベルノ札幌」(札幌市)となった。これは麻生自動車学校の使用車をすべてホンダ車に替えた縁である。

一方で、⑥企業・学生合同チームからスポンサーが替わったり離れることもある。「北海道文教大学＆ほのぼのレイク合同チーム「跳殿蝶嬢」」は「北海道文教大学「跳殿蝶嬢」」(札幌市)となった。また、「北海道と共に～大成建設＆北海道工業大学～」はそのスポンサーが替わって「LG電子ジャパン」

となり、そのスポンサーもなくなり、「北海道工業大学～ HIT(ヒット) ～」(札幌市)となった。

このうち①はまったく新しいパターンで、ここ数年の例である。②については、地域と学生との組み合わせはそれまでにもあったが、それは最初から地域住民を取り込んでいたものである。先に存在した地域チームに学生たちがあとで一緒になったもので、それぞれ学生だけではチームをつくるまでには人数が足りずに地域チームに働きかけたものである。③は表向きは①と同じにみえるが中身が違う。ひとつの大学が分派を起こし、そして大学名をあげずに新たな踊り集団名をつけ、そこに企業がスポンサーとしてついたものである。その結果、大学にこだわらずに他の大学の学生や学生以外も入りやすいものとなった。つまり、新しい受け皿づくりである。④については、これも表向きは①と同じにみえる。しかし、実態は異なる。最初から学生に限らず社会人も含め、さらに地域住民と一緒に踊りたいとの意思のもとに集団形成したものである。この目的は当初から学生以外の地域に根ざす人々のエネルギーを吸収しようとしたものである。⑤⑥は、結果的にはもともとの５類型になってしまうものであるが、その変遷がみられるものである。⑤はスポンサー数が増え、⑥はスポンサーが離れていき、表向きは「学生チーム」となったものである。チーム名として掲げていながら一度ついたスポンサーが離れる例や、１つのチームに複数のスポンサーがついたことは今までにはみられなかった。

以上のように時代に合流しながら、集団形成の原理は絶えず変化している。もちろん祭りとは完全に関わりをもたなくなる者もいるが、続ける意思のある者はさまざまなかたちで参加を継続していける多様な受け皿がある。

このようにして形成された地域集団や大学や企業やその他のアソシエーションの諸団体は、それぞれ自己主張のある踊りをする。この祭りは「ソーラン節」を利用するルールがあるために漁業性の表現(網を引いたり投げたり、波を表したり)が多いが、それはイメージにより北海道という枠に拡大された札幌という‘場所性’の表現の実践である。もとはリンゴの産地であったところでもニシン漁のヤン衆(労働者)の姿を表現する(「平岸天神」)。札幌市だけでなく、より細分化された場所性の表現には、そこが屯田兵開拓の地だということで屯田兵の開拓精神を表したり(「新琴似天舞龍神」:編笠、着流し、田植え·稲刈りの仕種、神社の歌碑から取った歌詞)、漁業ということでは同じでも、ニシンではない鮭を表す石狩市のチーム(「石狩流星海」)や、一般的な漁業性の表現はするが、地元の産物のコンブ漁も表す三石町のチーム(「三石なるこ会」)、地元の川にホタルを呼び戻したいということから日常的にも地区の清掃活動も行って、踊りには「ソーラン節」の他に必ず「ホタル」の歌詞を入れるチーム(「澄川精進蛍会」)や、赤の褌姿になって踊って大学の伝統・気質を表すチーム(北海道大学“縁”」)など、北海道＝ソーラン節／ニシン漁／漁業という決まったパターンではなく、町レベルに細分化された地域集団や小単位の‘場所性’の表現がみられる。それらは競争し合うことになり、競争の力が統合されたエネルギーは都市全体の祭りを成立させ、持続させていくのである。

第４節　都市フォークロリズムの遷移理論

「YOSAKOIソーラン祭り」参加集団はその結合契機から、企業チーム、企業・学生合同チーム、学生チーム、一般チーム、地域チームに分類される。それぞれのチームを分析すると、参加集団にみるフォークロリズムの多層的な遷移(段階)状態がみられる。

＊企業チーム

①wamiles(ワミレス) 踊り子隊　美翔女(びしょうじょ)：札幌市。エステサロンの経営者と客で、踊り子になるにはどちらかである必要がある。女性の美しさを表現する。運営費用は企業が負担する。

②JAL極楽とんぼ:札幌市。JALが持つチームであり、踊り子は外部(一般公募)さる。運営費用は企業が負担する。

＊企業—学生合同チーム

③パスキー＆北海道医療大学：札幌市。消費者金融業者と大学生の合同チームである。パスキーの社員と大学生が踊る。運営費用は企業が負担する。

④コカ・コーラ　札幌国際大学：札幌市。コカ・コーラのイメージの踊りを大学生が踊る。運営費用は企業が負担する。

＊学生チーム

⑤北海道大学“縁”：札幌市。北大の学生中心だが、専門学校生も数人含む。北大の気質を表す踊り（寮の伝統の赤フン姿で踊る）。運営費用は自己負担である。

＊一般チーム

⑥labor（レイバー）：札幌市。職業安定所の仲間が中心となってつくったチームである。衣装の法被の背中に「衆」の象形文字がある。運営費用は自己負担である。

＊地域チーム

⑦新琴似天舞龍神（しんことにてんぶりゅうじん）：札幌市北区新琴似。地元の人が例年６割を占める、地域密着型のチームである。新琴似の屯田兵開拓の精神を表す踊りをする。運営費用は、自己負担と地元商店街の寄付もある。

⑧三石（みついし）なるこ会：北海道三石郡三石町。地域密着型だが３割ほどが三石外の人である。漁業・牧畜・農業が主な産業で、特に昆布が有名である。漁業性の表現の踊りをする。経済的に豊かな家庭の主婦が中心となり、踊り子はすべて女性である。法被の洗濯代と保険料のみ自己負担である。

⑨石狩流星海（いしかりりゅうせいかい）：石狩市。地域密着型のチームだが、石狩市以外の人も増加している。親子参加が多い。盆踊り型の踊りを目指し、ほとんど振り付けを変えない。サケの一生を表現した踊りをする。スポンサーはつかない。運営費用は、自己負担である。

⑩平岸天神：札幌市豊平区平岸。地域名を掲げているが、平岸在住者はほとんどいない。漁業性（ニシン漁）の表現の踊りに固執する。運営費用は、自己負担と地元商店街の寄付もある。

これらの参加集団を「地場性の表現」「地元密着度：標榜と実態」「資本依存度」から分析する。

1．地場性の表現

強
新琴似天舞龍神…新琴似
三石なるこ会…三石
石狩流星海…石狩
平岸天神…北海道(漁業性、ニシン漁)
北海道大学“縁”…北大気質
labor …ソーラン節にのったアップテンポの踊り
パスキー&北海道医療大学…地場資本の企業・地元の大学
wamiles 踊り子隊　美翔女…地場資本の企業
コカ・コーラ　札幌国際大学…全国(海外)資本の企業・地元の大学
JAL極楽とんぼ…全国資本の企業
弱

まず、地域チームは地場性が強く表現されており、次に地元大学、地元の一般チーム、地場資本の企業と地元大学の組み合わせ、地場資本の企業、全国資本の企業と地元大学の組み合わせ、全国資本の企業のチームと続く。

2．地元密着度：標榜と実態

強
新琴似天舞龍神…地域密着(6割強)
三石なるこ会…地域密着
石狩流星海…地域密着
平岸天神…地域の人が不在
labor …札幌市内の働く人中心
北海道大学“縁”…地元の大学
パスキー&北海道医療大学…地場資本の企業・地元の大学
wamiles 踊り子隊　美翔女…地場資本の企業
コカ・コーラ　札幌国際大学…全国(海外)資本の企業・地元の大学
JAL極楽とんぼ…全国資本の企業、踊り子は公募
弱

地元密着度は実際に地域住民の割合が多い地域チーム、次に地元住民は不在ながらもその地域を代表するチームとしての確固たる地位にいるチーム

(「平岸天神」)、そして、札幌市内の人が中心となる一般チーム、地元の大学、地場資本の企業と地元大学の組み合わせ、地場資本の企業、全国資本の企業と地元の大学の組み合わせ、最後に全国資本の企業のチームという順になる。

３．資本依存度

弱

北海道大学“縁”
labor
石狩流星海
新琴似天舞龍神
平岸天神
三石なるこ会
パスキー＆北海道医療大学…地場資本の企業・地元の大学
wamiles 踊り子隊　美翔女…地場資本の企業
コカ・コーラ　札幌国際大学…全国(海外)資本の企業・地元の大学
JAL極楽とんぼ…全国資本の企業

強

この場合、強度の弱い方から並べてある。資本依存度が弱いのは、まず、まったくスポンサーのつかない地元学生チームである。次に一般チーム、そして地域からの寄付もある地域チーム、それから地場資本の企業と地元大学の組み合わせ、地場資本の企業、全国資本の企業と地元大学の組み合わせ、最後に全国資本の企業チームという順になる。リトマン‑アウグシュティンは、前述したように、フォークロリズムにも、現代メディアにおいても原初の芸術的な健全さを保持するものと、大衆文化として商品化されることで伝統的な特性の多くを喪失しているものという２つのレベルがあるという。

「よさこい系」祭りにはさらに、このように参加集団に遷移(段階)がみられ、これが多層的になっているのである。同じチームもときには度合い(強度)が変化しながら、全体的に多種多様な性質のチームが混在している。

都市民衆が主体的に行っている行事に、何の脈絡もなく、大きな資本が関わってくると、大衆文化として消費されてしまうことがある。あるいは、行事(祭り)のイニシアティヴを資本に奪われてしまって、文化のサスティナビリティ(sustainablity：持続的発動)を減じてしまう。さらに、中間諸項がないと、祭りを執行する民衆からも、自分たちの歴史文化に何も関係なく「正統性」を欠いたものとして却下されていくことが多い。これに対して、「YOSAKOIソーラン祭り」は、祭りの諸集団が大量にかつ多様な原理で参加しており、そこにみられる遷移性は、フォークロリズムに妥当性を与えて生成させている。本来的トポスから少しずつずれて拡散していくがゆえに違和感が少なく、人々に承認されるのである。混在と動態こそが都市民俗、都市祝祭の特色なのである。都市フォークロリズムの遷移理論をここに指摘したい。

第５節　伝承母体としての全国ネットワーク性

本家の高知では「YOSAKOIソーラン祭り」開始以前にも市外・県外からの参加があったが、1992年以降は特に県外からの参加が多くなった。また、札幌の「YOSAKOIソーラン祭り」では、１回目から市外・道外のチームが参加している。［表8-1］と［地図8-1］は「YOSAKOIソーラン祭り」における道内参加チームの推移で、［表8-2］と［地図8-2］は「YOSAKOIソーラン祭り」における道外参加チームの推移を表す。

従来の祭り研究においては、‘地域’や‘人’を扱うときには、多くは祭りの開催地域のみを対象としてきた。また、‘遠征’という場合、阿南透の「ねぶた」研究のように、参加集団ではなく祭りそのものの遠征(他地域の何らかのイベント等での披露)に注目した研究はあった。しかし、「よさこい系」の祭りでは、人々はその開催地域以外から(市外・県外・道外から)も多く参加し(これについては、内田忠賢による高知「よさこい祭り」への高知市外からの参加チームの調査はある)［内田 2000b］、また、踊り子は他地域の「よさこい系」の祭りにもしばしば遠征する。つまり、他地域からの参加や、他地域へ遠征するという複合的なネットワークがある。このようなネットワークにより、参加集団は互いに刺激し合い、その結果、時には踊りや祭りが、模倣や修正などの加工を経て変化しながらも継承されている。祭りを「見る者」には、純粋な観客だけでなく、地元の参加集団も、他地域からの参加集団も「見る者」となりうるのである。

表8-1「YOSAKOIソーラン祭り」における道内参加チーム
（1992年および1997-2004年） ※1993-1996年については資料なし

●第１回（1992年）……参加（全体）10チーム、道内８チーム（４地域）
札幌市６、江別市１、滝川市１
太平洋フェリー＆武蔵女子短大（札幌市）
西野小学校（札幌市）
インターナショナルチーム（札幌市）
学生合同（札幌市）
ダンススタジオ　マインド（札幌市）
ＳＴＶどさんこワイド＆道短（江別市）
ヤーレンソーラン（札幌市・積丹町）
北門信用金庫（滝川市）
セントラルグループ（高知県）
東京私学六大学（東京都）

＜第２～５回（1993-1996年）については資料なし＞

●第６回（1997年）……参加（全体）183チーム、道内179チーム（107地域）
札幌市81、苫小牧市４、千歳市１、江別市２、石狩市１、当別町１、北広島市１、恵庭市２、帯広市３、新得町１、中標津町１、根室市１、枝幸市１、稚内市１、岩内町１、小樽市１、積丹町１、ニセコ町１、余市町１、留寿都村１、 後志・羊蹄山７町村１、洞爺村１、登別市１、室蘭市２、深川市２、鵡川町１、 白老町１、伊達市１、芦別市１、厚真市１、雨竜市１、美唄市２、滝川市４、 岩見沢市１、栗沢町１、三笠市１、南幌町１、夕張市１、北見市２、長沼町２、 斜里町１、女満別町１、常呂町１、美幌町１、紋別市１、えりも町１、浦河町１、 三石町１、新冠町１、静内町１、日高町１、門別町１、平取町１、様似町１、鹿部町１、七飯町１、上磯町１、森町１、函館市１、福島町１、木古内町１、奥尻町１、乙部町１、熊石町１、江差町１、今金町１、上ノ国町１、瀬棚町１、釧路市１、北檜山町１、苫前町１、愛別町１、旭川市１、士別市１、上川町１、美深町１、名寄市１、富良野市１、弟子屈町１、阿寒町２

●第７回（1998年）……参加（全体）280チーム、道内270チーム（137地域）
札幌市102 、江別市７、石狩市１、当別町１、岩見沢市３、月形町１、北広島市３、恵庭市１、千歳市４、苫小牧市７、追分町１、厚真町１、鵡川町２、 栗沢町１、長沼町２、三笠町１、夕張町１、美唄市２、小樽市３、余市町１、積丹町１、岩内町１、羊蹄山麓７カ町村１、留寿都村１、洞爺村１、登別市１、白老町２、室蘭市５、伊達市１、函館市６、七飯町２、上磯町１、大野町１、森町１、木古内町１、知内町１、福島町１、上ノ国町１、松前町１、江差町２、奥尻町１、厚沢部町１、乙部町１、熊石町１、今金町１、北檜山町１、黒松内町１、瀬棚町１、旭川市５、愛別町１、東神楽町１、深川市２、滝川市２、砂川市１、雨竜町１、芦別市１、奈井江町１、上富良野町２、美瑛町１、富良野市１、平取町１、日高町１、新冠町１、門別町１、三石町１、静内町１、浦河町２、えりも町１、様似町１、帯広市４、音更町２、新得町１、浦幌町１、士幌町１、鹿追町１、釧路市３、白糠町１、標津町１、根室市１、弟子屈町１、中標津町１、斜里町１、阿寒町１、網走市２、清里町１、女満別町１、常呂町１、遠軽町１、美幌町３、湧別町１、北見市３、留辺蘂町１、稚内市１、置戸町１、中川町１、幌延町１、苫前町１、遠別町１、美深町１、留萌市１、士別市１、名寄市１、興部市１、枝幸町１、紋別市２、滝上町１、恵庭市１、南幌町１、上川町１、当麻町１、礼文町１

●**第８回（1999年）**……参加（全体）333チーム、道内318チーム（168地域）
札幌市116、赤平市１、旭川市12、芦別市２、厚田村１、厚真町２、美唄市３、石狩市２、今金町１、岩見沢市４、浦幌町１、雨竜町１、浦河町２、音更町１、帯広市５、江差町１、室蘭市２、苫小牧市８、恵庭市２、江別市７、えりも町１、遠別町１、遠軽町１、追分町１、大野町１、北広島市２、美瑛町１、置戸町１、興部町１、渡島管内１、小樽市６、釧路市４、島牧村１、鹿追町１、上磯町１、上川町１、弟子屈町１、名寄市１、伊達市１、枝幸町１、北檜山町１、北見市４、千歳市５、熊石町１、栗山町１、訓子府町１、厚沢部町１、森町２、稚内市１、松前町１、様似町１、函館市６、標津町１、士幌町１、清水町１、白糠町１、知内町１、砂川市１、瀬棚町１、阿寒町１、白老町３、滝川市２、歌志内市１、北広島市１、月形町１、長沼町２、滝上町１、奥尻町１、網走市４、当別町１、広尾町１、常呂町１、岩内町１、苫前町１、中川町１、七飯町２、新冠町１、根室市１、登別市１、羽幌町１、鹿部町１、東神楽町１、日高町１、美深町１、美幌町４、平取町１、上富良野町１、深川市１、福島町１、仁木町１、富良野市１、別海町１、紋別市２、穂別町１、幌延町１、木古内町１、三笠市１、三石町１、釧路市２、鵡川町１、洞爺村１、室蘭市５、黒松内町１、女満別町１、門別町１、積丹町１、湧別町１、夕張市１、上ノ国町２、倶知安町１、当別町１、新得町１、余市町１、栗沢町１、静内町１、北広島市２、乙部町１、清里町１、士別市１、大成町１、雄武町１、南幌町１、芽室町１、奈井江町１、標茶町１、愛別町１、留辺蘂町１、留寿都村１、留萌市１、稚内市１

●**第９回（2000年）**…参加（全体）375チーム、道内344チーム（174地域）
札幌市126、江別市６、千歳市６、恵庭市２、北広島市５、石狩市３、当別町１、厚田村１、小樽市５、島牧村１、黒松内町１、留寿都村１、京極町１、倶知安町１、岩内町１、積丹町１、仁木町１、余市町１、夕張町１、岩見沢町４、美唄市３、芦別市２、赤平市１、三笠市１、滝川市１、砂川市１、歌志内市１、深川市１、栗沢町１、南幌町１、奈井江町１、長沼町１、栗山町２、月形町１、妹背牛町１、雨竜町１、室蘭市７、苫小牧市７、登別市１、伊達市１、豊浦市１、白老町２、追分町１、厚真町１、鵡川町１、穂別町１、日高町１、平取町１、門別町１、静内町１、三石町１、浦河町２、様似町２、えりも町１、帯広市４、音更町３、士幌町１、鹿追町１、新得町１、清水町１、芽室町１、広尾町１、本別町１、足寄町１、浦幌町１、釧路市11、標茶町１、阿寒町１、白糠町１、根室市１、中標津町１、標津町１、羅臼町１、旭川市16、士別市１、名寄市１、富良野市２、東神楽町１、当麻町１、比布町１、愛別町１、上川町１、美瑛町１、上富良野市２、和寒町１、美深町１、中川町１、留萌市１、苫前町１、羽幌町１、遠別町１、幌延町１、稚内市２、枝幸町１、利尻富士村１、網走市４、北見市４、紋別市２、女満別町１、美幌町４、清里町１、小清水町１、訓子府町１、置戸町１、留辺蘂町１、常呂町１、遠軽町１、湧別町１、滝上町１、興部町１、西興部村１、雄武町１、函館市７、松前市１、福島町１、知内町１、木古内町１、上磯町１、大野町１、七飯町１、鹿部町１、森町２、八雲町１、

長万部町１、江差町１、上ノ国町１、厚沢部町１、乙部町１、熊石町１、大成町１、奥尻町１、瀬棚町１、北檜山町１、今金町１

●**第10回（2001年）**……参加（全体）408チーム、道内357チーム（187地域）
札幌市128、江別市６、千歳市８、恵庭市２、北広島市５、石狩市３、当別町２、厚田村１、小樽市４、黒松内町１、倶知安町１、岩内町１、積丹町１、仁木町１、余市町１、羊蹄山麓１、岩見沢町４、夕張市１、美唄市３、芦別市１、赤平市１、三笠市１、滝川市１、砂川市１、歌志内市１、深川市２、栗沢町１、南幌町１、奈井江町１、長沼町２、栗山町２、月形町１、妹背牛町１、雨竜町１、室蘭市６、苫小牧市７、登別市１、伊達市３、豊浦市１、洞爺村１、追分町１、白老町３、厚真町１、鵡川町１、穂別町１、日高町１、平取町１、門別町１、三石町１、浦河町２、様似町１、えりも町１、帯広市４、音更町３、士幌町１、鹿追町１、新得町１、清水町１、芽室町１、広尾町１、足寄町１、本別町２、釧路市９、阿寒町１、白糠町１、音別町１、根室市１、中標津町１、標津町、標茶町１、旭川市17、士別市１、名寄市１、富良野市１、東神楽町１、当麻町１、比布町１、愛別町１、上川町１、美瑛町１、上富良野市２、和寒町１、剣淵町１、美深町１、音威子府町１、中川町１、留萌市１、苫前町１、羽幌町１、天塩町１、幌延町１、稚内市１、枝幸町１、網走市３、北見市４、紋別市２、女満別町１、美幌町３、清里町１、小清水町１、訓子府町１、置戸町１、留辺蘂町２、佐呂間町１、常呂町１、遠軽町１、湧別町・生田原町１、滝上町１、西興部村１、雄武町１、函館市８、松前市１、福島町１、知内町１、木古内町１、上磯町１、大野町１、七飯町１、鹿部町１、森町２、八雲町１、長万部町１、江差町１、上ノ国町１、乙部町・浦幌町１、熊石町１、大成町１、奥尻町１、瀬棚町１、北檜山町１、今金町１

●**第11回（2002年）**……参加（全体）340チーム、道内295チーム（190地域）
札幌市105、江別市６、千歳市３、恵庭市２、北広島市５、石狩市２、当別町２、小樽市３、黒松内町１、倶知安町１、岩内町１、積丹町１、仁木町１、余市町１、羊蹄山麓１、岩見沢市１、夕張町１、美唄市２、芦別市１、赤平市１、三笠市１、滝川市２、歌志内市１、深川市２、栗沢町１、奈井江町１、長沼町１、栗山町２、妹背牛町１、室蘭市６、苫小牧市５、伊達市２、豊浦町１、白老町１、厚真町１、鵡川町１、穂別町１、平取町１、静内町１、門別町１、三石町１、浦河町１、様似町１、えりも町１、函館市６、松前町１、木古内町１、上磯町２、鹿部町１、森町２、八雲町１、長万部町１、江差町１、上ノ国町１、乙部町１、熊石町１、大成町１、瀬棚町１、今金町１、旭川市12、士別市１、名寄市１、富良野市１、東神楽町１、当麻町１、愛別町１、美瑛町１、上富良野町１、和寒町１、音威子府町１、中川町１、豊富町１、留萌市１、苫前町１、羽幌町１、天塩町１、稚内市１、枝幸町１、網走市３、北見市４、紋別市２、津別町１、女満別町１、美幌町２、清里町１、斜里町１、訓子府町１、留辺蘂町１、佐呂間町１、常呂町１、遠軽町２、滝上町１、雄武町１、帯広市４、音更町２、士幌町１、鹿追町１、新得町１、清水町１、芽室町１、広尾町１、足寄町１、本別町１、釧路市４、釧路町１、阿寒町１、根室市１、標茶町１、羅臼町１

●**第12回（2003年）**……参加（全体）330チーム、道内282チーム（190地域）
札幌市91、石狩市３、江別市６、北広島市３、千歳市３、恵庭市１、当別町２、厚田村１、小樽市３、余市市１、仁木町１、積丹町１、羊蹄山麓１、倶知安町１、岩内町１、黒松内町１、岩見沢市１、美唄市２、三笠市１、夕張市１、滝川市１、赤平市１、歌志内市１、深川市２、月形町１、栗沢町１、栗山町２、長沼町１、奈井江町、妹背牛町１、静内町１、門別町１、平取町１、日高町１、三石町１、浦河町２、えりも町１、苫小牧市３、室蘭市４、登別市１、伊達市２、白老町１、追分町１、洞爺村１、豊浦町１、函館市７、上磯町１、七飯町１、大野町１、森町２、長万部町１、木古内町１、松前町１、今金町１、瀬棚町１、大成町１、江差町１、 熊石町１、旭川市14、士別市１、名寄市１、美瑛町１、東神楽町１、当麻町１、愛別町・比布町１、上川町１、上富良野町１、和寒町１、美深町１、音威子府町１、苫前町１、羽幌町１、遠別町１、天塩町１、稚内市１、豊富町１、枝幸町１、釧路市１、釧路町１、阿寒町１、標茶町１、根室市１、標津町１、帯広市４、音更町３、士幌町１、新得町１、清水町１、鹿追町１、浦幌町１、本別町１、足寄町１、広尾町１、北見市２、網走市２、紋別市２、訓子府町１、斜里町１、清里町１、女満別町１、浦上町１、雄武町１、遠軽町１、佐呂間町１、丸瀬布町１

●**第13回（2004年）**……参加（全体）333チーム、道内272チーム（190地域）
札幌市91、江別市５、恵庭市１、千歳市５、北広島市４、石狩市３、当別町１、厚田村１、小樽市３、黒松内町１、岩内町１、積丹町１、仁木町１、羊蹄山麓１、夕張市１、岩見沢市１、美唄市２、芦別市１、赤平市１、滝川市１、深川市２、栗沢町１、奈井江町１、栗山町２、妹背牛町１、南幌町・栗山町１、室蘭市４、苫小牧市４、伊達市１、登別市１、豊浦町１、洞爺村１、白老町１、追分町１、厚真町１、穂別町１、日高町１、平取町１、紋別町１、静内町１、三石町１、浦河町２えりも町１、函館市７、木古内町１、七飯町１、森町２、八雲町１、江差町１、大成町１、瀬棚町１、今金町１、旭川市11、士別市１、名寄市１、富良野市１、東神楽町１、当麻町１、愛別町１、上川町１、上富良野町１、和寒町１、美深町１、音威子府町１、中川町１、羽幌町２、天塩町１、稚内市１、枝幸町１、豊富町１、北見市２、網走市２、紋別市１、女満別町１、津別町１、訓子府町１、佐呂間町１、丸瀬布町１、遠軽町１、上湧別町１、浦上町１、雄武町１、帯広市５、音更町１、士幌町１、鹿追町１、清水町１、広尾町１、本別町１、足寄町１、浦幌町１、釧路市２、釧路町１、標茶町１、阿寒町１、根室市１、標津町１、羅臼町１

※注　各年のガイドブックおよび地元新聞各紙より矢島作成（主に掲載順）。「地域数」は、主催者であるYOSAKOIソーラン祭り組織委員会が発表した数字で、チームの構成メンバーの地域（居住地）の数である。チームの構成メンバーは１地域に限定されないことも多い。すべてのチームのメンバーの地域についての情報は個人では把握できないために、主催者の発表した数字を使用している。そのため、チームの「地域（市町村）」の数と「地域数」は一致しないこともある。

表8-2「YOSAKOIソーラン祭り」における道外参加チーム
（1992年および1997-2004年） ※1993-1996年については資料なし

●第１回（1992年） ……参加（全体） 10チーム、道外２チーム（２地域）
東京都１、高知県１
東京私学六大学（東京都）
セントラルグループ（高知県）

<第２～５回（1993-1996年）については資料なし>

●第６回（1997年） ……参加（全体） 183チーム、道外４チーム（11地域）
埼玉県１、愛知県１、京都府１、高知県１
朝霞なるこ遊和会（埼玉県）
名古屋学生チーム「鯱」（愛知県）
京都学生「夢大路」（京都府）
高知学生チーム（高知県）

●第７回（1998年） ……参加（全体） 280チーム、道外10チーム（11地域）
岩手県１、埼玉県１、千葉県１、岐阜県１、愛知県１、京都府１、大阪府１、高知県２、混合１
岩手水沢丁酉会（岩手県）
朝霞なるこ遊和会（埼玉県）
ビバ！東京ディズニーランド（千葉県）
バサラみずなみ（岐阜県）
名古屋学生チーム「鯱」（愛知県）
京都学生「夢大路」（京都府）
夢舞隊（大阪府）
高知大丸（高知県）
旅鯨人（高知県）
生っ粋（道内・外混合）

●第８回（1999年） ……参加（全体） 333チーム、道外15チーム（18地域）
埼玉県１、東京都２、岐阜県１、静岡県１、愛知県１、京都府１、大阪府１、和歌山県１、高知県２、長崎県１、混合３
朝霞なるこ遊和会（埼玉県）
「ガチャピン・ムックといっしょにおどろう」チーム（東京都）
ぞっこん町田'98（東京都）
バサラ瑞浪（岐阜県）
沼津　イキ・粋　鳴子隊（静岡県）
名古屋学生チーム「鯱」（愛知県）

京都学生チーム「櫻嵐洛」(京都府)
大阪よさこいネットワークチーム新舞(大阪府)
熊野水軍(和歌山県)
セントラルグループ(高知県)
高知学生旅鯨人(高知県)
南風夜'99佐世保・平戸た〜い(長崎県)
ヤーレンソーラン積丹町＆土佐山田町(積丹町＆土佐山田町)
北海道大学＆東北学生合同チーム縁(札幌市＆宮城県)
悠舞RICH（札幌市＆大阪府)

●**第９回(2000年)**…参加(全体) 375チーム、道外31チーム(24地域)
岩手県１、宮城県１、福島県１、茨城県１、栃木県１、埼玉県２、東京都４、富山県１、石川県１、福井県１、岐阜県１、静岡県２、愛知県２、三重県１、京都府１、大阪府２、高知県４、福岡県１、長崎県１、混合１、海外１
岩手水沢幻夢伝(岩手県)
みちのくYOSAKOI連KOI♡KOI(宮城県)
音楽実行隊(福島県)
一石二鳥(茨城県)
栃木・それでMOHKA☆これで真岡！(栃木県)
朝霞なるこ遊和会(埼玉県)
六弥太鳴子会(埼玉県)
踊れYOKYO2000(東京都)
関東合同　江夷恋(東京都)
ぞっこん町田(東京都)
南青山少女歌劇団(東京都)
じゃんとこい！城端むぎや(富山県)
押水漁火(石川県)
越前いっちょらい(福井県)
バサラ瑞浪(岐阜県)
浜松DANCE OR DIE(静岡県)
夜桜新鮮組(静岡県)
にっぽんど真ん中祭り合同チーム『どまつり』(愛知県)
名古屋学生チーム「鯱」(愛知県)
めっちゃええやんず(三重県)
京都チーム「櫻嵐洛」(京都府)
Team Kinki颯爽(大阪府)
夢舞隊(大阪府)
セントラルグループ(高知県)
旭食品(高知県)
高知学生チーム「旅鯨人」(高知県)

高知シニア(高知県)
九州大陸(福岡県)
阿蘭陀400 させぼ隊(長崎県)
ヤーレンソーラン積丹町＆土佐山田町(積丹町他)
＜海外＞
瀋陽東北育才学校太陽鳥チーム(中国)

●第10回(2001年)……参加(全体) 408チーム、道外41チーム(32地域)
青森県２、岩手県１、宮城県２、福島県１、茨城県２、栃木県１、群馬県１、埼玉県３、千葉県１、東京都４、神奈川県１、富山県１、石川県１、岐阜県１、静岡県１、愛知県２、三重県２、京都府１、大阪府２、兵庫県１、高知県３、長崎県４、宮崎県１、海外１
南部太鼓(青森県)
はちのへYOSAKOI絲の会(青森県)
岩手水沢幻夢伝(岩手県)
逢聚(宮城県)
みちのくYOSAKOI連KOI♡KOI(宮城県)
夢乱×２(福島県)
一石二鳥(茨城県)
うりづらランブ会(茨城県)
真岡　花舞嬉(栃木県)
桐生ダンス八木節連　舞起龍(群馬県)
六弥太鳴子会(埼玉県)
ところざわ武蔵瀧嵐(埼玉県)
朝霞なるこ遊和会(埼玉県)
CHIよREN北天魁(千葉県)
東京よさこい池袋若旅(東京都)
昭島YOSAKOIソーラン愛好会(東京都)
KAERIMIZU(東京都)
ぞっこん町田'98(東京都)
アイダックス(神奈川県)
越中夢創隊(富山県)
おしみず漁火乱舞隊(石川県)
越前一張羅等＆キャンディイポップS. J.(福井県)
バサラ瑞浪(岐阜県)
浜松DANCE OR DIE(静岡県)
名古屋学生チーム「鯱」(愛知県)
にっぽんど真ん中祭り合同チームSutotoco(愛知県)
安濃津よさこい合同チーム(三重県)
めっちゃええやんず(三重県)

京都チーム「櫻嵐洛」(京都府)
特選こいや丼(大阪府)
チームKinki颯爽！ with Kinki朋連(大阪府)
楽空間(兵庫県)
高知学生「旅鯨人」(高知県)
高知シニア(高知県)
セントラルグループ(高知県)
アイトワ＆夢真道＆夢真道華恋翔女(長崎県)
あっぱれ青組(長崎県)
させぼ飛躍年隊(長崎県)
させぼん隊(長崎県)
みやざき山之口「やいかぎりやろ！」(宮崎県)
<海外>
瀋陽東北育才学校太陽鳥チーム(中国)

●第11回(2002年)……参加(全体)340チーム、道外45チーム(32地域)
青森県４、宮城県１、山形県１、福島県２、茨城県１、群馬県１、埼玉県２、千葉県２、東京都２、神奈川県１、富山県１、石川県３、福井県１、長野県１、岐阜県１、静岡県２、愛知県２、三重県２、京都府２、大阪府１、兵庫県１、高知県２、福岡県１、長崎県２、混合１、海外４
AOMORI花嵐桜組(青森県)
青森yosakoi 縄文探道会(青森県)
津軽もつけんど　蒼天飛龍(青森県)
はちのへYOSAKOI絲の会(青森県)
THE!! 駆波゛乱(宮城県)
よさこい東根　花嵐舞　いでは組(山形県)
てんえいジュニア(福島県)
Wonderなみえ(福島県)
水戸藩YOSAKOI連(茨城県)
舞起龍(群馬県)
朝霞なるこ遊和会(埼玉県)
六弥太鳴子会(埼玉県)
CHIよREN北天魁(千葉県)
東京理科大学(千葉県)
踊るBAKA! TOKYO(東京都)
東京よさこい池袋若旅(東京都)
美波！ SHOWNAN (神奈川県)
越中夢創隊(富山県)
おしみず漁火乱舞隊(石川県)
踊れ日本海合同チーム(石川県)

ばっちゃCROW(石川県)
越前一張羅&キャンディポップS. J.(福井県)
びーち よさこいそーらん隊(長野県)
バサラ瑞浪(岐阜県)
あっぱれ富士(静岡県)
浜松DANCE OR DIE(静岡県)
どまつり学生合同キャラバン隊(愛知県)
にっぽんど真ん中祭り合同チーム(愛知県)
安濃津よさこい合同チーム(三重県)
めっちゃええやんず(三重県)
関西京都今村組(京都府)
京都チーム「櫻嵐洛」(京都府)
特選こいや丼(大阪府)
丹波篠山楽空間(兵庫県)
くらしき下津井とこはい(岡山県・香川県)
高知学生チーム「旅鯨人」(高知県)
セントラルグループ(高知県)
総美よさこいやっちゃれ隊(福岡県)
アイトワ&夢真道&夢真道華恋翔女(長崎県)
させぼ飛躍年隊(長崎県)
ヤーレンソーラン積丹町&土佐山田町(土佐山田町他)
<海外>
瀋陽東北育才学校太陽鳥チーム(中国)
星蘭サザンクロス シンガポール(シンガポール)
West Coast Hurricans, Los Angeles(アメリカ)
カンタス航空&五大陸(オーストラリア)

●第12回(2003年) ……参加(全体) 330チーム、道外48チーム(36地域)
青森県3、岩手県1、宮城県1、山形県1、福島県4、茨城県1、埼玉県2、千葉県3、東京都4、神奈川県1、富山県1、石川県4、福井県2、山梨県1、長野県1、岐阜県1、静岡県1、愛知県1、三重県2、滋賀県1、京都府2、大阪府1、兵庫県1、奈良県1、和歌山県1、広島県1、山口県1、高知県1、長崎県1、宮崎県1、鹿児島県1
はちのへYOSAKOIまつりチーム(青森県)
AOMORI花嵐桜組(青森県)
津軽もつけんど 蒼天飛龍(青森県)
岩手水沢 幻夢伝(岩手県)
THE!! 駆波゛乱(宮城県)
よさこい東根 花嵐舞 いでは組(山形県)
いわかわぐんよさこい 踊り隊ジュニア(福島県)

Wonderなみえ(福島県)
うつくしまYOSAKOIまつり合同ＰＲ隊(福島県)
てんえい夢ソーラン(福島県)
水戸藩YOSAKOI連(茨城県)
六弥太鳴子会(埼玉県)
朝霞なるこ遊和会(埼玉県)
東京農理大学(千葉県)
CHIよREN北天魁(千葉県)
REDA舞神楽＆市立船橋高校(千葉県)
東京よさこい池袋(東京都)
東京カペラ(東京都)
踊るBAKA! TOKYO（東京都)
早稲田大学よさこい鳴子踊りチーム“踊り侍”(東京都)
横浜百姫隊(神奈川県)
楽笑(－)おらっちゃおどっちゃ～富山より劔山～(富山県)
泉華菖舞美人(石川県)
おしみず漁火乱舞隊(石川県)
金澤こまち(石川県)
踊れ日本海合同チーム(石川県)
明新森組(福井県)
越前一張羅＆キャンディポップS. J.(福井県)
「甲斐◇風林華山」(山梨県)
びーちよさこいソーラン隊(長野県)
バサラ瑞浪(岐阜県)
浜松DANCE OR DIE（静岡県)
どまつり256（愛知県)
めっちゃええやんず(三重県)
だったらあげちゃえよ(三重県)
しが浜っ湖隊(滋賀県)
京都チーム「櫻嵐洛」(京都府)
関西京都今村組(京都府)
特選こいや丼(大阪府)
丹波篠山楽空間(兵庫県)
邪馬台国(奈良県)
熊野水軍＆熊野古道ハレヤでいこら！（和歌山県)
桜流王(広島県)
震度10（山口県)
高知学生チーム「旅鯨人」(高知県)
させぼ　青嵐(長崎県)
みやざき山之口「やいかぎりやろ！」(宮崎県)

鳴子DEセリョーサ(鹿児島県)

●第13回(2004年) ……参加(全体) 333チーム、道外61チーム(40地域)

青森県４、岩手県１、宮城県３、秋田県２、山形県１、福島県４、茨城県１、栃木県１、埼玉県３、千葉県６、東京都５、神奈川県２、新潟県１、石川県５、福井県１、山梨県１、岐阜県１、愛知県３、三重県２、滋賀県１、京都府２、大阪府１、兵庫県１、島根県１、岡山県１、山口県１、福岡県１、長崎県１、大分県１、鹿児島県１、海外２

YOSAKOI合同演舞隊Free dance performance「舞鼓童」(青森県)
AOMORI花嵐桜組(青森県)
はちのへYOSAKOIまつりチーム(青森県)
津軽もつけんど　蒼天飛龍(青森県)
岩手水沢　幻夢伝(岩手県)
みちのくよさこいTHE!!駆波゛乱(宮城県)
Posso ballare ?(宮城県)
みちのくYOSAKOI連KOI♡KOI(宮城県)
紅翔蘭舞會(秋田県)
鹿角私立十和田小学校山根分校キッズと仲間たち(秋田県)
よさこい東根　花嵐舞　いでは組(山形県)
てんえいジュニア(福島県)
郷人こめら(福島県)
うつくしまYOSAKOIまつりＰＲ隊(福島県)
郷人(福島県)
水戸藩YOSAKOI連(茨城県)
真岡　花舞嬉＆よさこい愛好会(栃木県)
朝霞なるこ遊和会(埼玉県)
北桜連(埼玉県)
粋美会(埼玉県)
楽天舞(千葉県)
千葉・長友連(千葉県)
FORZA木更津(千葉県)
REDA舞神楽(千葉県)
CHIよREN北天魁(千葉県)
東京理科大学Yosakoiソーラン部(千葉県)
バンブーレボリューション(東京都)
祭塾てやんでぃ(東京都)
東京よさこい池袋(東京都)
早稲田大学よさこい鳴子踊りチーム“踊り侍”(東京都)
踊るBAKA! TOKYO(東京都)
K-one 動流夢(神奈川県)

川崎市立渡田中学校「渡里唯舞」(神奈川県)
みなとまち直江津(新潟県)
ばっちゃ CROW(石川県)
金澤こまち(石川県)
おしみず漁火乱舞隊(石川県)
The 日本海＆北國新聞(石川県)
沙中金翔湖焔舞隊(石川県)
明新森組(福井県)
「甲斐◇風林花山」(山梨県)
バサラ瑞浪(岐阜県)
S→D(愛知県)
愛・地球博＆どまつりキャラバン隊(愛知県)
Anjo“北斗”(愛知県)
めっちゃええやんず(三重県)
安濃津よさこい　だったらあげちゃえよ(三重県)
しが浜っ湖隊(滋賀県)
京都チーム「櫻嵐洛」(京都府)
関西京都今村組(京都府)
特選こいや丼(大阪府)
丹波篠山楽空間(兵庫県)
阿国(島根県)
御座連(岡山県)
無限(山口県)
総美よさこいやっちゃれ隊(福岡県)
させぼ飛躍年隊2004(長崎県)
大分舞華軍団(大分県)
鳴子DEセリョーサ(鹿児島県)
＜海外＞
台湾・新桃花源隊(台湾)
Haere舞(ニュージーランド)

※注：各年のガイドブックおよび地元新聞各紙の情報より矢島作成。「地域数」は、主催者であるYOSAKOIソーラン祭り組織委員会が発表した数字で、チームの構成メンバーの地域(居住地)の数である。チームの構成メンバーは1地域に限定されないことも多い。すべてのチームのメンバーの地域についての情報は個人では把握できないために、主催者の発表した数字を使用している。そのため、チームの「地域(都府県・国)」の数と「地域数」は一致しないこともある。

地図8-1「YOSAKOIソーラン祭り」における道内参加チーム
（1992年および1997-2004年）

1992年（第１回）

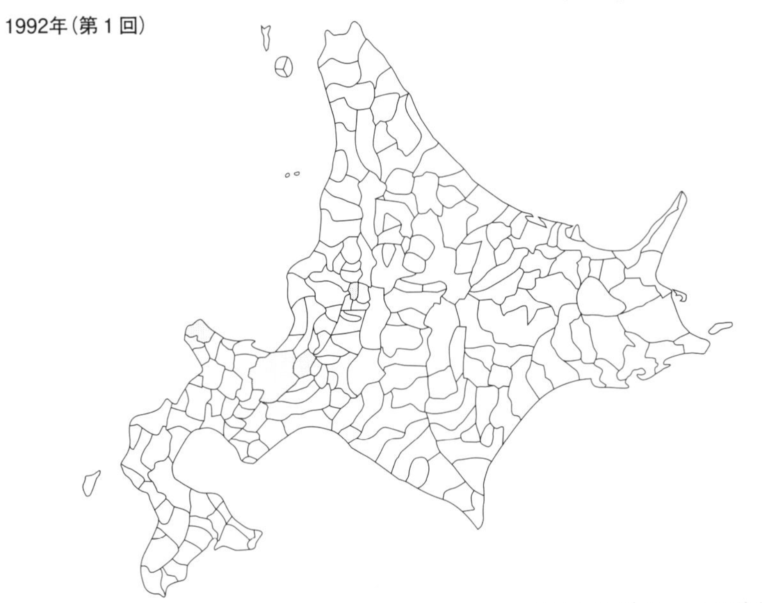

※1993-1996年については資料なし

1997年（第６回）

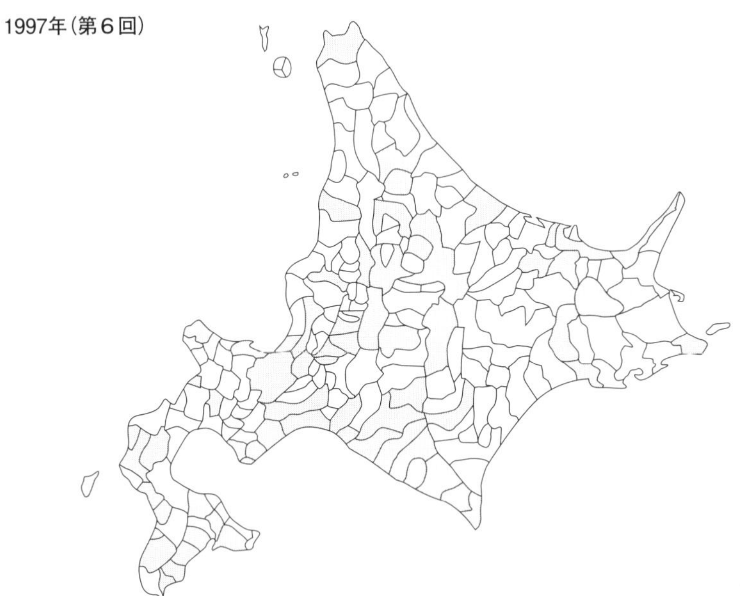

（地図8-1）

1998年（第７回）

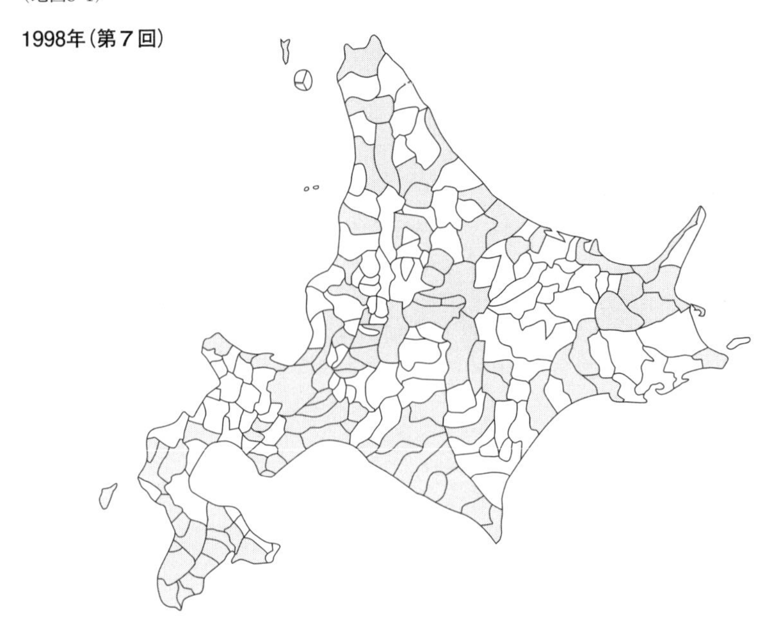

1999年（第８回）

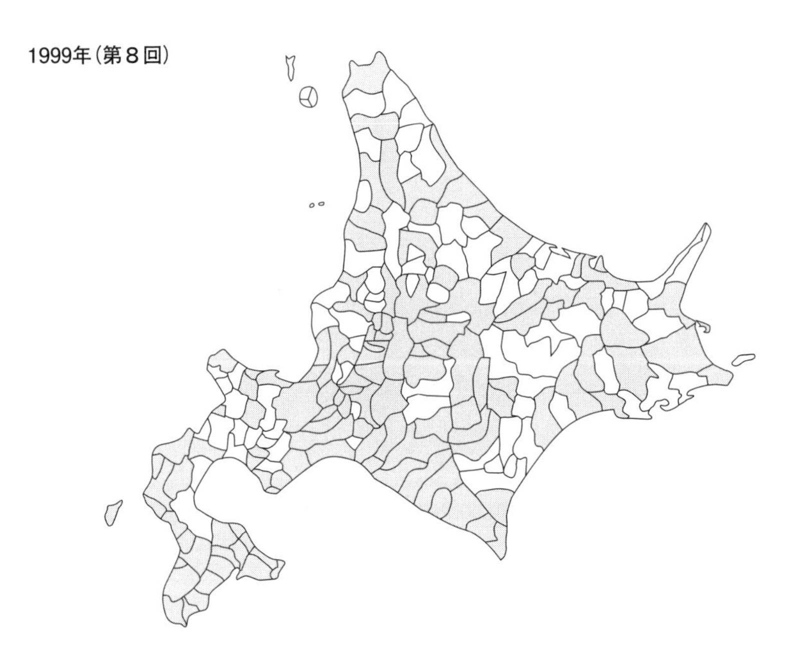

（地図8-1）

2000年（第９回）

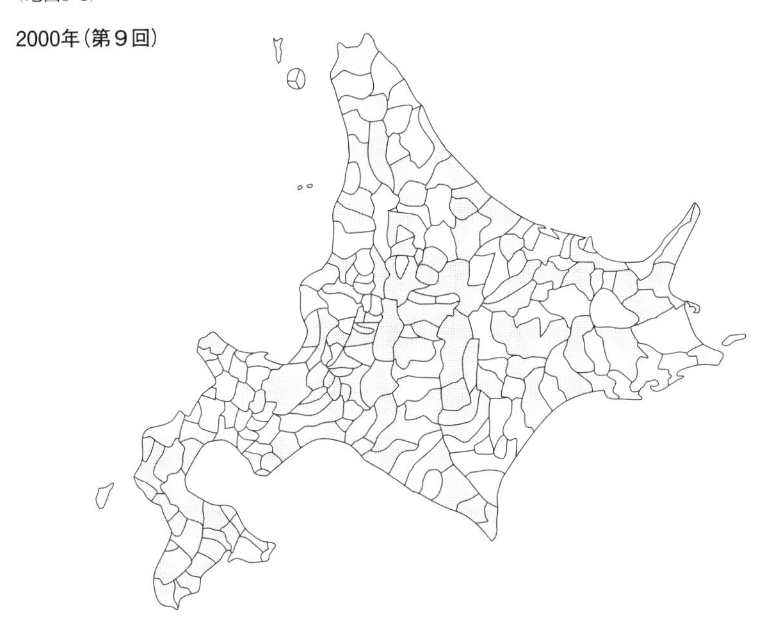

2001年（第10回）

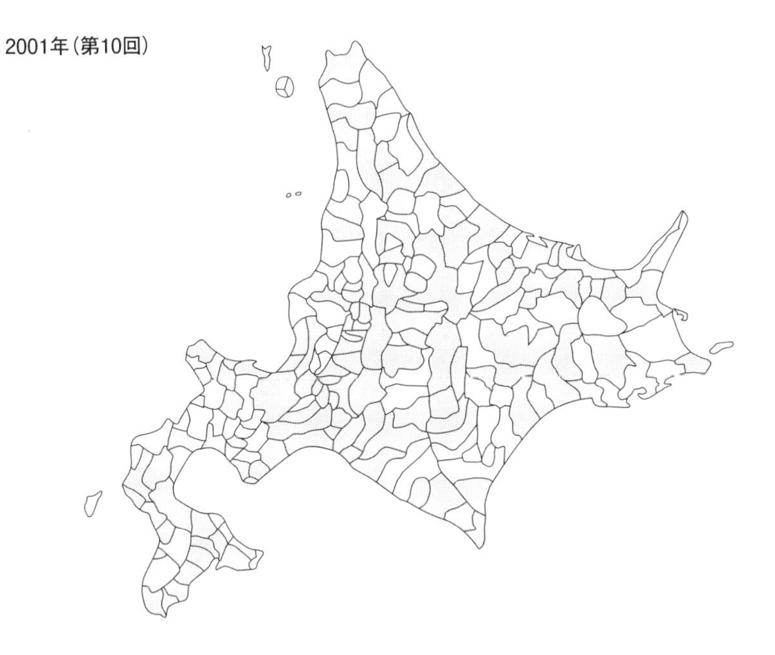

（地図8-1）

2002年（第11回）

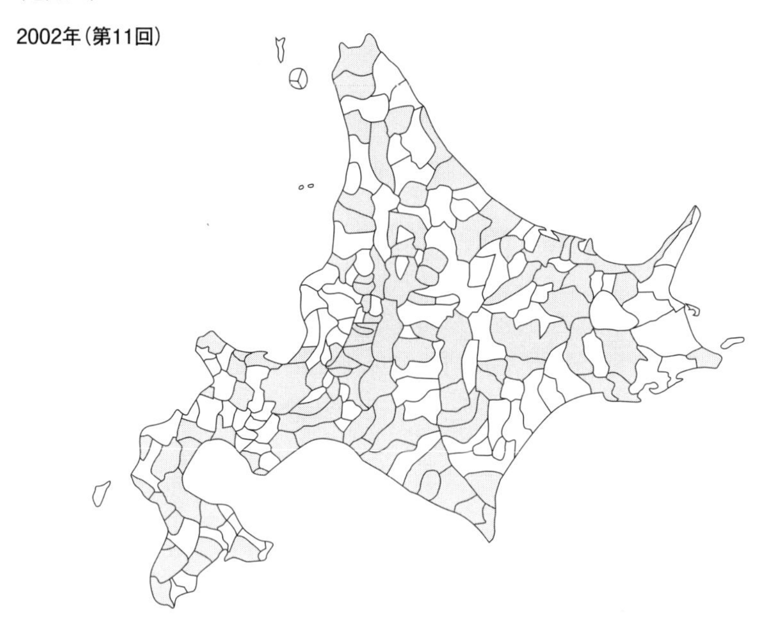

2003年（第12回）

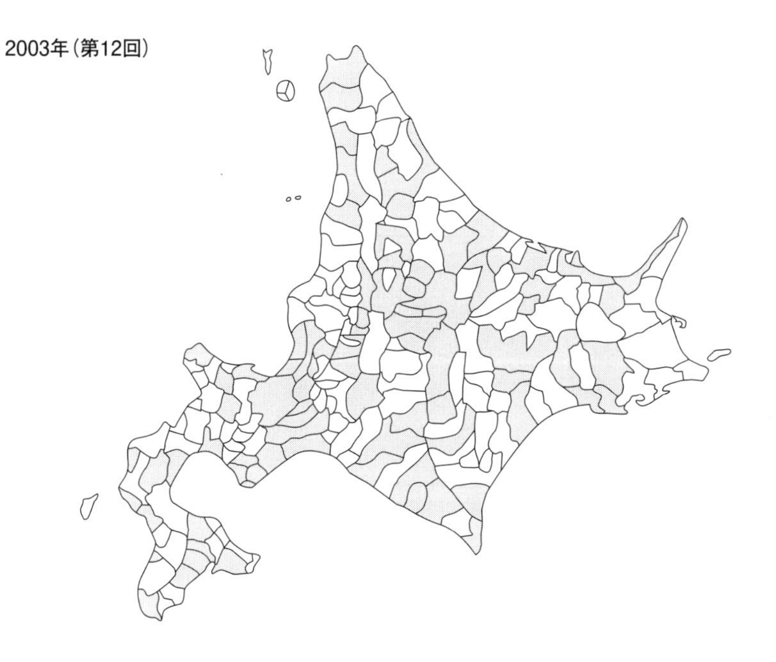

（地図8-1）

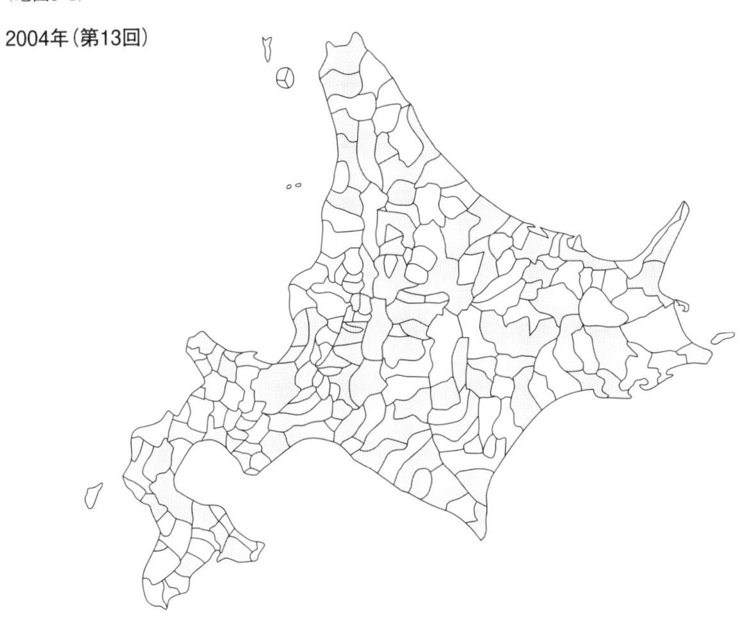

地図8-2「YOSAKOIソーラン祭り」における道外参加チーム
（1992年および1997-2004年）

※1993-1996年については資料なし

（地図8-2）

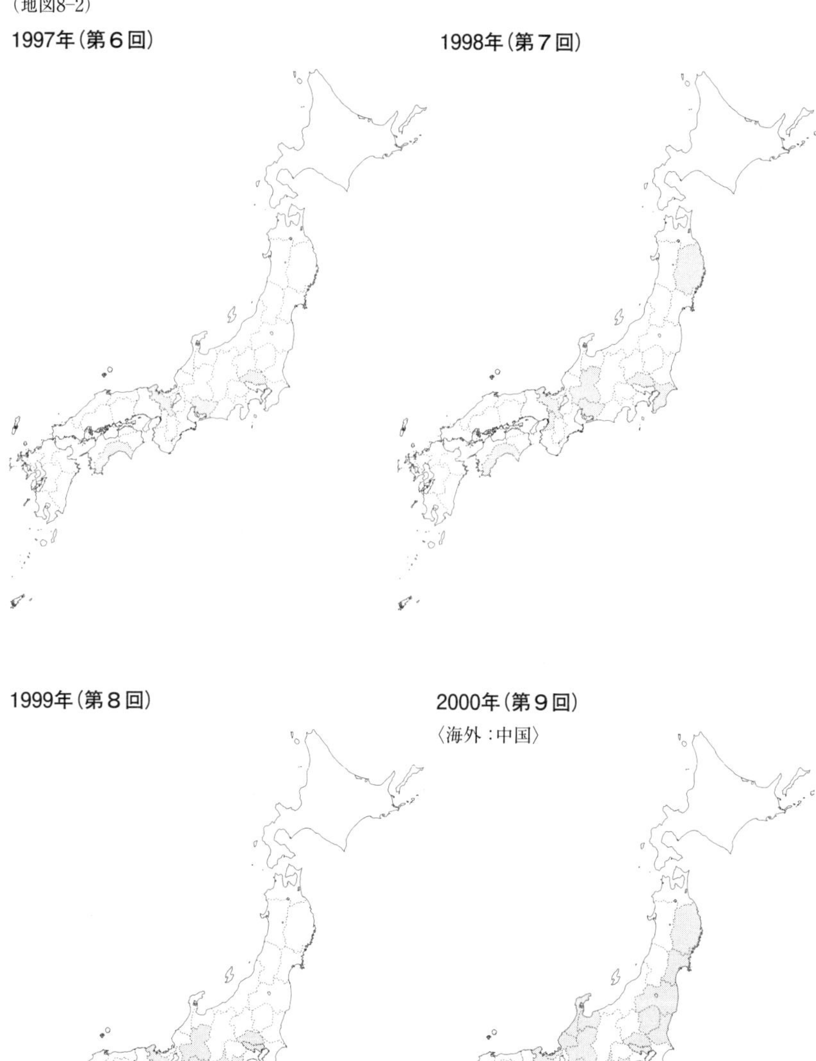
1997年（第6回）
1998年（第7回）
1999年（第8回）
2000年（第9回）
〈海外：中国〉

（地図8-2）

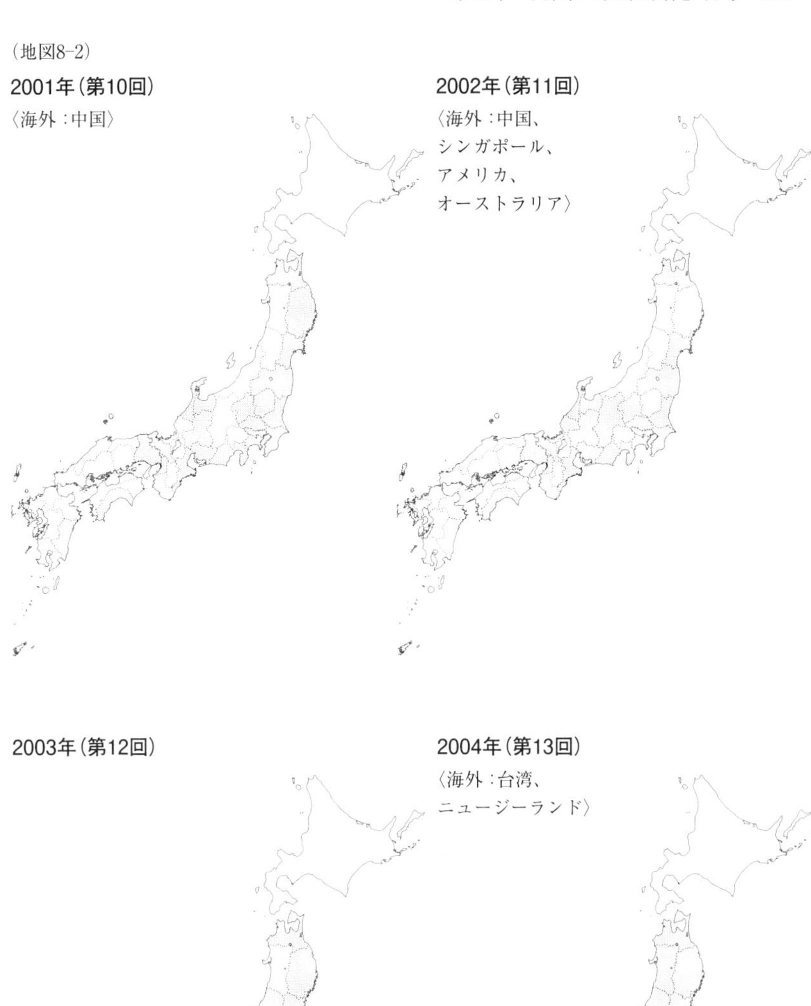
2001年（第10回）
〈海外：中国〉
2002年（第11回）
〈海外：中国、
シンガポール、
アメリカ、
オーストラリア〉
2003年（第12回）
2004年（第13回）
〈海外：台湾、
ニュージーランド〉

表8-3　「新琴似天舞龍神」参加申込者推移(1996-2003年)

1996年		1997年		1998年		1999年	
地域名	人数	地域名	人数	地域名	人数	地域名	人数
北区新琴似	67	北区新琴似	72	北区新琴似	84	北区新琴似	101
北区北○条	6	北区北○条	9	北区北○条	10	北区北○条	16
北区新川	3	北区新川	2	北区新川	3	北区新川	4
北区麻生	1	北区麻生	1	北区麻生	2	北区麻生	3
北区屯田	2	北区屯田	4			北区屯田	1
北区太平	1	北区太平	1	北区太平	2	北区太平	2
北区篠路	3	北区篠路	2	北区篠路	7	北区篠路	5
北区あいの里	4			北区あいの里	1	北区あいの里	1
						北区拓北	1
						北区百合が原	2
		手稲区	1			手稲区	5
東区	7	東区	2	東区	21	東区	13
白石区	1	白石区	4	白石区	8	白石区	2
西区	1	西区	3	西区	2	西区	7
中央区	5	中央区	4	中央区	10	中央区	6
豊平区	2	豊平区	5	豊平区	5	豊平区	3
				清田区	1	清田区	1
		南区	2	南区	7	南区	1
石狩市	4	石狩市	5	石狩市	10	石狩市	11
		石狩郡当別町	2	石狩郡当別町	1	石狩郡当別町	3
合　　計	107	合　　計	119			恵庭市	1
						小樽市	1
				江別市	1	倶知安町	1
				岩内町	1	砂川市	1
				合　　計	176	合　　計	192

札幌市の区

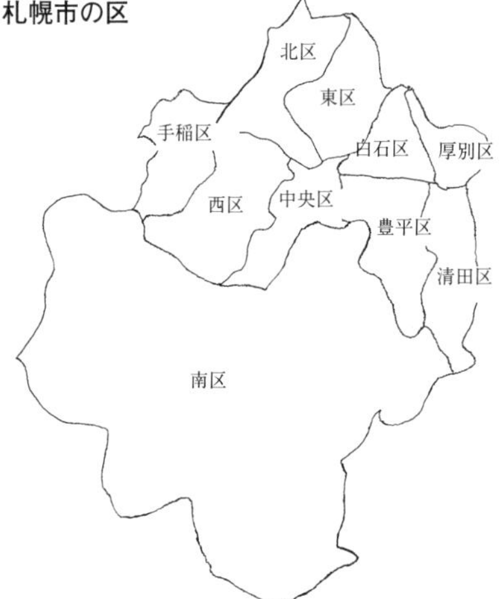

2000年		2001年		2002年		2003年	
地域名	人数	地域名	人数	地域名	人数	地域名	人数
北区新琴似	69	北区新琴似	74	北区新琴似	59	北区新琴似	68
北区北○条	6	北区北○条	11	北区北○条	11	北区北○条	17
北区新川	1	北区新川	3	北区新川	3	北区新川	4
北区麻生	3	北区麻生	1				
北区屯田	2	北区屯田	8	北区屯田	5	北区屯田	6
北区太平	1	北区太平	2	北区太平	2	北区太平	4
北区篠路	2	北区篠路	1			北区篠路	1
		北区西茨戸	1				
		北区あいの里	1				
北区拓北	1	北区拓北	1	北区拓北	1	北区拓北	1
北区百合が原	2	北区百合が原	1			北区百合が原	2
手稲区	2	手稲区	11	手稲区	5	手稲区	5
東区	2	東区	11	東区	9	東区	7
白石区	1	白石区	1	白石区	3		
西区	2	西区	4			西区	7
中央区	2	中央区	4	中央区	1	中央区	9
豊平区	2	豊平区	5			豊平区	8
		清田区	2	清田区	4	清田区	4
		南区	2	南区	1	南区	1
石狩市	3	石狩市	4	石狩市	3	石狩市	5
石狩郡当別町	3	石狩郡当別町	2	石狩郡当別町	2		
		恵庭市	1				
小樽市	1	小樽市	1	小樽市	3	小樽市	1
礼文町	1	倶知安町	1			稚内市	1
		砂川市	1			東京都中野区	1
						神奈川県川崎市	1
						長崎県佐世保市	1
合　計	106	合　計	154	合　計	112	合　計	154

注１：「新琴似天舞龍神」の「YOSAKOIソーラン祭り」初出場の1996年から2003年現在までの「参加申込者」の推移を表している。申込みはしたものの本祭まで続かなかった人や後に居住地を移転した人もあり、ここではこのチームにまず、どのような地域の人が参加意思を持ったかを示している。

注２：地域名の「北区北○条」とは札幌中心部から北部につながる道路の区分で、「北40条」が新琴似近くで終わる。

注３：「新琴似天舞龍神」参加申込者のうち札幌市以外の地域とその参加意思が初めて表れた年は次のようになる。1996年／石狩市、1997年／石狩郡当別町、1998年／江別市・岩内町、1999年／恵庭市・小樽市・倶知安町・砂川市、2000年／礼文町、2003年／稚内市・東京都・神奈川県・長崎県。

地図8-3「新琴似天舞龍神」参加申込者推移（1996-2003年）

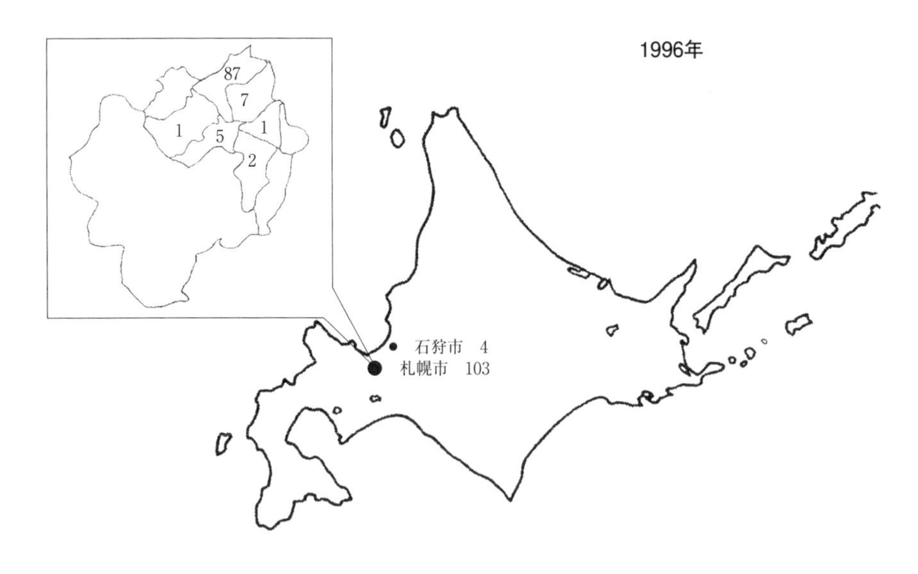

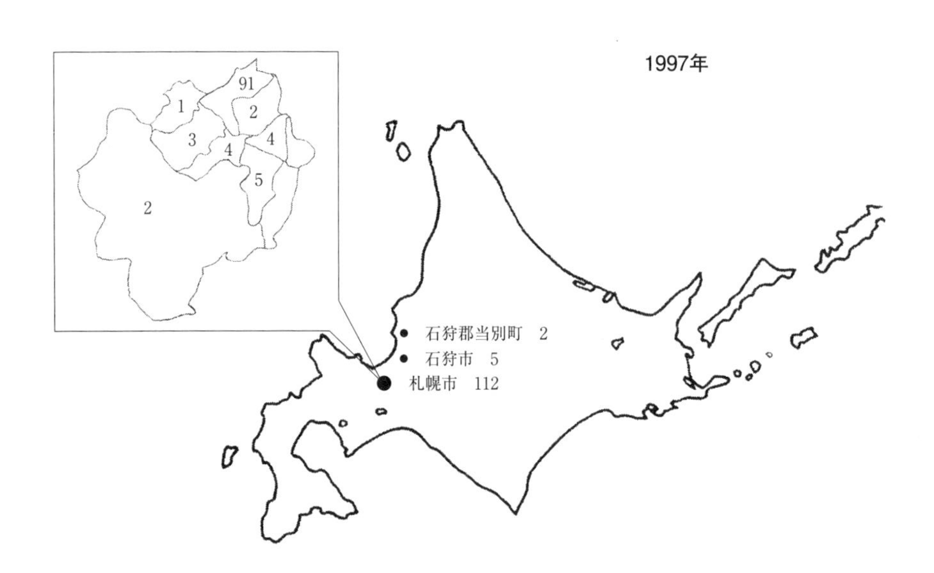

（地図8-3）

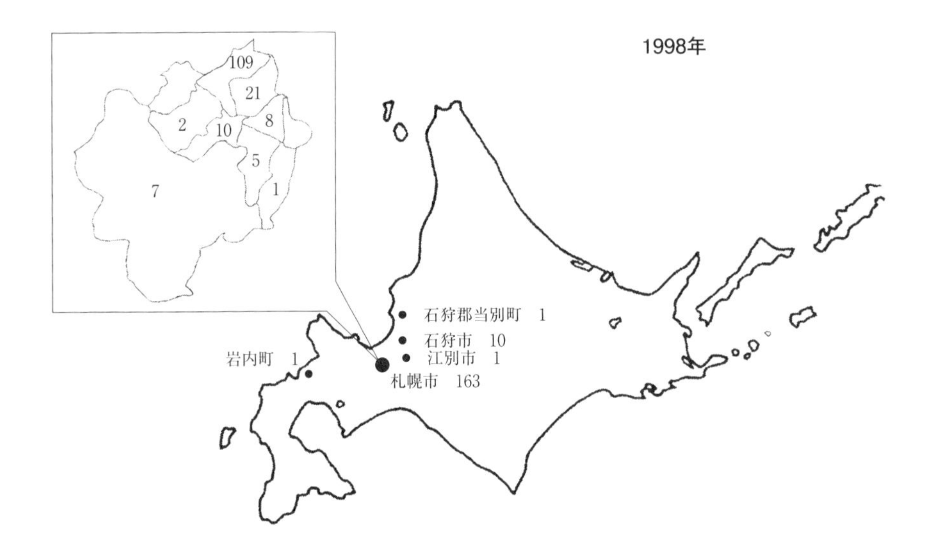
1998年
109
21
2
10
8
5
7
1
石狩郡当別町 1
石狩市 10
江別市 1
岩内町 1
札幌市 163

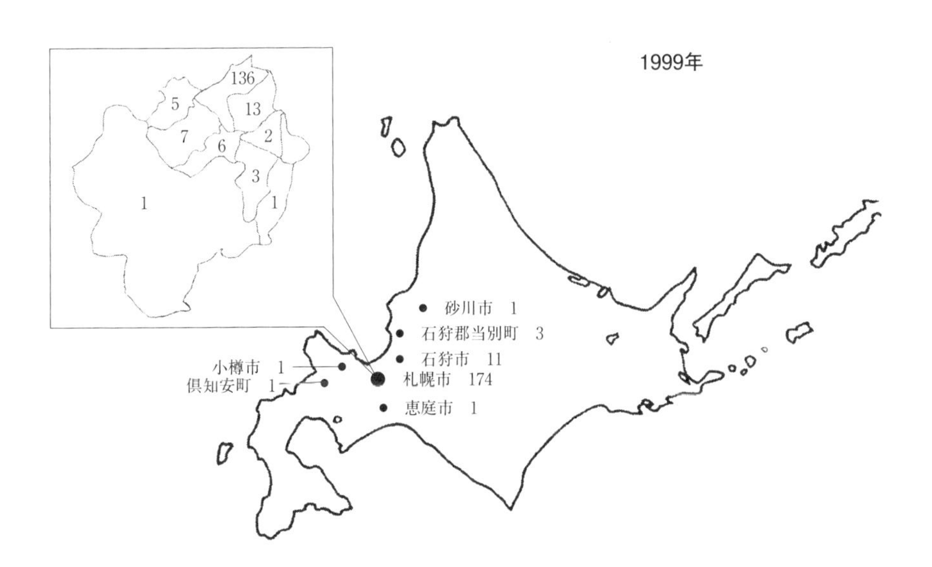
1999年
136
5
13
7
6
2
3
1
1
砂川市 1
石狩郡当別町 3
石狩市 11
小樽市 1
倶知安町 1
札幌市 174
恵庭市 1

（地図8-3）

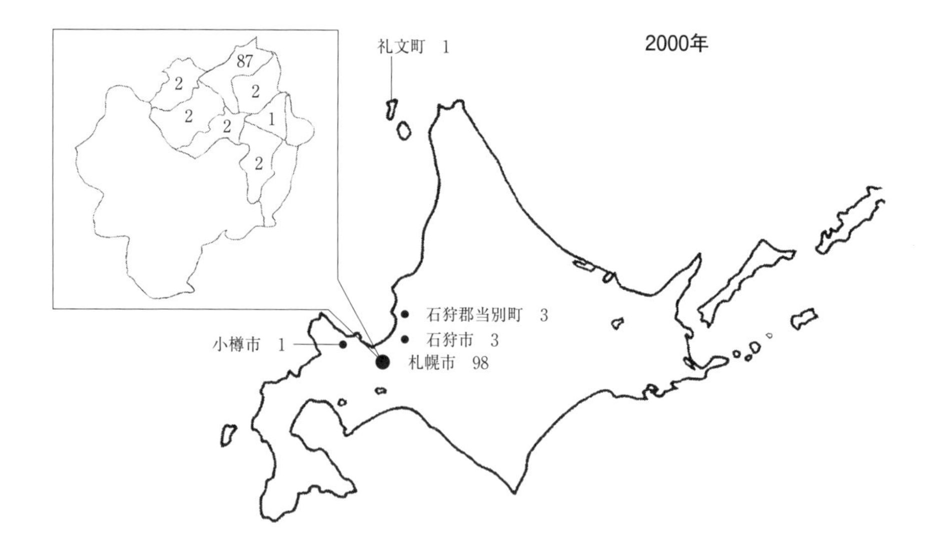
2000年
礼文町　1
87
2
2
2
2
1
2
石狩郡当別町　3
石狩市　3
小樽市　1
札幌市　98

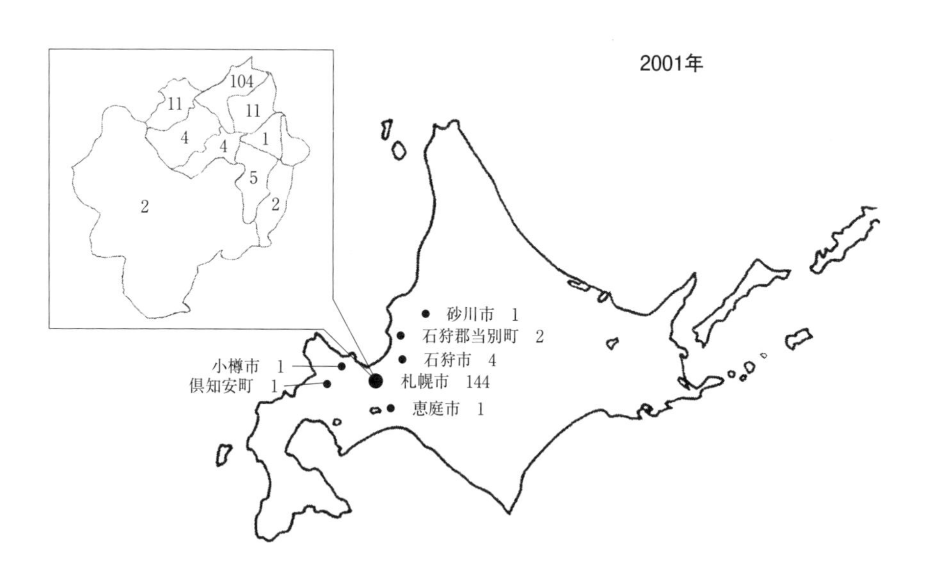
2001年
104
11
11
4
4
1
5
2
2
砂川市　1
石狩郡当別町　2
石狩市　4
小樽市　1
倶知安町　1
札幌市　144
恵庭市　1

（地図8-3）

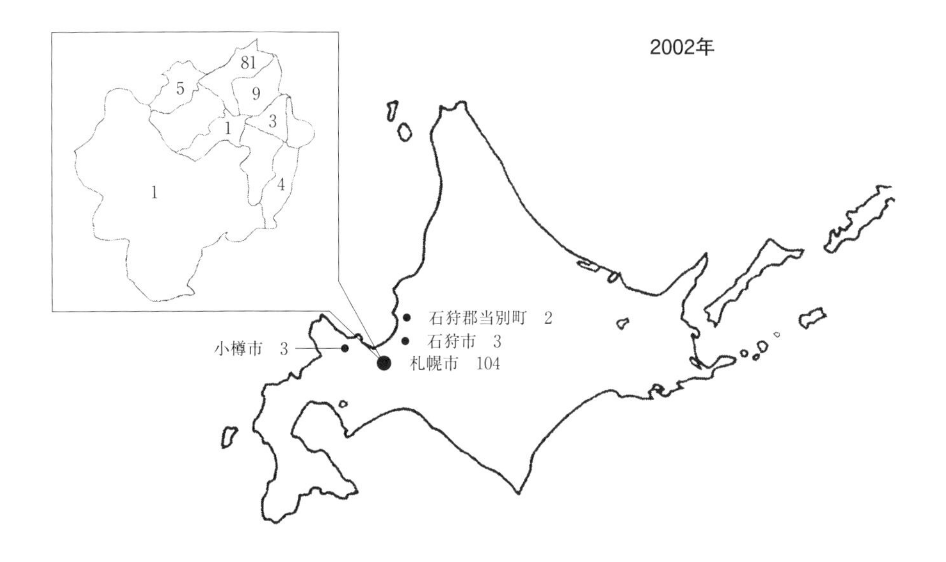

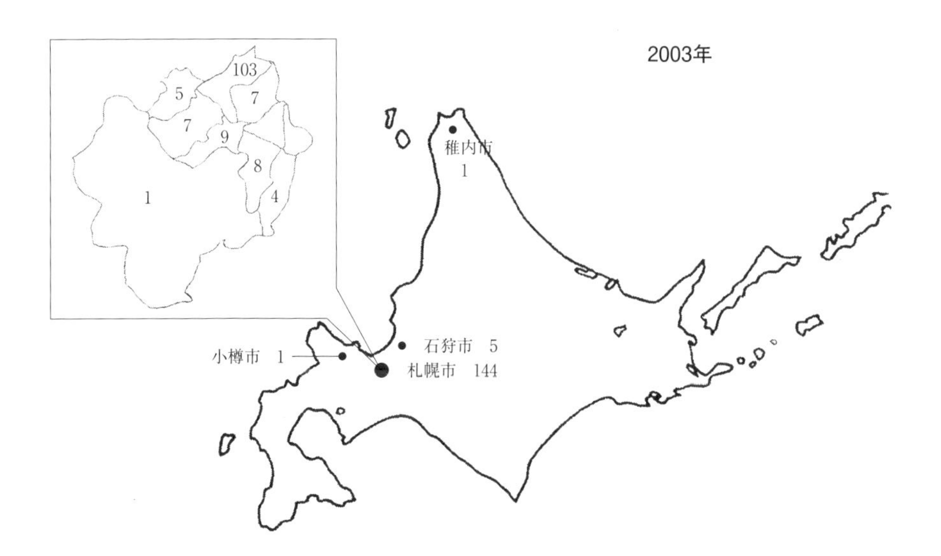

〈道外：東京都中野区 1、神奈川県川崎市 1、長崎県佐世保市 1〉

「よさこい系」祭りにみられるのは、開催地域以外からの参加というだけでなく、「よさこい」という共通項でのつながりからの踊り子の遠征である。その共通項があるがゆえに、単に「見る者」という立場にとどまらず、「演ずる者」として他地域の「よさこい系」祭りに参加できるのである。つまり、「演ずる者」にも他地域のネットワークが関わっている。「よさこい系」祭りを支えているものは、開催地域のエネルギーだけではなく、開催地域も含めた全国各地の諸地域のネットワークによるエネルギーであり、人々は互いの文化を創造させ、変化させ、継承させている。

また、祭りの参加集団のなかには「平岸天神」(札幌市豊平区)のように、地域チームとして地域名を掲げてはいても、そこの住民はほとんどいないチームもある一方で、「新琴似天舞龍神」(札幌市北区新琴似)のように地域住民の割合が常に6割以上(隣接地域も含めると8割以上)という状態を保っているチームもある。しかし、このチームでさえも、札幌市以外からの参加や関東からの参加も許容している［表8-3］は「新琴似天舞龍神」への申込者推移、［地図8-3］はそれを地図で表したものである。

このようなエネルギーにより、「よさこい系」祭りというフォークロリズムはつくられているのである。

第6節　都市の伝承母体の特色

都市の祭りは多くの人数、多くのエネルギーや資源が必要で、取り込まれるエネルギーがあるから続く。少しずれ、重なりながら派生し、そうすることで、全体が維持される。巨大な祭りのエネルギーを生み出すためには多くの人やモノが必要で、他者や他地域性も含む。

現代社会では、地縁・血縁・社縁などに限らず、さまざまな「縁」が形成される可能性がある。「YOSAKOIソーラン祭り」においては、さらにそれらは多様につながり、自分の踊りを、そして祭り全体を継承させているのである。

これまでみてきたように、「YOSAKOIソーラン祭り」には、続けたいという意思がある者は、グループやかたちを変えて、存続していけるだけのさまざまな受け皿がある。多様化・複雑化・広範囲化する結合契機がそれである。それらは常に動態的である。原理の多様性・複雑性・広範囲性こそが伝承母体となり、文化を伝承させるエネルギーとなる。もとより、この祭りには、身障者や高齢者のような社会的弱者の受け皿もあった。また、地域チームにみられるジュニアチームの形成は、「続けたい」という意思の表れ、つまり伝承化である。あるチームに満足できないときは分派したり、新たな「縁」でつながったり、スポンサーがなくなっても自分たちで存続させようと努力したりする。個々のチームのエネルギーが都市のエネルギーとなっている。

また、各チームそのものも「伝承母体単位」で、それは変化し生成し続けており、そのときそのときの枠組みをつくる力がチームの集積態となっている。それぞれが自分のチームの踊りの型を伝承する個々の母体となり、それらが祭りの「伝承母体」となり、全体として、都市の「伝承母体」となる。個々が強くないと全体は支えられず、それが大きな伝承母体となる。小さな単位の文化を生き続けることが、全体としての都市の祭りの母体を支えることになる。個別の単位母体が強い場合は、全体としては都市の伝承母体となる。これが逆の場合、単位の力がない場合は全体が生きていけない。

祭りを支える他者について、和崎春日は「京都大文字」研究において、「演ずる者」には競い合いながらもつながりをもつという「競争的連帯」があるという［和崎 1987a, 1996］。同様のことを田中重好は「ネプタ」研究において、「対抗的・共同性」という［田中 1986:55–79］(2)。さらに、和崎は、観光客に代表されるような「見る者(祈る者)」については、他地域のエネルギーがあることを指摘している。また、松平誠は「高円寺阿波踊り」研究において、「演ずる者」にも地域を超えた者が関われることを「地域からの離陸」と述べている［松平 1990］。

和崎や田中のいうような「競争的連帯」(「対抗的・共同性」)は、その都市内に限られ、和崎のいう「演ずる者」には他地域は関わっていない。また、松平のいう「地域からの離陸」で「演ずる者」となる他地域の人々には、ネットワーク性までは認められない。

しかし、「よさこい系」祭りには、「見る者」にも「演ずる者」にも他地域のエネルギーが存在する。さらに、「演ずる者」には全国ネットワークがある。

また、「演ずる者」の「競争的連帯」には「‘地域を超えた’競争的連帯」もある。「よさこい系」の祭りは最初から全国のエネルギーが祭りを支えているのである。

さらに、高知の「よさこい全国大会」にみられるように、その正統性を競い合うことが伝承力を高めている(第4章)。

だが、すべて開放の方向だけでは都市の祭りは持続しない。都市の祭りにおいてはこの開放系がどう装置化されるかが問われてくる。何でも構わないというのでは土地のアイデンティティは生まれない。「YOSAKOIソーラン祭り」では、札幌の地域集団や大学や企業やその他のアソシエーションの諸団体がそれぞれ自己主張のある踊りをするために、札幌のトポス性が実践できるのである。札幌性を表す地域それぞれの細かい記憶が複合化されてはじめて「札幌」という記憶ができる。細分化された地域集団や小単位のアイデンティティは祭りの強い原動力となる。細かい地域アイデンティティのせめぎ合いは都市アイデンティティの実践になり、都市の祭りが成り立ち、持続していく。「つくりもの」ではあっても実体性がないと都市の祭りは続かないのである。フォークロリズムとはいえ、リアリティへの引き戻し、地域トポスへ引きつけることが重要なのである(3)。

「YOSAKOIソーラン祭り」にみられるような祭りのあり方は、今までの祭祀組織論にはない祭りの支え方である。つまり、祭祀組織が外へ広がったり、外からの取り込みをしたりという伸縮性を持ち、実にさまざまな「母体」が次々に出現し、その動態的母体によりこの祭りは伝承されているのである。

以上を整理すると、次のようになる。

(1)　ゆるやかな伝承母体

都市化社会では、限られたその地域だけでなく他地域のエネルギーの取り込みも必要で、伝承母体はゆるやかである。そして、そのなかにおける場所性の表現には段階的な差がみられる。

(2)　多様な受け皿の結合原理である伝承母体

「YOSAKOIソーラン祭り」には、多様な受け皿の結合原理が用意されているために、個人が脱落することなく参加でき、祭りが続いていく。

(3)　動態的伝承母体

その多様な受け皿の結合原理は、動態的で、時代に伴って変わり続けている。受け皿はいつも改変・修正されており、チームは消失・増加を繰り返している。

(4) 伝承母体単位(単位母体)の重要性

それぞれの単位母体は「YOSAKOIソーラン祭り」だけの活動でなく、それ以外にも活動している。小単位の文化の力が全体を支えている。

(5) 伝承母体の全国性

札幌の祭りとはいいながらも、全国から参加している。全国のエネルギーがこの祭りを支えている。つまり、この祭りの伝承母体には全国性(全国のネットワーク性)がある。

(6) 競い合うことによる伝承力の強化

「よさこい系」祭りには、かつて指摘されてきた都市内の競争だけでなく、都市間の競争もある。全国で競い合うことが伝承力の強化につながる。

このように、都市の伝承母体は上の６つをもって特色づけられる。

註

（１） 桜田勝徳は民俗継承体、福田アジオは民俗継承体としての集団の累積体を「伝承母体」と呼ぶ。累積体とは、例えば、祭り囃子の伝達集団や農業用水の確保の用水路の整備の集団がほぼ同じような地域において累積して、ひとつの地域社会を結成していることを指すという［倉石 1997:.29–30］。

（２） なお、祭りのもつ「対抗性」については谷部真吾も「森の祭り」研究で論じている［谷部 2000］。

（３） 序章で取り上げたように、有末賢は、「都市祝祭」は、「拡幅されたコミュニティの『最大化仮説』（商業化、グローバル化）と『最小化仮説』（その土地らしさ、トポス化）の綱引きとダイナミズムの中にある」と主張する［有末 2000］。筆者はその‘綱引き’の方向性が大事だと考える。

第９章　地域拡大・開放と地域再確立
—仙台・名古屋の事例を中心に—

「よさこい系」の祭りは、基本的には、ある一地域を開催の対象としているが、仙台と名古屋の「よさこい系」の祭りは対象地域に変化が起きた事例である。

仙台の「みちのくYOSAKOIまつり」は、宮城(仙台)に限定しない東北６県共通の祭りを目指し、“みちのく”と称し、対象地域の“拡大”が起きた。

また、名古屋の「にっぽんど真ん中祭り」は、地理的に日本の‘ど真ん中’である名古屋に、どこからでも集まって踊るというものであり、対象地域が“開放”された。

全国に誕生している「よさこい系」の祭りは、それぞれがオリジナリティを強く求め、他の祭りとの差異性を出そうとし、また、祭りの参加集団(チーム)も他のチームとの差異化を求める。その際に多く利用されるのが地域性の表出である。

そこで、高知・札幌・仙台・名古屋のそれぞれの「よさこい系」の祭りの参加集団にみる地域表象、および、おのおのの祭りが設定している総踊りの地域表象を検証し、都市における祭りと人と地域との関係について、そしてその継承について、つまり、都市の伝承母体についての理論化を図ることが本章の目的である。

第１節　高知「よさこい祭り」参加集団の地域表象

祭りに参加する各々のチームが使用する曲は、「よさこい鳴子踊り」を基調にして和風・ジャズ風・サンバ風などにアレンジされた曲でチームごとに違うオリジナル曲である。

チームの特性の表現として、曲以外に次のようなものがみられる。とにかく‘高知’といったら‘坂本龍馬’ということで、龍馬のファンだったら全

写真9–1 「よさこい祭り」の踊り(2004年)

写真9–2 「よさこい祭り」の総踊りの様子(2004年)

国どこからでも参加可能という、龍馬の紋付き・袴で踊るチームがある(1)。一方で、‘高知市’からさらに細分化された‘地域’の表象として、京町・新京橋のチームの「ゑびす」と「しばてん」(河童のこと)のモチーフの使用［写真9–1］や(2)、高知県トラック協会のチームの「しばてん飛脚」という河童の飛脚のモチーフ(3)、また、チーム名を「本当に、そうですね」という意味の、相手を肯定する土佐言葉をつけているチームもある(4)。高知以外では、香美郡の土佐山田町のチームは、山田太鼓をモチーフにする(5)。また、愛媛県のチームは「よさこい節」の物語の主人公の僧・純信のお馬への思いを表現したいとしてチーム名に「純信連」を入れている(6)。

祭りの当初における踊りは「よさこい鳴子踊り」に日舞の師匠が振り付けをした‘正調’であったが、今では正調はほんの一部のチームでしか踊られない。しかし、前夜祭・本祭とも賞の発表が終わったあとは正調の踊りを皆でして終わる［写真9–2］。また、本祭１日目（10日）の夜、20分間、升形（ますがた）という競演場（道路：長さ約150m）で行われる総踊りがある。この時刻にこの場所に来られる踊り子たちだけが踊るもので、チーム単位の参加ではない。道路の南北の２台の地方車からそれぞれ違う曲の生バンドの演奏があり(7)、どちらの曲で踊ってもいい（行ったり来たりしている踊り子もいる）。このときに演奏される曲は「よさこい鳴子踊り」ような高知の特徴がみられる曲ではないが、踊り子たちはとにかくチームの枠を超えて一緒に踊れることを楽しんでいる。例年、約1,500人が参加している。総踊りが開始されたのは1998年からで、2004年で７回目である。

第２節　札幌「YOSAKOIソーラン祭り」参加集団の地域表象

この祭りは、「ソーラン節」を入れるというルールのために、その踊りは漁業性を表現することが多い。振り付けに網を投げたり引いたりする仕種や、櫓漕ぎの仕種や波を表現したりする。内陸部である札幌市のチームも漁業性を表現するチームが多いが、漁業性以外の地域表象をする所がある。屯田兵が入植した土地ということで「屯田兵の開拓の魂」を表現する北区新琴似（しんことに）のチームや(8)、以前その地の川にいたホタルを呼び戻すことを表現する札幌市南区澄川（すみかわ）のチーム(9)、札幌市北区新川の地元の「天狗橋」にちなんだ天狗のいでたちや面をつけての踊りなどがある(10)。地方チームにおいても、漁場でなくとも漁業性（ニシン漁）を表現することも多いが、その地ならではの地域性を表すことも多い。石狩市のチームは、イクラ／稚魚／成魚／ホッチャレ（産卵のために川に戻ったメス）に分かれて鮭の一生を表現し、鮭の絵のついた法被や編笠を使用する(11)［写真9–3］。室蘭市のチームは、この地に英国の船が来て200 年ということで、被りものの大きな人形で英国人を表す（2002年）(12)。その他、鳴子で地域性を表現したものでは、牧羊の町の士別市（しべつし）のチームはヒツジ形鳴子を使用し(13)、ホタテ漁の盛んな雄武町（おうむちょう）のチームはホタテ

写真9-3 「YOSAKOIソーラン祭り」の踊り(2004年)

写真9-4 「ワオドリソーラン」の様子(2004年)

形鳴子を使用する(14)、などの例があげられる。

総踊りとして、予め応募した人のみが踊れる一般参加可能のチーム「さぁさみんなでどっこいしょ」というチームがあり、「どっこいしょ」の踊りとかその歌詞から「ヨッチョレ」(15)の踊りとかいわれる。また、2001年の第10回から大通公園内に櫓を組んで盆踊りのように踊る「ワオドリソーラン」が行われている。これは飛び入りの一般参加可能の踊りで6種類の踊りがあり(16)、踊り子が櫓の上で踊りの手本を見せてくれる［写真9-4］。さらに、2002年の第11回から、電飾のついた4基の山車のあとを、札幌チーム・South チーム(道南)・North チーム(道北)・学生チームの4つのチームに分かれて踊る、「ソーランイリュージョン」も開始されている。

第３節　仙台「みちのくYOSAKOIまつり」参加集団の地域表象

1．参加集団の使用する曲にみられる地域表象

では、高知や札幌と違って、使用する曲の限定がない「みちのくYOSAKOIまつり」に参加するそれぞれのチームは、どのような曲を使用しているのであろうか。

［表9–1］〜［表9–7］は「みちのくYOSAKOIまつり」第１〜７回の祭りの参加チームが使用した曲をまとめたものである。参加チームが増えるにつれ

表9–1　第１回「みちのくYOSAKOIまつり」参加集団の使用曲

チーム所在地	使　用　す　る　曲(オリジナル曲も含む)
岩手県盛岡市 水沢市	さんさ踊り チームオリジナル曲(曲名不明)
宮城県仙台市 石巻市 塩竈市 松島町	公募曲※(13) ／仙台すずめ踊り 公募曲 公募曲 公募曲
秋田県秋田市 象潟町	秋田音頭 秋田音頭
山形県村山市	村山徳内ばやし
福島県福島市	会津磐梯山
北海道札幌市	ソーラン節(7)
高知県高知市	よさこい鳴子踊り

曲のあとの(　)はその曲を使用したチーム数、また、曲の間の「・」は１チームで複数の曲を使用したことを示す。聞き取り調査を中心に、補足的にガイドブックや地元新聞記事等を参照して矢島作成。
※公募曲とは、最初から曲作りまでは難しいとの配慮から、実行委員会が準備した曲。

表9–2　第２回「みちのくYOSAKOIまつり」参加集団の使用曲

チーム所在地	使　用　す　る　曲(オリジナル曲も含む)
岩手県水沢市	南部牛追い唄

宮城県仙台市	斎太郎節(10)／さんさ時雨(5)／仙台すずめ踊り／津軽じょんがら節／斎太郎節・どや節／牛深ハンヤ節・花笠音頭／花笠踊り・おしまつ／斎太郎節・よさこい節／斎太郎節・よさこい節・ソーラン節／東北6県の民謡
石巻市	斎太郎節
塩釜市	よしこの塩竈(2)
岩出山町	斎太郎節
川崎町	常長音頭
金成町	金成音頭
志津川町	斎太郎節
中新田町	斎太郎節
鳴瀬町	斎太郎節
矢本町	斎太郎節
松島町	斎太郎節
秋田県秋田市	秋田音頭／秋田ドンパン節・秋田花まる音頭
矢島町	秋田音頭(矢島の祭りの囃子を入れた)
山形県山形市	花笠音頭
村山市	村山徳内ばやし
福島県福島市	会津磐梯山
会津若松市	会津磐梯山
郡山市	津軽じょんがら節
北海道札幌市	ソーラン節(6) ／ソーラン節・斎太郎節
帯広市	ソーラン節
千歳市	ソーラン節
函館市	ソーラン節
阿寒町	ソーラン節
白老町	ソーラン節

表9-3　第3回「みちのくYOSAKOIまつり」参加集団の使用曲

チーム所在地	使　用　す　る　曲(オリジナル曲も含む)
青森県八戸市	八戸ソーラン
弘前市	津軽じょんがら節
岩手県盛岡市	盛岡さんさ踊り
江刺市	馬口ばやし
大船渡市	気仙甚句ばやし
水沢市	南部牛追唄／あじゃら節2000
前沢町	南部牛追唄

宮城県仙台市	大漁唄い込み(17)／さんさ時雨(2)／斎太郎節／最上川舟唄／津軽じょんがら節／宮城野盆唄／仙台すずめ踊り／会津磐・梯山／津軽よされ節／大漁唄い込み・新さんさ時雨／ソーラン節／こいこい節／東北6県の民謡
石巻市	大漁唄い込み
塩竈市	よしこの塩竈(2)
古川市	大漁唄い込み
岩出山町	大漁唄い込み
川崎町	常長音頭
金成町	ワッショイ金成
志津川町	長持唄
中新田町	さんさ時雨
鳴子町	鳴子温泉小唄
松島町	大漁唄い込み
矢本町	大漁唄い込み
秋田県秋田市	秋田音頭／秋田ドンパン節
五城目町	秋田音頭
矢島町	秋田音頭
山形県山形市	花笠音頭
村山市	村山徳内ばやし(3)
福島県福島市	会津磐梯山
会津若松市	会津磐梯山
郡山市	会津磐梯山(2)
天栄村	会津磐梯山
新潟県柏崎市	三階節
北海道札幌市	ソーラン節(7)
帯広市	ソーラン節
伊達市	ソーラン節
千歳市	ソーラン節(3)
東京都新宿区	よさこい節
愛知県名古屋市	岡崎五万石／名古屋名物(2)
全国区	たんちょう音頭

表9-4　第4回「みちのくYOSAKOIまつり」参加集団の使用曲

チーム所在地	使　用　す　る　曲(オリジナル曲も含む)
青森県青森市	縄文ねぶたよさこい
八戸市	八戸小唄
弘前市	津軽じょんがら節・ソーラン節
階上町	田子音頭
田子町	田子音頭
東通村	東通音頭

岩手県大船渡市	大漁唄い込み・遠島甚句・ソーラン節／気仙甚句ばやし
江刺市	江差甚句
水沢市	南部牛追唄・ソーラン節／ソーラン節
大東町	とらじゃさま・南部えんぶり唄
前沢町	外山節
宮城県仙台市	さんさ時雨(6)／大漁唄い込み(5)／斎太郎節(2)／仙台すずめ踊り(2)／大正ロマン唄(2)／最上川音頭／斎太郎節・すずめ踊り／よしこの塩竈／ドヤ節／公募曲／情熱
石巻市	斎太郎節
角田市	角田音頭
塩竈市	よしこの塩竈(2)
古川市	大漁唄い込み／古川音頭／斎太郎節(2)
岩出山町	大漁唄い込み
川崎町	常長音頭
金成町	大漁唄い込み
志津川町	さんさ時雨
志波姫町	さんさ時雨
富谷町	公募曲
中新田町	会津磐梯山／ドンパン節
鳴子町	こけし囃子
松島町	会津磐梯山・大漁唄い込み
宮崎町	津軽タント節
矢本町	さんさ時雨
秋田県秋田市	ドンパン節(2)／ドンパン節・南部俵積唄・ソーラン節
矢島町	秋田音頭
山形県山形市	会津磐梯山／最上川舟唄
鶴岡市	庄内ハイヤ節
村山市	村山徳内ばやし(2)
川西町	上杉節
福島県福島市	会津磐梯山(2)
会津若松市	会津磐梯山
郡山市	会津磐梯山(3)／相馬二遍返し
二本松市	会津磐梯山
鏡石町	牧場の朝
棚倉町	会津磐梯山・よさこい鳴子踊り・ソーラン節
天栄村	会津磐梯山(2)／牧場の朝　大地の響き
新潟県柏崎市	三階節
石川県押水町	ソーラン節
北海道札幌市	ソーラン節(9)／ソーラン節・よさこい節
江別市	ソーラン節

帯広市	ソーラン節
伊達市	ソーラン節
千歳市	ソーラン節
苫小牧市	ソーラン節(2)
函館市	婆あのロックンロール
枝幸町	ソーラン節
白老町	ソーラン節
東京都内合同	よさこい節・関八州の民謡(1)
岐阜県瑞浪町	陶町音頭
静岡県富士市	ちゃっきり節
愛知県名古屋市	名古屋名物(2)
高知県高知市	よさこい鳴子踊り
全国区	たんちょう音頭

表9-5　第5回「みちのくYOSAKOIまつり」参加集団の使用曲

チーム所在地	使　用　す　る　曲(オリジナル曲も含む)
青森県青森市	津軽じょんがら節／黒石よされ甚句／ねぶた囃子
弘前市	津軽じょんがら節
東通村	東通音頭
岩手県大船渡市	気仙坂／ドヤ節／気仙甚句／ドヤ節・ソーラン節
江刺市	江差甚句
水沢市	南部牛追唄
大東町	とらじゃさま・南部えんぶり唄
前沢町	前沢ござえんちゃ節
宮城県仙台市	大漁唄い込み(15)／津軽じょんがら(2)／大漁唄い込み・仙台すずめ踊り／大漁唄い込み・ソーラン節・よさこい鳴子踊り／さんさ時雨(2)／ドンパン節／秋田馬子唄・津軽じょんがら／公募曲(2)／お立ち酒／大漁唄い込み・ドヤ節／仙台すずめ踊り／ドヤ節／大漁唄い込み・ソーラン節(2)／大漁唄い込み・会津磐梯山・ドンパン節・最上川音頭・ねぶた囃子・南部牛追い唄・よさこい鳴子踊り
石巻市	大漁唄い込み(2)
仙台市・石巻市	大漁唄い込み
角田市	大漁唄い込み
塩竈市	よしこの塩竈(3)
多賀城市	津軽じょんがら節
古川市	古川音頭／最上川音頭
岩出山町	大漁唄い込み／大漁唄い込み・岩出山音頭・ソーラン節
小牛田町	大漁唄い込み
川崎町	さんさ時雨
金成町	常長音頭(2)

小牛田町	大漁唄い込み
迫町	大漁唄い込み
志津川町	大漁唄い込み
志波姫町	さんさ時雨
瀬峰町	大漁唄い込み
中新田町	大漁唄い込み
鳴子町	鳴子温泉小唄
松島町	大漁唄い込み・よさこい鳴子踊り
矢本町	大漁唄い込み・ソーラン節
若柳町	若柳音頭・弥助ばやし
亘理町	YOSAKOIんだっちゃ
宮城県内合同	最上川舟唄・ねぶた囃子
秋田県秋田市	秋田音頭／秋田大黒舞／ドンパン節・南部俵積唄・ソーラン節
象潟町	秋田音頭
矢島町	秋田音頭
山形県山形市	最上川舟唄
尾花沢市	花笠音頭
東根市	花笠音頭
村山市	むらやま徳内ばやし
川西町	花笠音頭(2)
福島県福島市	会津磐梯山
会津若松市	会津磐梯山
郡山市	相馬二遍返し／会津磐梯山(6)
須賀川市	須賀川小唄
相馬市	相馬流れ山
二本松市	会津磐梯山／奥の二本松
鏡石町	牧場の朝／ソーラン節
棚倉町	会津磐梯山・ソーラン節・よさこい節
浪江町	会津磐梯山・相馬流れ山／相馬盆唄
船引町	ソーラン節
天栄村	会津磐梯山(3)／ソーラン節
新潟県柏崎市	佐渡おけさ
上越市	ソーラン節・よさこい鳴子踊り／ソーラン節／上越の民謡／花舞輝
北海道札幌市	ソーラン節(8)
江別市	ソーラン節(1)
伊達市	ソーラン節
千歳市	ソーラン節
苫小牧市	ソーラン節
北海道宮城合同	ソーラン節
栃木県栃木市	花笠音頭／八木節
東京都昭島市	昭島民謡

新宿区	ソーラン節
東京都内合同	よさこい鳴子踊り
岐阜県瑞浪市	曽木小唄
愛知県名古屋市	名古屋ばやし／名古屋名物(2)
瀬戸市	瀬戸音頭
全国区	たんちょう音頭

表9-6　第６回「みちのくYOSAKOIまつり」参加集団の使用曲

チーム所在地	使　用　す　る　曲(オリジナル曲も含む)
青森県青森市	ねぶた囃子
弘前市	津軽じょんがら節・ソーラン節
田子町	田子音頭
横濱町	ソーラン節
東通村	東通音頭
岩手県大船渡市	南部牛追唄／牛方節／気仙坂・よさこい節
江刺市	江差甚句
水沢市	南部牛追唄
種市町	南部牛追唄
大東町	とらじゃさま・南部えんぶり唄
前沢町	南部牛追唄・ソーラン節
宮城県仙台市	大漁唄い込み(15)／斎太郎節(7)／さんさ時雨(5)／ソーラン節(3)／最上川舟歌(2)／仙台すずめ踊り(2)／長持ち唄(2)／花笠音頭(2)／大漁節(2)／秋田音頭／塩竈甚句／すずめ囃子・仙台節
石巻市	大漁唄い込み(2)
仙台市・石巻市	真室川音頭
角田市	大漁唄い込み
塩竈市	よしこの塩竈／塩竈甚句／ソーラン節
多賀城市	長持ち唄
古川市	大漁唄い込み(2)／大崎音頭・八木節
一迫町	さんさ時雨
岩出山町	大漁唄い込み／ソーラン節・お立ち酒
鶯沢町	文字甚句
加美町	さんさ時雨
川崎町	常長音頭(3)
金成町	ソーラン節
小牛田町	斎太郎節
志津川町	さんさ時雨
柴田町	ソーラン節
志波姫町	さんさ時雨
瀬峰町	いねあげうた
鳴子町	鳴子温泉小唄
迫町	大漁唄い込み
矢本町	大漁唄い込み・ソーラン節

若柳町	若柳音頭・弥助ばやし
亘理町	えんころ節
秋田県秋田市	秋田音頭／ドンパン節／秋田長持ち唄・ソーラン節／ゴーゴー音頭
本荘市	ドンパン節
象潟町	秋田音頭
矢島町	秋田音頭
山形県山形市	会津磐梯山
尾花沢市	花笠音頭
南陽市	最上川舟歌
東根市	最上川舟歌(2)
川西町	花笠音頭(2)
福島県福島市	しのぶ田植え唄
会津若松市	会津磐梯山
いわき市	会津磐梯山
郡山市	相馬二遍返し／会津磐梯山(8)／会津磐梯山・ソーラン節
須賀川市	会津磐梯山・須賀川小唄
相馬市	相馬二遍返し
二本松市	大漁唄い込み・ソーラン節・よさこい節／会津磐梯山
石川町	会津磐梯山
鏡石町	ソーラン節
浪江町	相馬流れ山・相馬盆唄／相馬盆唄
楢葉町	楢葉音頭
双葉町	相馬盆唄
船引町	会津磐梯山・ソーラン節
本宮町	秋田大黒舞
梁川町	会津磐梯山
天栄村	会津磐梯山(2)／てんえい音頭
福島県内合同	会津磐梯山・ソーラン節
東北地方合同	花笠音頭・よさこい節・ねぶた囃子
新潟県小千谷市	おぢゃれ節
柏崎市	佐渡おけさ
上越市	よさこい節／春日山節(2)
北海道札幌市	ソーラン節(8)
江別市	ソーラン節(2)
伊達市	ソーラン節
苫小牧市	ソーラン節
雄武町	ソーラン節
湧別町	ソーラン節
栃木県栃木市	ソーラン節／八木節
真岡市	ソーラン節・八木節
都賀町	よさこい節・斉太郎節(2)
東京都新宿区	よさこい節
豊島区	東京音頭・よさこい節・ソーラン節
三鷹市	ソーラン節
東京都内合同	ソーラン節・よさこい節／よさこい節

東京・札幌合同	ソーラン節・よさこい節
富山県富山市	こきりこ節
岐阜県瑞浪市	陶町音頭
愛知県名古屋市	名古屋ばやし(2)
瀬戸市	瀬戸音頭
豊田市	おいでん
美浜町	みはま小唄

表9–7　第７回「みちのくYOSAKOIまつり」参加集団の使用曲

チーム所在地	使　用　す　る　曲(オリジナル曲も含む)
青森県青森市	おやま参詣
十和田市	ソーラン節
八戸市	駒踊り
弘前市	ソーラン節
青森県内	りんご追分・ソーラン節・津軽じょんがら節
岩手県大船渡市	大漁唄い込み・よさこい節／どや節／ごい祝い節／教材用ソーラン
江刺市	馬喰うばやし
水沢市	南部牛追唄
宮古市	南部茶屋節
盛岡市	南部牛追唄
種市町	南部牛追唄
大東町	ちゃぐちゃぐ馬子
前沢町	南部牛追唄
滝沢村	はまらいんや
宮城県仙台市	大漁唄い込み(15)／斎太郎節(6)／さんさ時雨(5)／ソーラン節(5)／最上川舟唄(3)／すずめ踊り(3)／大漁節(3)／俵積み唄・すずめ踊り／としま甚句／豊年こいこい節／ガヤ・節／花笠音頭／ドンパン節・ソーラン節／気仙沼どや節／よさこい節／沢内甚句／松島民謡・ソーラン節／ TSUGARU ／公募曲(3)
石巻市	斎太郎節／宮城長持ち唄／大漁唄い込み(2)
仙台市・石巻市	真室川音頭
角田市	キタカ・サッサ
気仙沼市	ソーラン節・斎太郎節
白石市	お立ち酒
塩竈市	よしこの塩竈／塩竈甚句
多賀城市	津軽じょんがら節
古川市	さんさ時雨／古川音頭／大漁唄い込み
一迫町	さんさ時雨
岩出山町	大漁唄い込み／ソーラン節・お立ち酒
鶯沢町	文字甚句

加美町	大漁唄い込み
川崎町	常長音頭(2)／斎太郎節
金成町	ソーラン節
栗駒町	文字甚句
小牛田町	斎太郎節
迫町	大漁唄い込み
志津川町	さんさ時雨
柴田町	最上川舟唄・ソーラン節／相馬盆唄／ドンパン節・ソーラン節
志波姫町	斎太郎節
瀬峰町	稲上げうた
津山町	ソーラン節
築館町	さんさ時雨
東和町	嵯峨立甚句・米谷小唄・米川音頭
鳴子町	中山しんとろ節
松島町	大漁唄い込み
丸森町	しあわせの町(丸森民謡)
矢本町	大漁唄い込み・ソーラン節
若柳町	宮城長持ち唄・ソーラン節
亘理町	大漁節
秋田県秋田市	大黒舞／秋田長持ち唄・ソーラン節
岩城町	ドンパン節
矢島町	秋田音頭
秋田県内合同	みなと曳き山まつり
山形県山形市	新庄節／花笠音頭／最上川舟唄
鶴岡市	庄内おばこ
南陽市	最上川舟歌
東根市	花笠音頭／花笠音頭・さくら／最上川舟唄
飯豊町	花笠音頭
白鷹町	最上川舟唄
置賜地域	大漁唄
福島県福島市	しのぶ田植え唄
会津若松市	会津磐梯山／会津磐梯山・よさこい節
いわき市	ソーラン節／ソーラン節・大漁唄い込み
郡山市	会津磐梯山(9)／ぼくの街郡山／うねめ音頭／相馬二遍返し
相馬市	相馬流れ山
二本松市	安達さんしょ節／会津磐梯山
原町市	新相馬節・ソーラン節
石川町	会津磐梯山
石越町	宮城さいたろ節
鏡石町	ソーラン節・会津磐梯山
下郷町	会津磐梯山
浪江町	かんちょろりん節／相馬盆唄

楢葉町	楢葉音頭
双葉町	よさこい節・神長老林節
保原町	保原よいとこ／会津玄如節
梁川町	会津磐梯山
天栄村	会津磐梯山／天栄音頭
福島県内合同	会津磐梯山
東北地方合同	会津磐梯山・よさこい節・盛岡さんさ踊り・ねぶた囃子／最上川舟唄
新潟県小千谷市	おぢゃれ節
柏崎市	佐渡おけさ／佐渡おけさ・よさこい節
上越市	ソーラン節／直江津祇園囃子・ソーラン節／春日山節(2)／・八社五社
北海道札幌市	ソーラン節(11)
江別市	ソーラン節(2)
帯広市	ソーラン節
釧路市	ソーラン節
伊達市	ソーラン節
苫小牧市	ソーラン節
稚内市	よさこい節
北海道・宮城合同	丹頂鶴音頭
栃木県栃木市	ソーラン節・八木節／ソーラン節(2)
宇都宮市	十三の砂山／花笠踊り
真岡市	よさこい鳴子踊り
高根沢町	高根沢音頭
千葉県野田市	ソーラン節
東京都新宿区	八丈島太鼓節／よさこい節
東京都内合同	東京ブギウギ／東京音頭
関東合同	大漁唄い込み・よさこい節
富山県富山市	伏木帆柱起こし祝い唄／越中麦屋節
長野県松本市	御柱長持ち唄
岐阜県瑞浪市	鬼岩そだち
岐阜県内合同	おばば
静岡県富士市	ちゃっきり節
愛知県名古屋市	名古屋ばやし(2)
豊田市	おいでん
美浜町	みはま小唄
岡山県岡山市	うらじゃ音頭

て、使用される曲も多様になる。やはり地元の宮城県が参加チーム(数)としても一番多く、同じ仙台市でも複数の曲が使用されている。その他も、それぞれ地元の民謡(踊り)をもとに多様な曲を選定している。

2．曲以外の地域表象

地域性は曲以外でも表出され、次のような例がみられる(東北内)。

①「津軽もつけんど蒼天飛龍」青森県青森市:「ねぶた」と「YOSAKOI」のコラボレーションを目指している。チーム名の「もつけんど」は津軽弁で「お調子者たち」の意である。

②「AOMORI花嵐桜組」青森県弘前市:リンゴが花をつけて、嵐に耐えて、実をつける様を早替わりの衣装で表現する。

③「横濱よさこい菜の花組」青森県横濱町：郷土芸能の獅子舞を取り入れて踊る。横浜町は菜の花で有名な土地でチーム名に「菜の花」をつけている。

④「ヤートセ秋田酔楽天」秋田県秋田市：秋田音頭の掛け声の「ヤートセ」をチーム名につける。地元秋田では「ヤートセ秋田祭り」という「よさこい系」の祭りがあり、その中心チームである。

⑤「狂舞群」山形県山形市:地元の「花笠踊り」で活躍するサークルのメンバーである。花笠や飾りのついた傘を使用する。

⑥「◆朱雀」宮城県仙台市:「仙台すずめ踊り」の連で、「すずめ踊り」をアレンジして踊る。「すずめ踊り」は両手に‘扇子’を持つが、それを‘鳴子’に持ち替えて踊る。

⑦「海童いしゃり」宮城県志津川町：チーム名の「いしゃり」とは志津川独自のタコ漁に使う伝統的な漁具である。

⑧「會'z 白虎」福島県会津若松市:「会津」を「會'z」にし、白虎隊の「白虎」をチーム名にする［写真9-5］。

⑨「奥州二本松IMPRESSIVE」福島県二本松市:二本松市は菊人形で有名な地であり、大輪の菊の絵を法被の背に描いている。

3．総踊り

総踊りとして「みちのくYOSAKOI踊り」「乱舞」「みちのくキッズ

写真9–5 「みちのくYOSAKOIまつり」の踊り（2003年）

写真9–6 「みちのくYOSAKOIまつり」総踊りの様子（2003年）

YOSAKOI」「ヨッチョレ」（「YOSAKOIソーラン祭り」の踊り）があり、祭りの途中途中で観客を巻き込んで踊る。また、仙台以外から参加のチームで、地元で総踊りを行うチームが参加する場合には、そのチームを中心にした総踊りもある。「岡山総踊り」「名古屋総踊り」「福島総踊り」などが踊られている［写真9–6］。「みちのくYOSAKOIまつり」と後述の「にっぽんど真ん中祭り」の総踊りについては、第２章でも触れたが、ここでは、総踊りをする機能についても考察したいので、再び取り上げる。

「みちのくYOSAKOI踊り」と「乱舞」の歌詞を次にあげる。第２章でも指摘したが、「みちのくYOSAKOI踊り」においては、「ラッセラー」は青森県「ねぶた」のハネトの掛け声、次の「秋田女…」は「秋田音頭」、「馬コ…」は岩手県「チャグチャグ馬コ」、「目出度目出度の…」は山形県「花笠音頭」、そして、「松島の…」は宮城県の「大漁唄い込み」、「会津磐梯山は…」が福島県「会津磐梯山」という東北６県の民謡が唄い込まれている。また、「乱舞」は、１番から７番まであり、１番ごとに東北６県のひとつひとつの県の特色が歌われている。１番が福島県、２番が山形県、３番が宮城県、４番が秋田県、５番が岩手県、６番が青森県である。そして７番でそれらをまとめる「YOSAKOIまつり」という構成になっている。

<「みちのくYOSAKOI踊り」歌詞>

企画・制作／みちのくYOSAKOIまつり実行委員会

よさこい　よさこい
よさこい　よさこい

ラッセラーラッセラーラッセ　ラッセ　ラッセラ～
ラッセラーラッセラーラッセ　ラッセ　ラッセラ～

秋田女（おばこ）何して綺麗だと　聞くだけヤボだんす
小野小町の生まれた在所　おめはん知らねのぎゃアー

馬コうれしかお山へ参ろ
金の～～

目出度目出度の　若松様よ
枝も　チョイチョイ
栄えて　葉も茂る
ハァ　ヤッショッマカショ

ラッセラーラッセラーラッセ　ラッセ　ラッセラ～
ラッセラーラッセラーラッセ　ラッセ　ラッセラ～

よさこい　よさこい
よさこい　よさこい

松島のサーヨー　瑞巌寺ほどの
寺もないトエー
あれはエーエ　エトソーリャ　大漁だエー

踊る阿呆に見る阿呆　同じ阿呆なら踊りゃなソンソン

会津磐梯山は　宝の山よ
笹に黄金が　エーまたなり下がる

よさこい　よさこい
よさこい　よさこい

<仙台「みちのくYOSAKOIまつり」総踊り「乱舞」歌詞>

作詩／M・Y・C　作曲・編曲／藤村一清　歌／奥山えいじ
企画・制作／みちのくYOSAKOIまつり実行委員会

1．みちのくさー
時代絵巻の　野馬追いまつり　二本松なら　菊人形よ
磐梯山は　お国自慢の
まつり　まつりだ　YOSAKOI　さあー

2．みちのくさー
紅の山形　花笠踊り　右に左に　笠舞いながら
老いも若きも　お国自慢の
まつり　まつりだ　YOSAKOI　さあー

3．みちのくさー

杜の都は　七夕まつり　伊達の宮城は　黄金波うち
浜は大漁で　お国自慢の
まつり　まつりだ　YOSAKOI　さあー

4．みちのくさー
秋田小町と　竿灯まつり　揃い半てん　若衆が踊る
豊年祈り　お国自慢の
まつり　まつりだ　YOSAKOI　さあー

5．みちのくさー
南部牛追い　さんさまつり　銀河鉄道　遠野の里よ
えさし藤原　お国自慢の
まつり　まつりだ　YOSAKOI　さあー

6．みちのくさー
津軽三味線　ねぶたの山車と　島の海猫　いか釣り船と
かずかずあれど　お国自慢の
まつり　まつりだ　YOSAKOI　さあー

7．みちのくさー
踊れ！踊れよ　YOSAKOIまつり
夢と絆で乱舞は光る　汗と笑顔は宝物だよ
まつり　まつりだ　YOSAKOI　さあー

第4節　名古屋「にっぽんど真ん中祭り」参加集団の地域表象

1．参加集団の使用する曲にみられる地域表象

「にっぽんど真ん中祭り」の第1～7回の参加チームの使用する曲をまとめたものが、[表9-8]～[表9-14] である。

表9-8　第1回「にっぽんど真ん中祭り」参加集団の使用曲

チーム所在地	使　用　す　る　曲(オリジナル曲も含む)
愛知県名古屋市	大名古屋音頭／名古屋甚句／地搗唄／鳴海音頭／名古屋名物
安城市	安城音頭
岡崎市	岡崎五万石

東海市	東海音頭
豊川市	豊川観光音頭
愛知県内合同	名古屋名物
岐阜県可児市	可児市音頭／場のひろござれ
瑞浪市	土岐川おどり／土岐川音頭
三重県四日市市	大四日市音頭ニューバージョン
北海道札幌市	ソーラン節
岡山県岡山市	下津井節

表9-9　第２回「にっぽんど真ん中祭り」参加集団の使用曲

チーム所在地	使　用　す　る　曲(オリジナル曲も含む)
愛知県名古屋市	名古屋盆唄／名古屋ばやし(2)／名古屋甚句(2)／サォベン・ト・グランジ・アンゴーラ(ブラジル)／河内音頭／名古屋名物(3)／岡崎五万石／鳴海音頭／有松音頭
安城市	安城音頭
稲沢市	稲沢音頭
岡崎市	岡崎五万石
春日井市	春日井よいとこ
知多市	万歳ばやし
東海市	東海音頭
豊川市	豊川観光音頭
西春町	西春音頭
愛知県内合同	名古屋名物／琉球民謡／名古屋ばやし
岐阜県白鳥町	世栄(ヨサカエ)
可児市	可児市音頭／場をひろござれ
瑞浪市	土岐川おどり／春駒／土岐川音頭
三重県鈴鹿市	鈴鹿おどり
四日市市	大四日市音頭
東海地方合同	名古屋名物
北海道札幌市	ソーラン節(2)
宮城県仙台市	斎太郎節
静岡県浜松市	ちゃっきり節／やら舞歌・ソーラン節
藤枝市	ちゃっきり節
京都府京都市	丸竹夷
岡山県岡山市	うらじゃ＆下津井節
高知県高知市	よさこい鳴子踊り(2)
全国区	名古屋名物
韓国	Gang Gang Su Weollae

表9-10　第3回「にっぽんど真ん中祭り」参加集団の使用曲

チーム所在地	使　用　す　る　曲(オリジナル曲も含む)
愛知県名古屋市	名古屋名物(6)／鳴海音頭／名古屋ばやし(3)／有松音頭／名古屋甚句(3)／よさこい鳴子踊り(2)／名古屋盆唄／本町名所
安城市	安城七夕音頭
一宮町	おいち踊り
稲沢市	稲沢音頭
犬山市	犬山音頭
大府市	中京女子大応援歌(High High High High)
岡崎市	岡崎五万石
春日井市	春日井よいとこ
瀬戸市	瀬戸音頭
知多市	万歳ばやし
東海市	東海音頭(2)／平州小唄
常滑市	常滑音頭
豊川市	豊川観光音頭
西春町	西春音頭
日進市	日進おどり
半田市	山車祭り／半田名物
三好町	三好ソーラン
弥富町	新弥富音頭
岐阜県可児市	可児市音頭／場をひろござれ
白鳥町	世栄(ヨサカエ)
瑞浪市	現代民謡(バサラ踊り)／土岐川音頭
三重県鈴鹿市	鈴鹿おどり
四日市市	伊勢音頭
北海道札幌市	ソーラン節(4)
網走市	ソーラン節
宮城県仙台市	斎太郎節
京都府京都市	よさこい節・ソーラン節
岡山県岡山市	岡山桃源祭り“うらじゃ”
高知県高知市	よさこい鳴子踊り
韓国	アリラン(2)

表9-11　第4回「にっぽんど真ん中祭り」参加集団の使用曲

チーム所在地	使　用　す　る　曲(オリジナル曲も含む)
愛知県名古屋市	鳴海音頭／名古屋甚句(4)／花舞・よさこい正調・名古屋甚句・ソーラン節／名古屋ばやし／名古屋丸八音頭／名古屋名物(8)／有松音頭／名古屋盆唄／本町名所／やったね節
安城市	安城七夕音頭
一宮町	おいち踊り
稲沢市	稲沢音頭

犬山市	犬山音頭・犬山ライン下り音頭
大府市	大府ばやし／大府音頭
岡崎市	岡崎小唄
尾張旭市	尾張旭音頭
春日井市	春日井よいとこ
蒲郡市	蒲郡ばやし
刈谷市	おどりん！わんさか／岡崎五万石・伊勢音頭
瀬戸市	瀬戸音頭
知多市	万歳ばやし
東海市	東海音頭(2)／平州小唄
常滑市	常滑音頭／花火唄
豊川市	豊川観光音頭
長久手町	長久手音頭
日進市	日進おどり
半田市	山車祭り／半田きやしゃんせ／かぐら
碧南市	元気ッス！へきなん
阿久比町	ほたる音頭
大口町	大口音頭
東郷町	東郷音頭
西春町	西春音頭
三好町	三好ソーラン
弥富町	新弥富音頭
岐阜県可児市	可児市音頭／場をひろござれ／宮太鼓「めでた」
瑞浪市	おかみさんソーラン・バサラ／曽木小唄
下呂町	下呂音頭
白鳥町	世栄(ヨサカエ)
巣南町	巣南音頭
御嵩町	新御嵩音頭
岐阜県内合同	やっちく／春駒
三重県伊勢市	伊勢音頭
鈴鹿市	鈴鹿おどり(3)
津市	津音頭(3)／津音頭・よさこい節
四日市市	伊勢音頭／四日市音頭
北海道札幌市	ソーラン節(5)
網走市	ソーラン節
宮城県仙台市	すずめ踊り
静岡県静岡市	ちゃっきり節
浜松市	浜松祭りラッパ
京都府京都市	丸竹夷
大阪府大阪市	こいや節
箕面市	神戸ハイヤ節
岡山県岡山市	うらじゃ
高知県高知市	よさこい鳴子踊り
全国区	名古屋名物
韓国	アリラン

表9-12　第5回「にっぽんど真ん中祭り」参加集団の使用曲

チーム所在地	使　用　す　る　曲(オリジナル曲も含む)
愛知県名古屋市	名古屋甚句(7)／鳴海音頭／獅子舞／名古屋名物(11)／名古屋ばやし(13)／みなみ音頭／有松音頭／フヨウ音頭／名古屋おどり／ええじゃないか／瑞穂音頭
安城市	安城七夕音頭
一宮市	おいち踊り／岡崎五万石
稲沢市	稲沢音頭(2)
犬山市	犬山音頭・日本ライン下り音頭／犬山音頭・新犬山音頭・日本ライン音頭・犬山ばやし
大府市	大府音頭／大府ばやし・大府音頭／淀川三十船歌／中女音頭
岡崎市	岡崎五万石
尾張旭市	尾張旭音頭
春日井市	春日井よいとこ(2)／名古屋甚句
刈谷市	岡崎五万石／刈谷よいとこ
蒲郡市	蒲郡ばやし
江南市	江南音頭／わっしょい江南
瀬戸市	瀬戸音頭(3)
知多市	新古見おんど
東海市	東海音頭
常滑市	大谷奥組伊勢音頭／常滑音頭(3)
豊明市	豊明音頭
豊川市	豊川観光音頭／天王こどもうた
豊田市	おいでん／新まつだいら音頭
豊橋市	鬼祭り
日清市	日清踊り(2)
半田市	山車祭り／半田山車囃子“道行”(2)／半田きやしゃんせ
碧南市	元気ッス！へきなん
阿久比町	あぐい音頭
大口町	SAKURA-SAKU ～大口音頭～
木曽川町	行け一豊くん
長久手町	長久手音頭(2)
西春町	西春小唄・西春音頭
美浜町	みはま小唄・美浜音頭
三好町	三好音頭／三好ソーラン
岐阜県大垣市	大垣城音頭
可児市	可児市音頭／ふるさと可児の町
下呂町	新下呂音頭
白鳥町	世栄(ヨサカエ)
巣南町	巣南音頭
富加町	富加音頭
柳津町	伊奈波音頭
瑞浪市	陶町音頭／全国のおかみさん、いらっしゃ～い♪
御嵩町	御嵩音頭

岐阜県内合同	しょっしょ
三重県伊勢市	伊勢音頭
尾鷲市	尾鷲節
木曽岬町	さくらさくら
鈴鹿市	楽天・鈴鹿音頭
津市	津音頭(3)
鳥羽市	鳥羽物語
四日市市	大四日市まつり音頭、四日市音頭
三重県内合同	おかっさん
北海道札幌市	ソーラン節(7)
宮城県仙台市	大漁唄い込み・斎太郎節
福島県内合同	会津磐梯山
東京都内合同	青山ほとり／東京音頭
福井県内合同	いょらい節
長野県内合同	木曾節・こきりこ節
静岡県浜松市	やら舞歌・激練りのテーマ
京都府京都市	宮津節／木曽岬小唄
大阪府大阪市	こいや節
和歌山県	紀州ぶんだら節
岡山県岡山市	うらじゃ
高知県高知市	よさこい鳴子踊り
長崎県佐世保市	させぼんもん
全国区	名古屋名物
韓国	アリラン(2)
サイパン	HafaAdai(ハファダイ)

表9-13　第6回「にっぽんど真ん中祭り」参加集団の使用曲

チーム所在地	使　用　す　る　曲(オリジナル曲を含む)
愛知県名古屋市	名古屋囃子(14)／名古屋名物(10)／名古屋甚句(3)／名古屋丸八音頭(2)／名古屋盆唄／大名古屋音頭／名古屋甚句・名古屋名物／名東音頭／鳴海音頭／ああ桶狭間／みんな仲間だ！北踊り／港区音頭／天白音頭／フヨウ音頭／わらべうた／ハイ・パーティ
安城市	安城七夕音頭
一宮市	一宮ばやし(2)／一宮こいこい音頭
稲沢市	稲沢音頭／稲沢音頭・よさこい節／校歌
犬山市	犬山音頭・日本ライン下り音頭／新犬山音頭・日本ライン音頭・犬山ばやし
大府市	大府音頭／大府ばやし／中女音頭
岡崎市	五万石／岡崎小唄
尾張旭市	名古屋名物
春日井市	勝川音頭／春日井よいとこ
刈谷市	刈谷よいとこ(2)／刈谷音頭
蒲郡市	蒲郡音頭／蒲郡ばやし／竹島恋歌

江南市	江南音頭／わっしょい江南
瀬戸市	瀬戸音頭(4)
高浜市	祭音charapoco
知多市	新古見おんど／佐布里パラダイス音頭／万歳ばやし
東海市	東海音頭(2)
常滑市	大谷奥組伊勢音頭／常滑音頭／常滑小唄
豊川市	豊川観光音頭／三河男児のうた
豊田市	おいでん／松平音頭
豊橋市	鬼まつり
日進市	日進踊り(2)
半田市	山車囃子(2)／はんだ盆唄／半田きやしゃんせ
碧南市	元気ッス！へきなん
大口町	ＳＡＫＵＲＡ―ＳＡＫＵ～大口音頭～
木曽川町	行け一豊くん
長久手町	長久手音頭(2)
西春町	西春小唄・西春音頭
額田町	額田小唄2003
扶桑町	新扶桑音頭
美浜町	みはま小唄
三好町	いいじゃんみよし／三好ソーラン
弥富町	弥富音頭
岐阜県可児市	可児市音頭
飛騨市	神岡音頭
瑞浪市	鬼岩育ち／おかみさんソーラン
瑞穂市	穂積音頭／巣南音頭
川辺町	川辺音頭
富加町	加治田音頭
御嵩町	新御嵩音頭
柳津町	柳津音頭
三重県伊勢市	楷我節
尾鷲市	尾鷲節
桑名市	おかっつあん
鈴鹿市	光太夫太鼓
津市	津音頭(2)／津音頭・高虎音頭／津音頭・よさこい節
四日市市	四日市音頭／大四日市まつり音頭
紀伊長島町	熊野ハレヤ節
木曽岬町	木曽岬小唄
北海道札幌市	ソーラン節(5)
東京都世田谷区	青山ほとり
石川県押水町	押水音頭(2)
長野県松本市	木曾節
静岡県浜松市	激練りのテーマ／茶きり節
静岡県佐久間町	佐久間龍神の舞い
京都府京都市	宮津節
大阪府大阪市	こいや節

和歌山県新宮市	新宮節
高知県高知市	よさこい鳴子踊り(2)
沖縄県那覇市	沖縄民謡
韓国	アリラン(2)
サイパン	HafaAdai(ハファダイ)
フィリピン	アティアティハン
アメリカ	HIPHOP

表9-14　第７回「にっぽんど真ん中祭り」参加集団の使用曲

チーム所在地	使　用　す　る　曲(オリジナル曲を含む)
愛知県名古屋市	名古屋ばやし(19)／名古屋甚句(12)／大名古屋音頭(2)／名古屋名物(2)／Sutotoco (2)／鳴海音頭／有松音頭／名古屋・まるはち音頭／名古屋盆唄／名東音頭／おくに節／名古屋まるはち音頭・花舞・よさこい正調／フヨウ音頭／名古屋民謡／みんな仲間だ！北踊り／ソーラン節／園歌(保育園)／メリおっと！たいそう
安城市	安城七夕音頭
一宮市	一宮こいこい音頭／一宮ばやし・おいち踊り・しあわせの星ひとつ／よさこい節
稲沢市	名古屋名物／みんなでいっしょにやろまいか！／校歌
犬山市	犬山音頭・日本ライン下り音頭／桃太郎音頭・日本ライン音頭
岩倉市	ヨサコイ‼ IWAKURA‼
大府市	大府音頭／大府ばやし／中女音頭
岡崎市	五万石／北前節／額田音頭
尾張旭市	尾張旭音頭
春日井市	春日井よいとこ(2)
刈谷市	刈谷よいとこ／おどりん！わんさか／刈谷総踊り
蒲郡市	おいでん蒲郡
小牧市	名古屋ばやし
江南市	江南音頭
瀬戸市	瀬戸音頭(3)
高浜市	ちゃらぽこ
知多市	梅林音頭／朝倉の梯子獅子／万歳ばやし
東海市	東海音頭
常滑市	常滑音頭(3)／伊勢音頭
豊明市	豊明音頭
豊川市	豊川観光音頭(2)
豊田市	おいでん／松平音頭
豊橋市	新豊橋ええじゃないか
半田市	半田山車囃子(2)／半田きやしゃんせ・山車まつり・はんだ盆唄／半田盆唄
碧南市	元気ッス！へきなん
阿久比町	阿久比音頭

大口町	SAKURA-SAKU ～大口音頭～(2)
東郷町	東郷音頭
長久手町	長久手音頭(1)／長久手民謡
西春町	西春音頭
鳳来町	鳳来音頭
扶桑町	扶桑音頭／新扶桑音頭
美浜町	みはま小唄・美浜音頭
三好町	三好音頭／三好養護学校校歌
岐阜県岐阜市	岐阜音頭
大垣市	大垣音頭
下呂市	新下呂音頭
瑞浪市	鬼岩育ち／陶町音頭／ソーラン音頭
瑞穂市	穂積音頭／巣南音頭
富加町	加治田音頭
御嵩町	新御嵩音頭／鬼岩育ち
柳津町	柳津音頭
三重県伊勢市	伊勢音頭
桑名市	はまぐり音頭
鈴鹿市	光太夫／はげまし音頭
津市	津音頭(3)／津音頭・ソーラン節／たかとら音頭
四日市市	四日市音頭／大四日市まつり音頭
木曽岬町	木曽岬小唄
南牟婁郡	新宮節
北海道札幌市	ソーラン節(6)／よさこい節・ソーラン節
宮城県仙台市	ソーラン節・松島／さんさ時雨・よさこい節
福島県内合同	三春音頭
東京都世田谷区	青山ほとり
神奈川県厚木市	青山ほとり
富山県富山市	こきりこ
石川県金沢市	ソーラン節
宝達志水町	ソーラン節
福井県福井市	いっちょらい節(2)
長野県松本市	小諸馬子唄
静岡県浜松市	浜松私の歌やら舞歌・浜松祭りのテーマ
静岡県佐久間町	佐久間音頭
愛知県名古屋市	ポケモンかぞえうた
愛知県全域	名古屋名物
滋賀県浅井町	浅井中部小学校校歌
京都府京都市	祇園囃子
大阪府大阪市	こいや節(2)
兵庫県三田市	デカンショ節
高知県高知市	よさこい節／よさこい節・ソーラン節
韓国	アリラン(3)
サイパン	ハファダイ
ハワイ	フラ・レゲエ

仙台の事例と同じく、参加チームが増えるにつれて、使用される曲も多様になる。参加チームは、どこからでも参加していい、とはいっても、やはり愛知・岐阜・三重の東海３県が多い。名古屋市においても複数の曲が使用され、また名古屋市以外でも実にさまざまな曲が使用されている。

２．曲以外の地域表象

曲以外でも表出される地域性には、東海３県でみると次のような例がみられる。

①「鳴海商工会猩々（なるみしょうこうかいしょうじょう）」名古屋市緑区鳴海：鳴海の地に伝わる守り神である猩々の大きな人形を使用する。鳴海絞りで背に「鳴海」の文字の入った衣装を着る。チーム名に「鳴海」と「猩々」を入れる。

②「いりゃあせ大磯」名古屋市南区大磯：地域のカラーである緑色の衣装を着る。チーム名に「いりゃあせ」（「いらっしゃい」の意の方言）と「大磯」をつけている。

③「名古屋どまつり一座「からくり」」名古屋市西区：尾張の三英傑（信長・秀吉・家康）や姫君に扮して踊る。

④「An・jo北斗（あんじょうほくと）」愛知県安城市：地元の七夕祭にちなんで笹や七夕飾りを使用する（2002年）。チーム名に「An・jo（安城）」「北斗」を使う。

⑤「魁」愛知県刈谷市：県無形文化財指定の「万燈祭（まんとうさい）」の絵を衣装に刷る。

⑥「楽笑舞（らくしょうまい）」愛知県江南市飛高町：藤で有名な地であることから藤色の衣装を着る。

⑦「遣陶士（けんとうし）」愛知県瀬戸市：チーム名を「陶磁器のまち瀬戸」にちなんで‘遣唐使’の‘唐’を陶磁器の‘陶’に、そして‘使’を‘士’に変えた「遣陶士」としている。

⑧「瀬戸っ子舞遊（まいゆう）」愛知県瀬戸市：2005年開催の愛知万博開催地であることから万国旗の衣装で日の丸を振って踊る［写真9-7］。

⑨「らんラン東海」愛知県東海市：「鉄と蘭のまち東海市」ということで、黒（鉄）とピンク（蘭）の色の衣装を着る。チーム名は楽しさを表す「ランラン」と「蘭」をかけている。

⑩「コンコン豊川」愛知県豊川市：豊川稲荷にちなんでキツネの面を使用する。

写真9–7　「にっぽんど真ん中祭り」の踊り（2004年）

写真9–8　「にっぽんど真ん中祭り」総踊りの様子（2004年）

チーム名に「コンコン」と「豊川」をつける。

⑪「はんだ踊りん！ TEAM“GON”」愛知県半田市：「ごんぎつね」の作者、新美南吉の出身地であるために背にキツネのデザインの法被を着る。チーム名に「はんだ」と「GON」を入れる。

⑫「バサラ瑞浪」岐阜県瑞浪市：チーム名に「瑞浪」と美濃源氏の気質を表す「バサラ」をつける。踊りの最後に“バサラ”の掛け声を入れる。

⑬「富有樂猩（ふゆうらくしょう）」岐阜県瑞穂市（旧巣南町）：富有柿の模様の衣装を着る。チーム名に「富有」を使う。巣南町は2003年５月１日、瑞穂町と合併して瑞穂市となり、その町名がなくなった。巣南町は富有柿で有名な地であり、町名が消えていくことがわかっていた。2002年の初出場のときから、あえて、

チーム名に巣南町の特産品の‘富有’をつけた。

⑭「めっちゃええやんず」三重県鈴鹿市:伝統産業の伊勢型紙で染めた衣装で、江戸時代の開国の先駆者である鈴鹿市の大黒屋光太夫の生涯を表現する。

⑮「安濃津よさこい　だったらあげちゃえよ」三重県津市:郷土芸能の‘しゃご馬’が登場する。

3．総踊り

「よさこい系」祭りのなかでも「総踊り」が非常に多い祭りで、2003年までに「Sutotoco（ストトコ）」（後述）「わっしょい」「名古屋でGO!」「名古屋でGO! ２」「どんどんどまつり」「ヨッチョレ」（「YOSAKOIソーラン祭り」の踊り）「花まつり」（某テレビ局の子ども向け番組で使用された曲）の７種類あった。2004年の第６回には「YOSAKOIソーラン祭り」の踊りの「ヨッチョレ」や某テレビ曲の「花まつり」はなくなっていき、純粋に名古屋オリジナルの曲のみとなった。踊り子だけでなく観客も全員参加する「観客動員数ゼロ」の祭りを目指している［写真9–8］。

次が総踊りの「Sutotoco」の歌詞である。「ストトコ」とは「名古屋甚句」の節のことをいう。「名古屋甚句」が花街あたりで唄われるとき、‘ストトコ節’と呼ばれる本唄に続いて「名古屋名物」が唄われ、お座敷を盛り上げたという。

歌詞には、「天むす」「味噌カツ」「味噌煮込み」や「信長」「秀吉」「家康」や「金鯱」など、名古屋（愛知・尾張）の名物・著名人がふんだんに盛り込まれ、全体が名古屋弁で語られている。

＜名古屋「にっぽんど真ん中祭り」総踊り「Sutotoco:ストトコ」歌詞＞

原曲：「名古屋名物」

作詩・編詩／にっぽんど真ん中祭り組織委員会

作曲・編曲／たなか　つとむ

１．名古屋名物　おいて頂もに　すかたらんに　おきゃあせ
　　ちょっとも　だちゃかんと　ぐざるぜえも

そうきゃも　そうきゃも　なんでゃあも
いきゃすか　おきゃすか　どうしゃあす
おみぁ様(はん)　このごろ　どうしゃあた
どこぞに　ひめでも　出来ゃせんか
できたら　できたと　言やあせも　私もかんこうが　あるわやあも！
おそぎゃあぜえも
※のんきに 陽気に 本気に踊れや Sutotoco Sutotoco サッサッサッ
のんきに 陽気に 本気に踊れや Sutotoco Sutotoco サッサッサッ

2．名古屋名物　どえりゃーうみゃあて　天むす　味噌カツ　味噌煮込み
手羽先　ひつまぶしに　ういろうとか　きしめんも
そうきゃも　そうきゃも　なんでゃあも
皆で踊ろみゃ　愉快だぎゃー！
じっちゃも　ばっちゃも　若けえのも
一発かまして　やったろみゃー
海っ子　山っ子　町の子も
どんちゃんちゃかちゃか　騒ごまい！
うるさあぜえも
※1回(間奏)※2回

3．名古屋名物　えりゃあもんなら　信長　秀吉　家康に
金鯱　見上げりゃ　驚くぜえも
そうきゃも　そうきゃも　なんでゃあも
やっとかめだな　どうしゃあた？
あんさん最近　何しちょう？
あたしゃ祭りで　踊っとう！
いっぺん一緒に　おどろみゃー
ここはニッポン　ど真ん中
いかすぜえも
※3回

第５節　都市の集団性

こうした事例研究から、都市文化の特性、都市における文化装置の特色、また、都市における人間関係の特色、都市における集団性の特色、そして人間のつながりのあり方などについて理論化を図りたい。のちに、和崎春日、米山俊直、有末賢が研究する「京都大文字」や「祇園祭」や「佃・月島の祭礼」などの伝統的都市祭礼の諸理論とも比較しながら、「よさこい系」祭りからみた都市祝祭のオリジナルの理論化を図らなければならないが、本節においては、非宗教性から発した、現代都市祝祭を扱った松平誠の都市理論との比較検討から、自身の理論化を考えたい。

１．合衆型都市祝祭

松平誠は「高円寺阿波おどり」を「合衆型都市祝祭」といい、その特徴を次のように挙げている［松平 1990:4–5］。

①祝祭の母体が地域住民をもつつみこんで地域集団から離陸し、地縁・血縁と無関係な社会縁の単位集合(連・講・党)をつくりだし、それらが祭礼のための合衆をなすこと〔地域からの離陸〕

② 氏子集団の閉鎖的なスる行為中心の祭礼にかわって、観衆をもつつみこむミる―スるの相互関係が重要になり、しかもそれらは独立的でなく、両義性をもつものとして機能していること〔見る・見せるの両義性〕

③ 祝祭の構成単位は、特定の固定的な氏子集団や家ではなく個人の集合であり、単位集合への加入脱退は自由で、単位集合相互間の交換も活発におこること〔柔軟な内包・開放的な外延〕

④ 祝祭のための合衆は、開放型ネットワーク構成をとり、その結び目は無限に広がる可能性をもつこと、また単位集合自体が簡単に分裂・合併し、増殖する可能性をももつこと〔開放型ネットワーク構成と増殖性〕

⑤祝祭のための合衆はきわめて短期間の結合で、日常世界とのつながりに乏しいこと、ここからは強固な生活共同や生活組織が形成されにくいこと〔脱産業化と「楽しみ」の価値追求〕

また「合衆型の祝祭には、伝統的都市祝祭のなかにあった社会統合の再確認動機は、そのまま個人の共同のなかで自己充足に転化し、階層構造認知の動機は、ヨコの共同から生まれる「楽しみ」に転化している」とも述べている［松平 1990:345］。

なお、ここでの「合衆」とは松平の造語で、「個人に解体され、集団帰属性がうすらいだ時期における祝祭で、個人が互いに「合」して「衆」をなし、「党」を単位としてつくられる感性世界での人々の集まり」をいう［松平 1990:327-328］。

2．「合衆型都市祝祭」の特徴と「よさこい系」祭りとの相違点

「よさこい系」の祭りも「高円寺阿波おどり」と同様に伝播型の祭りであり、都市を舞台としている。松平のいう「合衆型都市祝祭」の特徴のうち、③と④は「よさこい系」の祭りでもあてはまるが、その特徴論ではとらえきれない点もある。

［1］「地域」に「戻る」方向性、地域表象を行う「楽しみ」

「よさこい系」の祭りは、現代の都市祝祭ではあるが、明らかに「地域」に「戻る」方向性がある。祭りのルールがその地の民謡等を取り入れることとなっているのがきっかけではあるが、祭りを創る人々や参加集団はそれを‘楽しく’表象化している。

［2］「生」の実感：「生きていること」の実感としての踊り（身体感覚・身体表現）と「生活」の実感としての「地域」の意識化

都市はヴァーチャルな空間であり、「生」の実感が乏しくなりがちである。それだからこそ、確かな身体感覚が求められる。また、ただ「生きている」だけではなく、「生活」している人間として、「地域」を意識化することも必要である。ヒトもモノも情報も多量に行き交う現代において、確かなものは、自己とその地域である。自分の‘身体’と生活している‘地域’はどちらも換えがたい、唯一のものである。

［3］「地域再確立」―「ゆるやかな地縁」

「よさこい系」の祭りは「地域」に「戻る」方向性がみられるが、それは厳密な「地域」ではなく、イメージである。表象された「地域」は、ときに

は現在や本来の姿とは違うものが「再確立」される。例えば、漁場ではない札幌市における漁業性の表現や、現在ではなく歴史をもとにした地域性の表出の例があげられる。

また、そのなかの人々は、必ずしもその地域出身者や住民である必要はなく、友人・知人はもちろん、そのチームの踊りを好む人も含んでいる。つまり、その地域表象に同調している人々の集まりである。本来は、「地縁」はその地に住んでいれば選びようもなく与えられるが、その地域表象に同調する人にも‘縁’は与えられる。いわば「ゆるやかな地縁」である。このことは「YOSAKOIソーラン祭り」に参加する札幌市北区新琴似のチームに顕著である。このチームのファンは多く、常に地元が6割以上という人数を保ちながらも地方の踊り子もいる。なかには東京から週末に練習に通う踊り子もいる。

[4] 総踊りの機能：ミル—スルの関係性、多義的な機能

総踊りは、ミル(観客)とスル(踊り子)の区別をなくす。それだけでなく、スル側(踊り子たち)の区別をもなくしている。地元チームや遠征チームの区別を取り払うだけでなく、チームの垣根(スル側のチーム編成の違いや内部構成など)もなくす。ミル—スルの関係性だけでなく、スル—スルの関係性をも変えていくのである。ひいては、そこにいるすべての人々の区別をなくすという多義的な機能がある。

第6節　都市の伝承母体論

このようにして新たな‘つながり’をもった人々には、それぞれの祭りという新しい文化を伝承している様相がみられるのである。地域表象豊かな祭りの参加集団(チーム)や祭りそのものに‘型’や‘らしさ’があり、観客もそれを期待している。伝承性が認められればそれは「民俗」である。小林忠雄の指摘するとおり、文化集団も伝承母体である［小林 1990］(17)。また、住民移動の激しい団地にも民俗は存在するとした倉石忠彦は、伝承を扱うものはムラにおいては集団に求められるが、都市においては個人に求めざるを得ないと述べている［倉石 1990：101–102］(18)。「よさこい系」祭りにおいても、

それぞれの地域的な特徴を強くもつ文化集団が担い手であるが、ほとんどの場合、参加集団は毎年メンバーが変わる。きわめて流動的で固定していない。メンバーを企業の社員に限定していたり、常に地域住民が半数を超えるチームもあるが、それらは少数である。また、中心となるスタッフ数人が変わらずに存在する場合もあるが、スタッフでさえも変わらざるを得ない学生チーム(スポンサーのない)でも、そのチームの‘型’や‘らしさ’は明らかに伝わっているのである。

そして、祭りをとおして新たにつながった人々は、「よさこい」という文化を伝承している。その祭りやチームの‘型’や‘らしさ’は、流動的で固定していない参加集団や観客、これらの人々によって確かに伝えられている。

都市の伝承母体は、その中身が変わっても、確実にその役目が果たせるほどに、ダイナミックで柔軟性に富んでいる。

「よさこい系」祭りの伝承は、そのときそのときに、固定していない個々の人々が祭りやチームの特色を表すことによって行われる。「伝承」というときに「伝承」の意識が必要かどうかは別稿で論じたいが、たとえ無意識でも「伝わっている」のは確かな事実である。そしてその個々の人々は、都市の祭りに不可欠の「観客」の期待に応えている。観客ももちろん固定していない。つまり都市の祭りは観客をも含めた固定していない個々の人々によって伝承されているのである。いわば「ゆるやかな伝承母体」である。

「よさこい系」の祭りには「地域」に「戻る」方向性がある。しかしそれは厳密な「地域」ではなく、イメージである。祭りを創る人々や参加集団は‘楽しんで’地域を表象化している。イメージであるがゆえに、「表象された‘地域’」は、ときには現在や本来の姿とは違うものが「再確立」される。

「再確立された‘地域’」においては、そのなかの人々は、必ずしもその地域出身者や住民である必要はなく、友人・知人はもちろんそのチームの踊りを好む人も含む。つまり、その地域表象に同調している人々の集まりである。本来は、「地縁」はその地に住んでいれば選びようもなく与えられるが、その地域表象に同調する人にも‘縁’は与えられる。いわば「ゆるやかな地縁」である。

また、総踊りは、ミル(観客)とスル(踊り子)の区別をなくすだけでなく、スル側(踊り子たち)の区別をもなくしている。チームの垣根や地元チームや遠征チームの区別などを取り払う。スル側といえども、一般チーム・学生チーム・地域チームなど多様な結合契機により構成されていたり、障害者もいたり、性別や世代の違いもある。また、踊りのレベルもさまざまである。ミル—スルの関係性だけでなく、スル—スルの関係性をも変えていくのである。ひいては、そこにいるすべての人々の区別をなくす。そしてこれは「生」の実感にもつながっていく。総踊りにはこのような多義的な機能がある。「みちのくYOSAKOI」の総踊り「乱舞」には６県それぞれの表象がみられ、そしてそれが「東北性」としてまとまっている。「どまつり」の総踊り「Sutotoco」の歌詞には多くの「名古屋性」の表象がみられる。「みちのくYOSAKOI」における「拡大」は、無限の拡大ではなく「限定された‘拡大’」である。総踊りをすることで、「みちのくYOSAKOI」では「東北」(みちのく)という地域として新たにまとまり、また、「どまつり」では「名古屋」という地域に引き戻すという、どちらにも‘凝集’する方向性がみられるのである。

以上のようなことが複合的に作用し、都市における新たな人間の‘つながり’が生み出されていくのである。

註

（１）「龍馬連」というチームである。
（２）「京町・新京橋　“ゑびす・しばてん連”」というチームである。京町・新京橋というのは高知市中心部の商店街である。
（３）「とらっく(社)高知県トラック協会」というチームである。
（４）「ほにや」というチームである。
（５）「山田太鼓」というチームである。
（６）「伊予からの風　純信連」という愛媛県四国中央市のチームである。
（７）『GAIYA』と『GET』という２曲である。
（８）「新琴似天舞龍神（しんことにてんぶりゅうじん）」というチームである。
（９）「澄川精進蛍会（すみかわしょうじんほたるかい）」というチームである。この地の精進川にかつてホタルがたくさんいたそうである。
(10)「新川天狗乱舞（しんかわてんぐらんまい）」というチームである。
(11)「石狩流星海（いしかりりゅうせいかい）」というチームである。

(12)　「室蘭百花繚蘭」というチームである（第１章［写真1-3］）

(13)　「夜咲恋そぅらんサムライ士別with三好町」というチームである。

(14)　「舞灯雄武」というチームである。

(15)　「ヨッチョレ」とは高知の「よさこい鳴子踊り」の掛け声で土佐弁で「どいてくれ」の意味である。「さぁさみんなでどっこいしょ」の曲は高知の「よさこい鳴子踊り」と北海道の「ソーラン節」を合わせた曲である。

(16)　６種類の踊りとは、「ワオドリ踊ろよ」「正調ソーラン」「どっこいしょ」「おかみさんソーラン」「騒乱走乱」「演歌調ソーラン」である。「ワオドリ踊ろよ」は初心者向け踊りで、2004年に加わった。「おかみさんソーラン」とは岐阜県瑞浪市の「バサラ瑞浪」という主婦中心のチームの踊りである。「騒乱走乱」は岐阜の「郡上おどり」を参考にした激しい振り付けの踊りである。「演歌調ソーラン」は「恋蛍」という演歌に合わせた躍りである。

(17)　小林のいう「文化集団」とはあくまでも伝統都市の文化集団で、具体的には茶道・華道・舞踊・能楽・邦楽などのように家元制度で組織された集団を指している。しかし同氏はまた、ここでの文化集団とは「文化的なものを伝承していこうとする、ある地域的特色をもった活動集団」としており、この意味においては、「よさこい系」祭りの集団はまさに文化集団といえる。

(18)　また、倉石は都市の伝承母体について、マチそのものを「伝承体」、そこで伝達・継承の機能を果たす存在を「伝承素」と呼んでいる［倉石 1997:29-30］。

終 章　総括と今後の課題

第1節　総　括

本研究から、地域社会という枠が解体しつつある現代社会において、人々がどのように集合するか、また、地域文化はどのように継承されるかがわかった。それは、民俗学においては、「都市民俗学」および「都市の伝承母体」の再考を行うことになった。

1．祝祭の受容と展開

1992年に誕生した「YOSAKOIソーラン祭り」は2005年で14回を迎えた。全国では多くの「よさこい系」の祭りが次々と創造されていき、今や道内では、祭りの期間中だけでなく、多くのイベントでは、必ずといっていいほど「よさこい」の踊りが披露されている。

従来、文化は中央から地方へ伝播するといわれてきたが、「よさこい系」祭りはまったく違う。地方から地方へ伝播し、そしてその地方の文化となり、まったく中央を指向していない。文化の中心地と思われている東京は歯牙にもかけられていないのである。また、その運営や踊り手は若者が中心となってはいるものの、全国で新しい「よさこい」形式の祭りが誕生している現象は、若者の集団だけの特殊な現象ではなく、現代の人間社会の重要な文化現象のひとつだと考えられる。

札幌で「よさこい」が受け入れられ急成長した理由には、まず、それまで誰でもが参加できる祭りがほとんどなかったことがあげられる。そもそも北海道は開拓の地で、何でも吸収する可能性があるという、ある意味では都市の極みの姿の地であったため、というのも大きな要因と考えていいであろう。しかし、札幌、北海道だけでなく、全国でもさかんになっているということは、地域社会の人間に‘つながり’をもたせる何かが求められているためではないかと考えられる。新興住宅地の‘ふるさとづくり’やマンネリ化した地域の祭りの活性化には､｢よさこい｣はまさに‘適当な’形式の祭りであった｡都市の集団は､こうした結合の仕方や維持のされ方の選択の多様性によって存続していくと考えられる。都市のもつ人間関係の希薄さは、人工的なつながりで補う方が都市に住む人々にとっては心地よいと思われる。

「よさこい系」祭りは、1970～80年代につくられた神不在のイベント(｢神戸まつり」や「浅草サンバカーニバル」など)のような行政あるいは商店街が一方的に発案した祭りではなく、また1988年の竹下内閣の「ふるさと創生」のような押しつけられた事業でもなく、実際にその土地で普通に生活している人々の希望で、つまり市民レベルで誕生している祭りである。それがたとえ無意識であれ、集団にとって必要なものだからこそ、一地域だけにとどまらず全国規模で次々に新しい「よさこい系」祭りが創造されているのではないか、それは生まれるべくして生まれたのではないかと考えるのである。

「感動」して、新たに祭りをつくる。これまでのイベントにはあまりみられないことである。イベントはとかく、商業的な目的が優先し、まず、利益を得られるかどうかが開始の判断となる。しかし、「よさこい」においては、人の感情が全面的に押し出されている。｢感動して｣――筆者は調査にあたり、幾度も話者からこの言葉を聞いた。そもそも、高知の「よさこい祭り」は徳島の「阿波おどり」に感動した人たちが始めたものであった。｢よさこい」の全国展開の様子は非常に精神的なものである。都市生活者は他者のなかで埋没しがちな自己を保つために、ときには逸脱した行動をとる。きわめて非日常的な衣装でさまざまに創作された踊りをする踊り子はまさに「かぶいている」状態である。

「よさこい系」祭りは、踊りそのものについてのルールがきわめてゆるやかである。｢鳴子を持ち、地元の民謡で踊る」それだけである。多少の‘はみ出し’も許容される。一人ではここまで逸脱できないが、仲間がいることで安心して逸脱できる。共に踊ることでの安心感という点に‘癒し’の機能がみられる。

「よさこい系」祭りは、従来の祭りと何が違うのか。従来の伝統的な祭りが形式(しきたり)を重視し、そのままを継承し保存することを大事としていたのに対して、「よさこい系」祭りは形式にとらわれずに祭りを創造していくことができる。年齢・性別・民族に関係なく、また、障害をもつ人も参加でき、集団となる契機の方法が多様で、身体表現の方法も多様、踊り自体も楽しみを追求したり技を追求したりと、あらゆる面の許容範囲が広い。それらを個人で自由に設定してレベルを選択し、参加できる。これは参加する側だけのことではなく、祭りの主催者も、あらゆるものを自由に選択でき、どのようなかたちの祭りにするかを自分たちで決定できる。そして、祭り自体や踊りのオリジナリティの手段としての地域表象においては、多様なローカルアイデンティティがみられる。そのうえで、同じ「よさこい」というつながりももてる。つまり、差異性と統一性の両方の性質をもてるのである。

「よさこい系」の祭りにみる地域性の表出は、他の「よさこい」との差異化を示すことはもちろん、ローカルアイデンティティについて思考する機会ともなっている。一体この地域に何があるのかと、新しく「よさこい」を始めようとする人々は悩む。その地域のものとして、そこに住む人が認めるのは何かという文化資源の選択作業が行われている。

2．祝祭の伝播理論

そもそも「なぜ、こんなにも全国的に「よさこい」の祭りは広がっているのだろうか」という問いはこの調査・研究を始めた筆者の最初の疑問であり、また、しばしば質問されたことであった。

まず、考えられる理由は、「よさこい系」祭りにおいては、踊りそのものについてのルールが非常にゆるやかで、参加しやすいということである。「鳴子を持ち、地元の民謡で踊る」、それだけがルールである。参加者をその地域に限定していないし(例えば、「YOSAKOIソーラン祭り」は、札幌の祭りであるのに札幌以外から多く参加する)、どんな衣装や曲や小道具で踊っても構わない。多少の逸脱行為は許容されているのである。

森田三郎は、「変動期の社会」における「ウラ祭り」の許容の重要性、つまり、現代あるいは都市の祭りにおける逸脱行為の許容の重要性を述べている。また、松平誠は、「高円寺阿波おどり」には、「「地域」をつつんでの離陸」

があるといい、最初から他地域の参加も許容していることを示している。「よさこい系」の祭りも「高円寺阿波おどり」と同じように、参加者を地域に限定しておらず、また、踊りの種類は自由という、「ウラ祭り」の部分をも含んだかたちが、どちらが、主・副ということなく、最初から祭りを構成する等価の単位と扱われて成立している。

なぜ広がったのか、という問いに対して、それはまるで「ウイルス」の仕業のようだということで「よさこいウイルス」とマスコミが名づけた時期があった。似たような事故や事件が連続して起きるとき、何らかの「ウイルス」が伝わるようなものだという説明がなされることがある。もしウイルスの仕業ならば、感染したあとの症状は同じはずである。同じだからこそそれに対処する薬がつくられるのである。「よさこい系」の祭りはどうであろうか。全国で創造されている「よさこい系」の祭りはそれぞれに特徴があり、ひとつとして同じ祭りはない。もちろん鳴子を持ち、民謡を取り入れて踊るという祭りの形式は同じでも、そこに内容を詰め込み、でき上がった祭りは違うものになっている。

それは伝播した祭りの形式により呼び起こされたその地の習俗(ロスのいうCustom、宇野善康のいう文化的文脈)がそれぞれに違うから、祭りも違うものになるのである。

「よさこい系」の祭りは、地域表象で祭りやチームのオリジナリティを出し、多様なローカルアイデンティティの表出ができる。また、祭り間を踊り子が移動することによって、人がつながり、都市がつながり、また、他地域で一緒に踊ることによって新たに人がつながっていく。オリジナリティという差異性も楽しみながら、新たなつながりという統一性の両方の性質を楽しむこともできる。踊り子は地元のチームを超え、地元の地域を超え、新たな人間関係をもつ。そのうえで外に出ていき、他の「よさこい系」の祭りに加わり、また、新たな人間関係をもつことができる。

「よさこい系」祭りの全国展開の理由は、ルールが少なくて参加のハードルが低いということだけでなく、この祭りが、祭りの形式が触媒となって人々の感性に訴えるという「刺激伝播」であり、その人々が存する地域の習俗を呼び起こして創造する祭りであることが大きい。この祭りは、さらに既存の集団を超えて別の集団を再編成し、地域を超え、今までは関係性をもてなかった他地域の他者との「つながり」がもてるというように、人間関係が希薄な都市において、新たなかたちの「つながり」を次々に形成していくことのできる祭りである。人もモノも情報も多量に行き交う現代において、他のどこにもないもの、唯一のものは、「その地域」である。「その地域」に存する、何ものにも換えがたい自分や自分たちを表現する。「よさこい系」の祭りには、「その地域」の習俗を活かしながら自分たちの感性で祭りや踊りを創造できる大きな喜びがあり、そのうえでさらに他者と超域的なつながりももてるという喜びもある。他の要因ももちろんあるわけだが、マクロでグローバルな経済利潤の構造を超えて、一人ひとりのミクロでローカルな自己実現という精神的要因が「よさこい系」祭りの伝播と生成の最も大きな理由であると考えている。

3．祝祭の正統性

このようにして創造された新しい「よさこい系」祭りは、祭りの主催者やその他「よさこい」に興味をもっている人やジャーナリズムなどといった諸集団の評価を受けることとなる。さまざまな祭りの種類やレベルがあるなかで、技術的に優れたものだけを「よさこい」と称する人もいる。「よさこい」の「正統性」が問われてくるのである。

全国展開した「よさこい系」祭りに対して、本家・高知の意識は次のように変化した。「YOSAKOIソーラン祭り」開始当時(1992・1993年)には、本家・高知「よさこい祭り」そのものの変化や感想を述べ、今(当時)の踊りのよさを述べる意見や、昔をなつかしんでいる意見もある。ここでのとらえ方は同一地における時間的なとらえ方である。やがて「YOSAKOIソーラン祭り」の規模が大きくなり知名度が上がり、また、その他の「よさこい系」祭りも増えると、空間的にとらえるようになる。そうなると、昔をなつかしんでいるという意見が減り、他地域・他空間に対して、とたんに本家を強調し、高知「よさこい祭り」そのものに対しては、対抗的・否定的な意見はなくなっていく。また、年ごとの「よさこい祭り」自体の特徴そのものについてはほとんど触れられなくなり、代わって他地域が高知をどう見ているかに重点を置いてくる。そのものについての現在の感想や時間的にとらえるのではなく、空間的な中でどう位置づけられているかに力点が置かれてくる。高知の昔をなつかしんでいる声はほとんどなくなってくる。「YOSAKOIソーラン祭り」に対して、当初は余裕を持って見守る姿勢だったが、だんだんともうひとつの中心的な「よさこい」の祭りである「YOSAKOIソーラン祭り」が規模が大きくなるにつれて、本家としての危機感を感じていった様がうかがえる。

しかし、高知の「よさこい祭り」は50年という歴史があり、文化の熟成度・洗練度が非常に高い。運営も長年培われて、自然に行われている。こと細かな決まりがなくても進行していく。高知のフレキシブルさはあとからでは真似できないことである。それゆえに、後続の「よさこい系」の祭りの運営はどうしても人工的なものになってしまう。よって、名古屋の「にっぽんど真ん中祭り」のように、高知でなく、北海道の組織運営を手本にしたりする。「どまつり」では、北海道の「平岸天神」が毎年ゲストチームとして踊りを披露しているいるが、これをみても北海道に追随しているのがわかる。

そもそも「よさこい系」祭りの全国展開は、踊りそのものが伝わったのではなく、鳴子を持ち、地元の民謡を取り入れて踊るという祭りの‘形式’が伝わったものである。それは人々の感性に委ねられる部分が多く、その地にあった習俗を呼び起こして新しい祭りとなっている。つまり、「よさこい系」の祭りはひとつひとつ違う祭りであり、特に北海道の「YOSAKOIソーラン祭り」はすでに確固とした祭りとして成長していると考えられる。「YOSAKOIソーラン祭り」の大賞以下の各賞は、それまで「高知県知事賞」「高知市長賞」「北海道知事賞」「札幌市長賞」の順であったが、2001年には高知と北海道の順番が逆になった。このことも「YOSAKOIソーラン祭り」の成熟を表すものである。

もともと、「よさこい祭り」は、全国的には認知度はそれほど高いとはいえない祭りであった。つまり、対外的にそれほど強い正統性を認知させる祭りではなかったのである。高知市内で完結していた祭りであった。

「よさこい祭り」は毎年踊りが変化する祭りである。変わりゆくことがこの祭りの宿命なのである。非常に柔軟性に富んでいるという、その最大の特色ゆえに全国の地域にいろいろなかたちで受け入れられた。また、その正統性は厳密なものでなく、ゆるやかなものであったがために全国的にこだわりなく受け入れられた。踊りそのものでなく、祭りの‘形式’が伝わり、それぞれの地元の習俗ごとに違った新しい祭りがつくられた。その“違い”は各々の祭りの独自性である。つまり、同じ「よさこい系」の祭りとはいっても「違うもの」なのである。‘本家’はひとつしかないのは当たり前だが、「YOSAKOIソーラン祭り」をはじめとしてすでにほかの祭りも確固たる独自の祭りとなりつつある。「よさこい系」の祭りは、それぞれ違う祭りであり、独自の魅力が各々の祭りにあるのである。それゆえにその祭りが成長したときには正統性は問われなくなっていくのだと考えられる。このことは本家・高知においてもいえることである。「よさこい祭り」は2003年に50回を迎えたが、そのあとは、まったく分家の存在など気にかけるふうもなくなった。50年という年月をかけて祭りを支える文化集団がしっかりと形成され、「よさこい祭り」は「祭り」として確かな存在となったのである。

また、高知の「よさこい全国大会」にみられることは、競い合うこと自体が祭りを活性化させるという「競争的連帯」の一種だと考えられる。全国の「よさこい系」祭りが競い合い、高知・札幌の本家意識は、お互いを活性化させる。競争的連帯には、‘都市の中で’のもの(京都大文字や祇園祭のような)だけでなく、‘都市間の’競争的連帯もあることを、ここに指摘できるのである。

4．祝祭にみる地域表象―オーセンティシティとリアリティ―

人々により選択され、決定された地域表象は、高知「よさこい祭り」では、高知=「龍馬」、札幌「YOSAKOIソーラン祭り」では札幌でなく北海道としてとらえられ、北海道=「ソーラン節」=漁業(ニシン漁)という、拡大されたイメージでとらえられる。その一方で、都市の中にあるさらに細かい地域に細分化されて‘地域’が主張されることも多い。また、仙台「みちのくYOSAKOI」と名古屋「どまつり」は、対象地域を拡大・開放したことで、他の「よさこい系」祭りにはない、逆にそこだけの「オリジナリティの高い」祭りとなった。ひとつの祭りでさまざまな地域表象が見られることが仙台・名古屋の祭りの最大の特徴である。さらに、そのことが刺激となり、それぞれのチームが工夫を凝らしており、地域表象を楽しんでいる様子がうかがえる。これらの地域表象は、すべて本物である必要はなく、イメージで構わない。内陸部の札幌で、イメージで漁業性を表現しても構わないのである。「よさこい系」祭りにおいては、踊りそのものを競っているのであって、「より本物らしく」装っているから人々の評価が高いというわけではない。この祭りにおいては、オーセンティシティ(本物らしさ)が権威をもつのではないのである。「YOSAKOIソーラン祭り」に参加する「平岸天神」の人気は「漁師らしさ」の表現がすばらしいからではなく、踊りのレベルが高いからである。都市は「本物」そのままの表現ではなく、イメージであったり、それを婉曲的に表現したりしても構わない。100パーセントの「本物」を都市に持ち込む必要はないし、それは困難であることが多い。ある程度の洗練度が求められ、多様性があるのが都市だからである。振り付け、曲、衣装、地方車はプロの手に任せても構わない。商業地であり、専門家がいる都市においては、プロの手に頼っても構わない。それは許容範囲なのである。こうしたことは、都市や観光を扱う人類学では、「伝統の創造」論やオーセンティシティ論として多く論じられてきた。

しかし、まず、第一に、この都市のもつ擬似文化性の特色をはっきりと意識して取り上げなくてはならない。「らしさ」すらも求められていない、イメージでもいい祭りだからといって、「本物」が無意味というのではまったくないのである。重要なのは、イメージだけでいい、あるいは「らしさ」だけでいいとするのではなく、やはり「本物」の方に向かおうとする「方向性」なのである。漁業性を踊った漁業の町、三石町(みついしちょう)や屯田兵を持ち出した屯田兵開拓の地、新琴似(しんことに)の例でわかるように、「本物」はイメージよりはるかに強く確実に人々に受け入れられ、承認されている。人々が本当に納得し、心的充足を得られるのは、オーセンティシティ(本物らしさ)よりもリアリティ(実体)なのである。振り付けなどはプロの手に任せても、踊り子だけは地の素人である。チームのなかにはジャズダンススタジオのチームもあるが、踊り子はうまく踊れるのが当たり前であって、観客はあまり感動していない。「普通の人々」が踊るというこの祭りの持つ本質――「誰もが参加できる」というのは‘素(す)’‘生(なま)’のリアリティであり、これだけはどうしても譲れないのである。村落では祭りにおいて、リアルなものを離れてヴァーチャルな世界に浸る傾向がある。逆に、日常がヴァーチャルなものであふれている都市では、もちろん、祭りにおいてさらなる日常の反転があるが、他方で、祭りという非日常の場面においてはリアルなものが希求される。実感できるもの、自己実現できるもの、確かな身体感覚が必要なのである。日常にないものを取り戻すのが祭りなのである。

地域表象にみられるこうしたチームの独自性の表出は、各チームの踊りをめぐる文化の継承のみならず、チームの独自性を競い合うことが祭りのエネルギーとなり、祭りそのものを継続させる結果となっている。特に地域密着型のチームの、町内などの地域というレベルに細分化されたエネルギーが、都市・札幌の「YOSAKOIソーラン祭り」全体を支えることになっているのである。

5．参加集団と運営集団にみる拡大と凝集

「よさこい系」祭りの参加集団は、参加動機が多様で、実にさまざまな結合契機で編成されている。「選択縁」のもとに集合するが、その縁も多種多様である。既存のチームから抜けて新たにチームをつくることもでき、複数のチームに所属することもできる。また、企業・大学・地域がいろいろなかたちで結びつくこともできる。「よさこい系」祭りのなかには、いろいろな受け皿が用意されている。多様な動機・欲求に基づく参加意思を受け入れることができ、また、さらなる集団編成へと展開する流動的な結びつきも可能である。第８章第３節で指摘したように、企業が一般チームと結びつくような事例や、企業のスポンサーをつけながらも地元住民を中心とした地域密着型のチームにしようとする事例も出てきている。ここに多様で流動的という都市性がみられる。流動的ではあってもそこには既存のものとは違う新たな参加意思もみられ、結果的にはそれは多様性を示すことになる。そうであるがゆえに、この祭りそのものは続いていく。ここに社会的・集団的継承性がみられる。また、独自性のある、すでに「型」ができているチームが多く、地域密着型のチームでは明らかに「伝える」意識が出てきており、文化的継承性もみられる。

第６章において、地域密着型チームの事例のひとつとして「YOSAKOIソーラン祭り」に参加する札幌市北区の新琴似の「新琴似天舞龍神（しんことにてんぶりゅうじん）」というチームを取り上げた。新琴似という地は屯田兵が開拓した土地で、このチームはその他の多くのチームが表現する漁業性ではなく、開拓の精神を表現する。札幌市内だけでなく道内道外にもこのチームのファンは多い。踊り子は屯田兵の子孫というわけではないが、この地は屯田兵が開拓した土地というのは事実であり、その事実を地域表象の拠り所とする姿勢がある。そこには、まさに「本物・リアリティ」を求めようとする「方向性」があり、そのことが人々をひきつける集団としてのエネルギーとなっていると考えられる。

「YOSAKOIソーラン祭り」は新しい民俗であり、地域の歴史や生活背景とは無関係に創造されているように思われがちだが、新琴似の例からもわかるように、新しい民俗の創造には実際の生活が強い基盤となっている。地域に根ざした生活の営みの上に新しい民俗は創造され、それは「本物」であるがゆえに、揺るぎない強さをもっているのである。都市研究の民俗学や人類学も、最近とみに論じられているオーセンティシティや「本物らしさ」だけでよしとする方向ではなく、生活の実践に結びうるリアリティをすくい上げていかなければならないと考えるのである。非日常である祭りを理解するには、日常生活を探ることが必要である。新琴似には、非日常を非日常に閉じさせるのではない新琴似の人々の、生活者の日常感覚からせりあがる生活文化の創造過程がみられる。それが祭りというかたちに凝縮しているのである。

「新琴似天舞龍神」のチームを担う人々は、新琴似で実際に生活している人々である。参加条件を限定しているわけではないが、毎年約６割(隣接地区も含めると８割)が新琴似の住民である。現在居住している人々は今やほとんどが新移住者で、屯田兵の子孫というわけではないが、ここには日常的に、新琴似の歴史性を意識する基盤がある。「ここは屯田兵の開拓した土地である」というフレーズは地域住民の話によく出てくる。記念式典などの折に触れ、要人の挨拶にもこのようなフレーズは必ずといっていいほど登場する。また、北区による「歴史と文化の八十八選」に選ばれた14カ所についても、開拓、および開拓に伴うものがほとんどであり、新琴似神社境内には開拓の歴史を偲ばせるたくさんの記念碑がある。神社の道向かいには小学校(市立新琴似小学校)があり、下校後の小学生が神社の境内で遊ぶ姿が見られる。

この地には「新琴似歌舞伎」をはじめとして多くの文化が誕生し、継承される努力がなされている。屯田兵の開拓した土地という意識は、人々の話や文化的広報活動などで想起され、その度に新琴似の歴史的起源が確認される。このように、日常生活のなかに伝承され続けるこの地の民俗が存在する。たとえ実際にはその子孫でなくても、地域住民は新琴似の民俗を追体験しているといえるのである。それればかりか、それらは、現代都市の新しい祭りである「YOSAKOIソーラン祭り」に関わる参加集団にも活かされている。それは、‘屯田兵の開拓の魂の表現’にこだわる「新琴似天舞龍神」の踊りである。さらに、祭りに伴う新しい文化は地域社会にも受け入れられている。新琴似の夏まつりや歌舞伎にこの踊り子集団が参加するのは、新琴似の一地域住民としてではなく、「YOSAKOIソーラン祭り」の「新琴似天舞龍神」のメンバーとしてである。すなわち、新文化が逆に地域の民俗文化の方に取り入れられているのである。それはまさに、新文化と民俗の相互動態なのである。つまり、地域に連続する歴史的営みの上に新しい民俗は創造され、一方、その民俗創造の試みが地域の歴史を連続させていくことになるのである。

民俗は、既存のものを保持していくだけが民俗なのではない。新しい民俗の創造は歴史的継承性の土台の上にある。新しい祭りが創造されることも民俗生成の一形態であるし、それに参加する集団も民俗を創造している。さらに、それに伴って地域社会も新しい民俗を創っているのである。

こうして形成された「よさこい系」祭りの参加集団は、１カ所でなく、複数の会場で踊りを披露する。会場はほぼ市内全域にわたる(「にっぽんど真ん中祭り」においては岐阜市や安城市まで)。それぞれ、まず市内で一番人が集まる公園(大通公園など)が会場として設定されるが、だんだんと郊外まで広がっていく。参加集団は、そのオリジナリティを発揮した踊りを創作することで自己表現をしているのであるが、そのことで、環境づくりや地域や商店街のイメージアップに貢献したり、新しい地域のまとめ役となったりすることもある。多くの「よさこい系」祭りは回を重ねるにつれて会場数は増加していったが、そのなかでも１回しか設定されない会場や、数年続いてもなくなっていく会場も出てきている。有料の屋内会場はあまり人気がなく、また、地域運営の会場で中心人物の転勤などで運営できなくなった例もある。特に「YOSAKOIソーラン祭り」においては、すでに14回開催されており、祭り自体が今や成熟期となり、継続性を問われる時期になっている。祭り全体としての会場の‘拡大’はほぼ終わり、各々の会場はその地域でまとまり、エネルギーが‘凝縮’しつつある。つまり内的なエネルギーが充実してきているといえる。

会場を運営する側は、商店街が主催となっている場合でも、観客による消費の利益はそれほど多くは期待できず、また、地域の人々が主催となっている場合ではなおさらである。それればかりか、祭りのときに手伝ってもらうために、日常的な人間関係を保つ努力が必要となる。この祭りの魅力は、経済的理由よりむしろ精神的理由——祭り全体や地元チームを支えているという充足感が運営する側にあるからだと考えられる。そして、チームの踊り子も地元の祭りに積極的に参加するなどしてそれに応えている。その結果、地域社会の人々の連帯感も生まれている。祭りの参加集団と、それを支える会場運営の集団は、その意図や目的が多様で、それぞれの集団編成原理がある。それがときには一致し、ときには多少ずれながらも、お互いに努力し合い、「よさこい系」祭りというひとつの祭りを形成し、祭りそのものを持続させ、また、現代の地域社会における人々の新たな‘つながり’を生み出している。「よさこい系」祭りという新しい大きな祭りが、地域の凝集力を高め、内的エネルギーを充実させているともいえるのである。拡大(多様性)と凝集(内的エネルギーの充実)、その両方が祭り全体を持続させているのである。

6．都市の伝承母体

「よさこい系」祭りには、「見る者」にも「演ずる者」にも他地域のエネルギーが存在する。さらに、「演ずる者」には全国ネットワークがある。また、「演ずる者」の「競争的連帯」には「‘地域を超えた’競争的連帯」もある。「よさこい系」の祭りは最初から全国のエネルギーが祭りを支えているのである。

仙台の「みちのくYOSAKOIまつり」や名古屋「にっぽんど真ん中祭り」には、実にさまざまな地域表象がみられる(第９章)。「どまつり」においては、全国から踊り子が名古屋に集まって踊るだけならば、ただ雑多な感じの祭りとなっていたと思われる。大都市は人々の趣味も多様で拡散し、また民謡もこれといったものがない(人々があまり意識しない)場合が多い。大都市における祭りには何か「核」となるものがないと、まとまりのないものになり、発展もしない。誰もが参加できるオープンな総踊りの「Sutotoco」の歌詞には多くの「名古屋性」の表出がみられるが、総踊りが多いということそのものが「名古屋性」ともいえる。総踊りで「名古屋性」をアピールしながら、地元が主体的に会場運営を行う。また、観客(多くは地域社会の人々)は総踊りに参加してこの祭りを受け入れ、自分たちの祭りだという認識をする。この面では、祭りはあくまでも地域社会のものである。「どまつり」は祭りの対象地域が‘開放’された祭りではあるが、一方で、総踊りと会場運営において、「名古屋」という地域に引き戻すという‘凝集’する方向性がある。また、多様で開放の性質をもつ「どまつり」という新しい祭りが、地域の凝集力を高め、新たな‘つながり’も生み出しているともいえる。それだからこそ、この祭りは成功し、継続しているといえるのである。

都市は多様性と拡大発展性をその特徴とするとよく理論化されてきたが、祭りは多様性と拡大(開放)だけでは継続しない。その一方で凝集することも必要であり、その両方があってこそ都市の祭りは継続していく。

ヴァーチャルな空間である都市においては、「生」の実感が乏しく、だからこそ、踊ることで確かな身体感覚を得ている。「生きている」という感覚だけでなく、「生活」している人間として「地域」を意識化することも必要である。「よさこい系」の祭りには「地域」に「戻る」方向性がある。しかしそれは厳密な「地域」ではなく、イメージである。祭りを創る人々や参加集団は‘楽しんで’地域を表象化している。イメージであるがゆえに、「表象された‘地域’」は、ときには現在や本来の姿とは違うものが「再確立」される。「再確立された‘地域’」においては、そのなかの人々は、必ずしもその地域出身者や住民である必要はなく、友人・知人はもちろんそのチームの踊りを好む人も含む。つまり、その地域表象に同調している人々の集まりである。本来は、「地縁」はその地に住んでいれば選びようもなく与えられるが、その地域表象に同調する人にも‘縁’は与えられる。いわば「ゆるやかな地縁」である。

総踊りは、ミル（観客）とスル（踊り子）の区別をなくすだけでなく、スル側（踊り子たち）の区別をもなくしている。チームの垣根や地元チームや遠征チームの区別などを取り払う。スル側といえども、一般チーム・学生チーム・地域チームなど多様な結合契機により構成されていたり、障害者もいたり、性別や世代や民族の違いもある。また、踊りのレベルもさまざまである。ミル—スルの関係性だけでなく、スル—スルの関係性をも変えていくのである。ひいては、そこにいるすべての人々の区別をなくす。そしてこれは「生」の実感にもつながっていく。総踊りにはこのような多義的な機能がある。「みちのくYOSAKOI」の総踊り「乱舞」には6県それぞれの表象がみられ、そしてそれが「東北性」としてまとまっている。「どまつり」の総踊り「Sutotoco」の歌詞には多くの「名古屋性」の表象がみられる。「みちのくYOSAKOI」における「拡大」は、無限の拡大ではなく、「限定された‘拡大’」である。総踊りをすることで、「みちのくYOSAKOI」では「東北」（みちのく）という地域として新たにまとまり、また、「どまつり」では「名古屋」という地域に引き戻すという、どちらにも‘凝集’する方向性がみられるのである。

都市の祭りは、すべて開放の方向だけでは持続しない。都市の祭りにおいてはこの開放系がどう装置化されるかが問われてくる。何でも構わないというのでは土地のアイデンティティは生まれない。「YOSAKOIソーラン祭り」では、札幌のなかにある、都市を構成する細分化された単位である、地域集団や大学や企業やその他のアソシエーションの諸団体がそれぞれ自己主張のある踊りをするために、全体として、都市・札幌のトポス性が実践できるのである。札幌性を表す地域それぞれの細かい記憶が複合化されて、初めて「札幌」という記憶ができる。細分化された地域集団や小単位のアイデンティティは祭りの強い原動力となる。細かい地域アイデンティティのせめぎ合いは都市アイデンティティの実践になり、都市の祭りが成り立ち、持続していく。最初から広大で漠然とした都市を表象するイメージだけでは、つまり、「つくりもの」ではあっても実体性がないと、都市の祭りは続かないのである。フォークロリズムとはいえ、リアリティへの引き戻し、地域トポスへ引きつけることが重要なのである。

１～６のことからわかるように、都市においては、祭りの対象地域、各々の祭り・参加集団の地域表象、祭りの参加集団、会場の運営集団、祭りの開催会場、そして、祭りそのものを伝承する集団・伝承母体、それらは、「地域を離れて」拡大・開放されて構わない。仙台・名古屋のように対象地域が拡大・開放されても、おのおのの祭りや参加集団が、本来の地域性とはかけ離れた、オーセンティックなものを表象しても構わないし、また、祭りの参加集団や会場の運営集団が外部の人であっても、祭りの開催会場が広がっても、祭りを伝承する集団・伝承母体がさまざまであっても、都市においてはそうせざるを得ないのである。まずは、開放のエネルギーがないと祭りは持続しない。

しかし、そうしたうえで、それらはすべて、リアルな実体の方向を向く必要性、つまり、「地域に戻る」「根源を意識する」方向性をもたないと祭りが雲散霧消してしまうことがよくある。そのことを常に意識化し、それに応じた行動をする必要がある。例えば、祭りへの参加集団を地元住民中心に確保し続けるには、引きつけるだけの魅力を保つ努力が要る。都市(現代)に生きる人々には、‘地域’の意識化・意味づけ・再確認、すなわち、再トポス化が必要なのである。そうでないと、その祭りの文化は、いつまでたっても「自分(たち)の文化」とはならないし、拡大して利用したはずの資本やマスメディアにイニシアティヴを奪われてしまうこともよく起こるからである。自分(たち)の文化だからこそ、意味や価値をもち、それゆえに「伝承」できるのである。

確かに、「らしさ」(オーセンティシティ)や、フォークロリズムなどの生成性を認めないと、都市の民俗は続かない。都市においては、フィルターのかかった、変形されたもの、つまり、擬似リアリティの中に生きていかざるを得ない。生産がない消費空間であり、ヴァーチャルなものや「らしい」もの、擬似に引っ張られるのが都市である。実際に「YOSAKOIソーラン祭り」においては、内陸部の札幌で漁業性の地域表象をしたり、学生チームに企業がスポンサーとしてついて資本の力に取り込まれることもある。

しかしながら、それでよし、とするのではなく、リアリティの方向へ、リアリティなものに引きつける必要がある。擬似に引っ張られてばかりでは危険である。例えば、地域表象がリアリティから離れ過ぎると観客は疑問をもち始めたり、スポンサー企業が離れた学生チームは、今までのような資金が急になくなっただけで、とたんに踊りのレベルが下がることとなったりするのである。

このことは、民俗学・人類学という学問の分野の姿勢にも疑問を呈することになる。

根本的に、リアリティや実体そのものを対象としてきたのが今日までの民俗学である。「らしさ」やオーセンティシティでよしとするのが最近の人類学の論調である。また、フォークロリズムの立場からは、民俗において、文化が創造され、それが‘伝統’となる、つまり、「伝統の創造」がされることも事実である。

理念型としての都市文化論でいえば、リアリティから遠く離れていても、どちらを向いているかが重要である。より遠くではなく、もう一度リアリティの方向に向くようなヴァーチャル・リアリティを求めるべきである。そうしないと民衆文化は消えていく。リアリティに向かう、引き戻す努力が重要である。それは、地域のリアリティを求めることであり、再トポス化のことである。それにより、地域文化は再編成される。研究者は、人々のこのようなリアリティに向かうエネルギーのすくい上げをすることが大切である。つまり、民俗学においては、‘実体論’から‘生成論’への展開、人類学においては、‘生成論’から‘実体論’への引き戻し、その両方が求められるのである。

第２節　現代都市祝祭の原理：都市の伝承母体論

都市祝祭としての「よさこい系」祭りは、本章第１節で述べたように、総括１から６にみられる特色がある。つまり、「よさこい系」祭りの分析・考察をとおして、次のような「都市祝祭の原理」を引き出すことができる。都市の祭りがいかにして継続しているのか、それをとおして、「都市の伝承母体論」として一般化できるのである。

(1) ゆるやかなルール

現代都市祝祭においては、そのルールはゆるやかで、それゆえに参加しやすいことが指摘できる。何らかの制限のある祭り、例えば、「ねぶた」のように、衣装や小道具やハネトの跳ね方が決められているものに比べれば、まず、その祭りに参加したいというときのハードルがきわめて低く設定されている。「よさこい系」祭りでは「鳴子を持つ」ことと「地元の民謡を入れる」という条件だけで、成り立っている。

(2) 多様性、ゆえに選択性がある

現代都市祝祭には、その持続や活性化に、単純化された形式と多様な参加原理が有効である。ここでは、形式をもちながらも、伝統的な、厳格な形式にとらわれずに、祭りを創造していくことができる。参加のチャネルが広く自由である。つまり、年齢・性別に関係なく参加でき、参加集団をつくる契機の方法・原理は、特に縁はなくとも志向が同じ人が集まった場合（一般チーム）や、何らかの縁による場合—地域、学生、企業、学生・企業合同などと多様で、身体表現の方法も多様である。踊り自体も楽しみを追求したり、技術を追求したりと、参加に関わるあらゆる面で許容範囲が広い。特に参加集団の結合契機は近年さらに多様性を増している。一般チームに企業がスポンサーとしてついたり、学生中心のチームにスポンサーがつき、そのうえで地元の住民を巻き込み、地域のチームにした、という事例も出ている。つまり、参加原理が再編されるのである。参加集団が再編可能だということは、受け皿がさらに多様になっていることであり、そのことは伝承を支えることにつながる。今まで都市人類学でよく指摘されてきた「都市の特徴である多様性」に対応した、「祭りの受け皿の多様性」がある。それに則って新文化が創造されるという、自由な表現行為を導き出す都市文化の「創造性」も指摘できる。

(3) 差異性と統一性、両方の性質がある

都市祝祭には、祭祀集団の主体意思を発揮する自由度の高さとイニシアティヴが必要ある。各地の「よさこい系」祭りもその単位集団である踊りチー

ムも、他地域や他チームとは違う、独自の地域表象を表現できる。つまり、多様なローカル・アイデンティティが実現される。と同時に、「鳴子を持つ」「地元の民謡を入れる」という簡潔な共同形式によって、他者や他地域や他チームと形態上、つながっていくこともできる。つまり、都市祝祭「よさこい系」祭りは、「差異性」と「統一性(共同性)」の両方の性質を同時に実現してもてるのである。これは、現代都市祝祭に求められる大きな特質と指摘できる。

地域には固有の伝承母体がある。また、その一方で、他地域ともつながることができ、それが新たな伝承母体となる。全国ネットワークという量的母体性と、地域固有という質的母体性の両方を同時に満たすことができるのが「よさこい系」祭りであり、両方があるからこそ伝承性が強くなるのである。

(4)「ウラ祭り」の要素が等価単位としてある

都市祝祭には、はみ出しや許可されない逸脱にあたる、「ウラ祭り」の部分があり、それが等価単位としてある。中心／周縁、オモテ／ウラという関係でなく、等価な単位としてあるのである。「長崎くんち」の、本来のスケジュールにはない「ウラ祭り」の要素にあたるのは、「ねぶた」においては、問題視されるカラスハネトであり、「高円寺阿波おどり」のおいては、高円寺以外の周辺的な人々の参加である。「よさこい系」祭りにおいては、その祭り開催地の人が一応の中心とはなるものの、その地や周辺的な地域の人だけに限られるのではなく、どこからでも‘等価の’単位で参加できるのである。

(5) 協調的連帯と競争的連帯：全国ネットワークとそれによる競争

「よさこい系」の祭りでは、全国のネットワークが伝承母体となる‘協調的連帯’がある。伝播型の都市祝祭においては、高知の「よさこい全国大会」のように、祝祭の正統性を競い合うこと自体が、祭りを活性化させているという一種の競争的連帯もある。京都の「大文字」や「祇園祭」は都市の中で競い合う。「よさこい全国大会」では全国の祭りが競い合う。高知・札幌との本家争いや他地域の「よさこい」との比較は、お互いを活性化させる‘競争的連帯’である。都市の中だけではない、‘都市間の競争的連帯’が、都市祝祭の重要な新しい性質として、ここに抽出できる。

(6) オーセンティシティとリアリティ

都市祝祭において、そこで表現されるものは、間接的・開放的なオーセンティシティと実体に則したリアリティ両方の表現がされる。表現は、オーセンティシティで構わないが、その方向性が大事である。都市祝祭という文化活動において、地域アイデンティティをどう表現するか、イメージのままさらに拡大するか、実生活に引きつけるかが問われる。

オーセンティシティばかりだと脆弱になりがちである。人々の生活に引き戻す方向性が求められると考えられる。そこには、「確かさ」「素」「生」、ありのままを求め、再確立しようとする実体性がある。そのような文化集団の力は強い。「手の届く」範囲のイメージであろうとする実体動態がある。

(7) ユニットが支える全体：
地域に細分化されたエネルギーが都市全体の祭りを支える

都市祝祭の構成単位である各参加集団が、その参加単位に愛着を示し、その独自性を競い合うことによって、それが、ある都市、札幌であれば‘札幌’という都市全体の祭りを支えることになる。

全国のネットワークが伝承母体となるが、一方で、細分化されたユニット（都市内の地域や企業や大学）のアイデンティティが伝承のエネルギーとなり、それらが都市全体の祭りの伝承母体となる。最初から札幌への愛着を示して祭りに参加するのではなくて、ユニットへの愛着の総和が都市全体の祭りを伝承させる。逆に、大きな祭りがあることによって、ユニットの凝集力が高められる。大きな祭りに参加する（大きな晴れ舞台に立つ）から地域のアイデンティティが高まる。大きな文化運動の達成感があるから、小さな単位の凝集力が高まるのである。

(8) 新文化と地域民俗文化の相互動態

現代都市祝祭には、新文化と地域文化の相互動態がみられる。これらは、支え合い、生み出し合っている。新しい文化運動をつくり出す際に、その地の歴史・伝統が選び出され、活かされる。その地の歴史・伝統の諸要素を選びとってつくられた新文化の大きなエネルギーがあるがゆえに、歴史が生きる。これが一方だけだと長続きしない。伝統だけの祭りはどんどん消えていき、また、イメージだけの新文化だと実生活から離れていき、継続しない。拡大だけでなく、リアリティに向かう凝集の方向性が重要である。

(9)「都市の伝承母体」

ある都市の文化を生成・発展させ、その結果、継承させるのは、その都市の中のエネルギーだけでなく、その都市を超えた広い地域のエネルギーの参集であり、その引き込みが重要である。全国に広がる参加ネットワークこそ都市文化の伝承母体となる。

また、現代都市祝祭には、拡大や新文化創造だけでなく、凝集や地域民俗も必要である。

「都市の伝承母体」には、第一に、祭りを支える伝承母体として全国の(広範な)ネットワークがある。例えば「YOSAKOIソーラン祭り」においては、札幌市だけでなく道内の市町村、また、仙台、名古屋、高知、東京などの本州・四国・九州の地域や、海外や、アイヌの人たちのように、日本で異なるエスニシティを主張する人々など、あらゆるところからあらゆる人々が参加する。第二に、地域や企業や大学などの細分化されたユニットも伝承母体となる。このユニットにも、希望すればどこからでも参加できるという全国のネットワーク(拡大)がある。祭りにも、祭りの参加集団にも全国からの参加が可能である。このように「都市の伝承母体」は重層的な構造になっているのである。

以上をまとめると、「都市の伝承母体」は次の6つに特色づけられる。

①ゆるやかな伝承母体

都市化社会では、限られたその地域だけでなく他地域のエネルギーの取り込みも必要で伝承母体はゆるやかである。そして、その中における場所性の表現には段階的な差がみられる。

②多様な受け皿の結合原理である伝承母体

「YOSAKOIソーラン祭り」には、多様な受け皿の結合原理が用意されているために、個人が脱落することなく参加でき、祭りが続いていく。

③動態的伝承母体

その多様な受け皿の結合原理は、動態的で、時代に伴って変わり続けている。受け皿はいつも改変・修正されており、チームは消失・増加を繰り返している。

④伝承母体単位(単位母体)の重要性

それぞれの単位母体は「YOSAKOIソーラン祭り」だけの活動でなく、それ以外にも活動している。小単位の文化の力が全体を支えている。

⑤伝承母体の全国性

札幌の祭りとはいいながらも、全国から参加している。全国のエネルギーがこの祭りを支えている。つまり、この祭りの伝承母体には全国性(全国のネットワーク性)がある。

⑥競い合うことによる伝承力の強化

「よさこい系」祭りには、かつて指摘されてきた都市内の競争だけでなく、都市間の競争もある。全国で競い合うことが伝承力の強化につながる。

ここで⑤についてはさらに論じておくべきことがある。

序章で問題にした岩本通弥の指摘を再考しよう。柳田國男は、西洋化に直面したときの政治権力の要請を受け、「一国の民俗」を想定した。それに対して岩本は、この政治性を無視して日本の民俗を扱ってきたことを批判している。すなわち、岩本は、朝鮮や中国にも扱うべき「日本の民俗」が存在しているという考えを展開している。つまり、日本の民俗が、朝鮮・中国からの影響も含めて一国を超える広範な他地域との影響関係のなかで生成・継承されてきたことに注目することが重要であると主張する。筆者が論じた、一都市の伝承母体がその都市を超える広範な全国ネットワークであるという筆者の理論化は、この岩本の考えと通底している。

(10) 拡大(多様性)と凝集(内的エネルギーの充実)の両方が祭り全体を持続させる

現代都市祝祭において、参加集団やその運営集団には拡大(多様性)の性質が指摘できる。どこからでも、誰でもが参加可能であるとか、祭りでの表現の方法が多様であるとか、会場数がどんどん増加するなどの「拡大」がなされる。その一方で、やはり、地域住民が中心となったり、地域表象をリアリティのあるものに求めたり、地域住民が会場運営の中心となったりと、「凝集」の方向も必要である。その両方が祭り全体を支えている。

(11) 都市祝祭における‘地域’は「再確立された‘地域’」

都市祝祭における地域とは、「再確立された‘地域’」である。民俗学が実体そのものとして扱ってきたような、また、コミュニティ論でいわれるような限定された‘地域’ではない。だからこそ、そこには「ゆるやかな地縁」が形成され、それによって祭りが伝承されていくのである。

これらの特徴のうち、(3)と(5)、(6)と(8)、(7)と(10)、(9)と(11)は、リンクしている。

つまり、差異性と統一性があるから、都市の伝承母体には、全国のネットワークがあり、細分化されたユニットも伝承母体となる。また、都市祝祭には、拡大と凝集の両方が必要で、そのうえで、地域に戻る方向性、リアリティへの引き戻しも大事である。

こうして、社会的接触や交流がゆるやかな都市近代における新たな人間の‘つながり’が生み出されていくのである。そしてこのようにして‘つながり’をもった人々により、都市民俗は伝承されていくのである。都市民俗における伝承母体は、ひとつではない。また、まったく動かない堅固なものでもなく、動態的でダイナミックで非常に柔軟性に富んでおり、そのときそのときに応じてさまざまな形態をとりながら変化していくものである。祭り参加の基礎単位の構成の仕方において、多様な原理が交替したり、組み換えられたり、結合したりする。

そうして、祭り参加のエネルギーが霧消することなくつなぎとめられ、持続するのである。その時々を追いかけない限り、つまり現代性と動態を見ないと民俗基層文化は扱えない。表層文化といいながらも、それは基層文化につながる可能性がある。表層を扱わないと息づく民俗の動態をとらえきれず、基層はわからない。都市は基層文化化しにくい場所である。農村は‘進行’

を見ようとしても、変化しないことが多いために、あるいは、その速度が遅いために結果が相対的にわかりやすい場所である。

都市における変化はとらえにくいものだったために、民俗学はこれを扱ってこなかった。創造している「今」を見る必要性がある。さらに、突出した、逸脱したかたちを含めた、その時々の母体をとらえないと伝承母体は扱えない。今までの民俗学は結果だけを見てきた。むしろ、枠からはみ出したがために文化は生き続けられてもいる。はみ出したものそのものに力がある場合もある。民俗は内部の伝統維持の努力だけでなく、風俗・風流・流行によっても守られている。今の“動き”が重要なのである。そのときそのときに固まったもの、残存されているものが「民俗」としてあるのではない。どうやって伝承されたのか、その動きや理由こそ調べる必要がある。

民俗とは、もとより動態的なもので、変化するもの、創造されるものである。現在までの「民俗学」は、伝承される確固たる実体があるとする‘実体論’に偏ってきたと考えられる。文化は生成されるという‘生成論’への展開が必要である。一方、人類学は、文化は生成されるものであるから実体から離れることをとらえ一般化する、また、そうしても構わない(あるいは極論すれば実体を無視する)というやや過度の‘生成論’に偏っていると考えられる。特に都市は開放系であり、もちろんイメージだけでも、その地域と関係ないものでも構わないが、それだけでは‘場所性’が得られず、その「土地の祭り」とは言いがたく、「自分の文化」とならない。資本に付き合いつつ、民衆がイニシアティヴをもつためには自己性あるいは自己トポスへの引き戻しが必要である。イメージであっても方向性が大事である。実体から遠く離れようと、そのイメージ化からさらに離れたところへ、さらに無関係な方向に離れていってしまうのではなく(資本やマス・メディアを利用するとそうなりやすいのだが)、そこで、踏ん張り、自己トポスやリアリティに引き戻そうとする「凝集」の営みがあってこそ、文化は消費されずに伝承されるのである。オーセンティシティ(らしさ)よりも再度、リアリティへの注目が市民社会のための当為の文化動態把握として重要であると考える。近代化・都市化は効率性追求のために、‘場所’からの意味の剥奪を行ってきた。トポスの再実現化(再トポス化)が必要である。「よさこい系」の祭りの踊りは、トポス(場所性）の実現としての踊りである。民俗学における‘実体論’から‘生成論’への展開、人類学における‘生成論’から‘実体論’への引き戻し、その両方において、人々が自分の文化を再確認し、これを受け継いでいこうとする‘場所性’の認識が生み出されているのである。

第３節　今後の課題

最後に本研究における今後の課題について述べておきたい。

「よさこい系」の祭りは変化し続ける祭りであり、昨年と今年の踊りが同じであるとか、祭りに付属する催しがまったく同じということは決してない祭りである。それは宗教性のある‘祭り’と、宗教性のない‘イベント’の区別のひとつにあげられるように、「マンネリズムを嫌う」という‘イベント’としての特質ゆえのことである。

今後の課題として、第一にあげられるのは、参加集団と運営集団の調査の徹底である。

毎年、北海道に始まり、高知、名古屋、仙台と４カ所の調査を繰り返すということについては、時間的な制約をはじめ、その他いろいろな制約を受けることが多かった。本研究においては、「YOSAKOIソーラン祭り」を中心に調査した。その他の３つの「よさこい系」祭りにおいては、参加集団および会場の運営集団について、「YOSAKOIソーラン祭り」ほどには深く調査ができなかった。高知「よさこい祭り」においては、本家／分家の意識の変化の調査が中心となり、仙台「みちのくYOSAKOIまつり」と名古屋「にっぽんど真ん中祭り」においては、各チームの多様な地域表象の分析が中心となった。

よって、今後は「YOSAKOIソーラン祭り」以外の「よさこい系」祭りにおいても、参加集団と運営集団の調査を徹底したい。札幌と同様に、参加集団・運営集団と地域との関係について調査を深めたい。特に、50年以上の歴史をもつ高知「よさこい祭り」を支える集団について、その歴史的な集団形成の仕方も検証したいと考えている。

第二に、高知「よさこい祭り」の今後の展開の追究である。

高知「よさこい祭り」は、2005年で52回を数え、50年かけてしっかりとした文化集団(伝承母体)が形成され、確かな「祭り」となった。「戦後に始まった歴史の浅い祭り」と少し前までいわれていたが、もはや、「伝統的な祭り」と呼んでもいいほどのものとなった。それは「50年」—「半世紀」という時間の長さだけでなく、高知以外で「よさこい系」祭りが誕生したことにより、それに比べれば「はるかに」長い歴史をもつという超えがたい事実からきている。宗教的核をもたないのに、「伝統的」と呼ばれるような祭りとなったときに、また、祭りにはどのような形式の歴史と維持・発展の動態があったのか、また、どのような変化が見られるのか、この点についても調査したいと考える。

第三に、宗教性・伝統性のある祭りとの比較である。

高知「よさこい祭り」は祭りを始めるに先立って、宮司を呼んでの祈願祭があるものの、「よさこい系」祭りは宗教性のない祭りである。「祭り」を大きなテーマとしてとらえると、今後は、宗教性・伝統性のある祭りとの比較も必要だと考えられる。そのことは50回を超えた高知「よさこい祭り」にも注目することになる。「よさこい祭り」は、宗教性はほとんどないが、50回を超えたことによってある‘核’がつくられ、そして伝統性をもつに至ったと考えられる。その‘核’は、祭りにおいてどう形成したか、また、どう形成されるか調査したい。さらに、このように形成された‘核’は、儀礼と同質のものか、あるいは、儀礼と性質は違っても同じ機能を果たすものなのかをめぐって調査したい。

第四に、祭りと行政やマス・メディアとの関わりについての調査である。

「よさこい系」の祭りは、本論で述べたように、行政主導型ではなく、個人の発案で始まることが多い祭りである。しかし、祭りはある地域(都市)で行われており、そこには行政の力が関わってくる。各「よさこい系」の祭りにおいても、組織の役員には上位に知事や市長が名を連ねる。行政から多少なりとも何らかの補助があるようではあるが、補助金は出してもほとんど関わりをもたなかったり、逆に何らかの規制を設けたりすることも考えられる。また、祭りを報じるマス・メディアの姿勢もその祭りをどう扱うかによって、祭り自体が変わってくる。報道のあり方だけでなく協賛の仕方である。本論では特に祭りの参加者側に力点を置いたために、あるときには祭りを支え、あるときにはイニシアティヴをめぐって参加集団と綱引きを行う行政やマス・メディアと祭りとの関係までは深くは調査できなかった。今後の課題としたい。

第五は、支部大会についての考察である。

支部大会を「ウラ祭り」としてとらえ、これを祭りの伝播の第二次展開としてとらえられないかと考えている。「YOSAKOIソーラン祭り」においては、北海道は広いために道内にオホーツク支部、根釧支部、十勝支部など12の支部があり、支部大会を開催している。当初から札幌までは行けない踊り子のことを想定しており、支部大会では、地元のチームはもちろんのこと、本祭(「YOSAKOIソーラン祭り」)での大賞受賞チームなどの有名チームも参加して踊りを披露している。2002年に、スケジュールの運営上、少数チームの乱立を防ぐ目的で、本祭出場は1チーム40人以上という規定ができた。そのため、札幌以外の市道内の市町村では人数が集まらず、チームはあるが本祭に参加できないチームが出てきた。このことに不満の声が上がり、1市町村から1チームは人数にかかわらず参加できる(ただし審査対象からは除かれる)、との規定が加わった。参加できるのは1チームのみであるから、それでも、さらに除かれてしまうチームが存在するのが事実である。そのようなチームは踊りをやめてしまうのではなく、地元の祭りやイベントなどで活動し、支部大会でも踊りを披露する。

つまり、支部大会は、いわば、「YOSAKOIソーラン祭り」のオモテに対する「ウラ祭り」の性質があり、札幌の本祭に出られなくとも、有名チームも参加する地元の「よさこい」で踊ることに意義を見出している。観客の方も、わざわざ札幌まで本祭を見に行くことはしなくても、地元で本祭の上位チームの踊りを見られることを楽しんでいる。実際、本祭より有力チームを間近で見られ、この方がいい、という声まで聞かれる。このことを、祭りの「伝播」の第二次展開としてとらえられないかと、筆者は考えている。

第六は、地域表象の多様性のとらえ方である。

第9章であげたように「みちのくYOSAKOIまつり」や「にっぽんど真ん中祭り」にはさまざまな地域表象がみられるが、それぞれの「表」は使用する曲の多様性を述べたのと同時に、たくさんの地域からの参加をも示している。これを「広範囲」からの参加とみるか、あるいは、「狭い範囲」からの参加とみるか、あるいは、祭り自体が狭い範囲で行われている、とみるか、そのとらえ方である。これについては、現在のところ答えが出ていない。「みちのく」は‘東北’としてまとまることを目指しているのであるが、「にっぽんど真ん中祭り」は、どこからでも来て踊るといっていながら、結局は愛知県中心の祭りとなってしまっている。

第七は、チームそれぞれの地域表象のゆくえである。

第5章で述べたように、「平岸天神」と「新琴似天舞龍神」の地域表象においては、それを受け取る側が少し疑問を抱くようなものになりつつある。地域表象はオーセンティシティでよいのだが、それが、リアリティに近い地域表象と比較されたとき(他チームとの比較や、チームの以前の姿との比較)、そのチームはこれからどういう地域表象を選びあげていくのか、注目している。

第八は、市町村合併によって引き起こされる、地域表象ならびに伝承母体の変化である。

「よさこい系」祭りの参加集団には、チーム名に地名あるいは地域名をつけているチームが多い。市町村合併により、地名や区分が従来と変わってしまった場合、そこに生きる人々の地域アイデンティティはどうなるのか、また、その結果、表出される地域性はどのように変わっていくのか。さらに、そのチームの伝承母体はどのようになるのか。例えば、第9章第4節で述べた、名古屋「にっぽんど真ん中祭り」に参加する岐阜県瑞穂市の「富有樂猩」は、旧巣南町のチームである。巣南町は瑞穂町との合併により、瑞穂市となった。その町名が変わることがわかっていたために、初出場のときから、あえてチーム名に、消えていく自分たちの町の特産物の柿の‘富有’を掲げた。使用する曲は「巣南音頭」である。「にっぽんど真ん中祭り」に参加し、自分たちの従来の地域アイデンティティを表象することで、着実に‘巣南町’を残したのである。そのうえで、旧瑞穂町の人と一緒に、新しい瑞穂市のチームとして出場している。このように、市町村合併により、従来の‘地域’が変化した場合、人々はどういう地域表象を選び、あるいは、組み立て直すのか、そして、それがどのように伝承されるのか、非常に興味深い問題である。注意深く追っていきたい。

以上の８項目を今後の課題としたが、この節の最初に述べたように、「よさこい系」祭りは変化する祭りである。これから予想もしなかった変化を起こすことも考えられる。その変化に対応して、これをすくい上げ、現代における人々のつながり、共同性のあり方についてさらに掘り下げていきたいと考えている。

参考文献

【A】

阿南　透, 1986,「「歴史を再現する」祭礼」,『慶應義塾大学社会学研究科紀要』26, pp.23-32

阿南　透, 1997,「伝統的祭りの変貌と新たな祭りの創造」, 小松和彦・香川洋一郎編,『現代の世相⑤祭りとイベント』, 小学館, pp.67-110

阿南　透, 1998,「Jリーグによる地域活性化—スポーツイベントという祝祭」,『三色旗』601, 慶應義塾大学通信教育部, pp.7-11

阿南　透, 1999,「Jリーグにおける「祝祭」と「騒動」」,『江戸川大学紀要』9

阿南　透, 2000a,「青森ねぶたとカラスハネト」, 日本生活学会編,『祝祭の100年』, ドメス出版, pp. 175-198

阿南　透, 2000b,『青森ねぶた誌』(第５章　青森ねぶたの現代), 宮田登・小松和彦監修, 青森市

阿南　透, 2000c,「祭りの「旅」—「ねぶた」と「よさこい」の遠征・模倣・移植」(第１章　ねぶたの伝播), 阿南透・内田忠賢・才津祐美子・矢島妙子,『旅の文化研究所研究報告書』9, pp41-63（→再録：内田忠賢編, 2003,『よさこい／YOSAKOI学リーディングス』, 開成出版, pp.66-102）

阿南　透, 2001,「伝統的祭りの創造と変容」,『パルテノン多摩連続講演記録集　伝統の創造と文化変容』, パルテノン多摩

阿南透・宇野正人他 1989,「座談会　大都市の祝祭行事—「神戸まつり」の事例から」,『季刊人類学』14-2, pp.3-51

安藤直子, 2001,「観光人類学におけるホスト側の「オーセンティシティ」の多様性について—岩手県盛岡市の「チャグチャグ馬コ」と「さんさ踊り」を事例として」『民族学研究』66(3), pp. 344-365

Appadurai,Arjun,1995, "The Production of Locality" In R.Fardon (ed.), *Counterworks: Managing the Diversity of Knowledge*, London and New York: Routledge, pp.204-225

有末賢・内田忠賢・倉石忠彦・小林忠雄編, 2002,『都市民俗の生成』(都市民俗生活誌第１巻), 明石書店

有末　賢, 1983,「都市祭礼の重層的構造—佃・月島の祭礼組織の事例研究」,『社会学評論』132

有末　賢, 1989,「都市民俗のダイナミズム　都市化と社会変動」, 岩本通弥・倉石忠彦・小林忠雄編,『都市民俗学へのいざないⅡ　情念と宇宙』, 雄山閣出版, pp.261-280

有末　賢, 1999,『現代大都市の重層的構造―都市化社会における伝統と変容』, ミネルヴァ書房

有末　賢, 2000,「現代の都市空間におけるメディアと祝祭」, 日本生活学会編,『祝祭の100年』, ドメス出版, pp.261-282

有末　賢, 2001,「都市民俗学と都市文化」『都市民俗研究』7, 都市民俗学研究会

綾部恒雄, 1988,『クラブの人類学』, アカデミア出版

【B】

ベルセ, Y. M. ／井上幸治監訳, 1992,『祭りと叛乱』, 藤原書店

ベルク, A／宮原信訳, 1985,『空間の日本文化』, 筑摩書房

【C】

カイヨワ, R／多田道太郎・塚崎幹夫訳, 1990,『遊びと人間』, 講談社 : Roger Caillois, 1967. *Les Jeux et les Hommes* (Le masque et le verrige), édition revue et augmentée, Gallimard.

千葉正士, 1970,『祭りの法社会学』, 弘文堂

中鉢正美編, 1986,『生活学の方法』, ドメス出版

【D】

出島二郎, 1997,「地域イベント発・偽祭のパフォーマンス」, 小松和彦編,『現代の世相・祭りとイベント』, 小学館

伝統と現代編集部, 1981,『伝統と現代　3月号 特集都市論』, 伝統と現代社

【E】

江渕一公, 2000,『文化人類学―伝統と現代』, (財)放送大学教育振興会

【F】

藤田弘夫・吉原直樹編著, 1987,『都市―社会学と人類学からの接近』, ミネルヴァ書房

藤田弘夫・吉原直樹編, 1999,『都市社会学』, 有斐閣ブックス

福田アジオ, 1979,「日本民俗学の動向と展望(1)―方法論を中心に」, 瀬川清子・植松明石編,『日本民俗学のエッセンス』

福田アジオ, 1989,『時間の民俗学・空間の民俗学』, 木耳社

福田アジオ, 1990,『可能性としてのムラ社会　労働と情報の民俗学』, 青弓社

福田アジオ・赤田光男編, 1997,『講座日本の民俗学３　社会の民俗』, 雄山閣出版

【G】

現代伝承論研究会編, 2005,『現代都市伝承論　民俗の再発見』, 岩田書院
ヘネップ, A. V., 綾部恒雄・綾部裕子訳, 1995,『通過儀礼』, 弘文堂：Gennep, A. V., 1909, *Les rites de passage,* Emile Nourry
【H】
浜口恵俊, 1977,『「日本人らしさ」の再発見』, 日本経済新聞社
ハンス・モーザー／河野真訳, 1989(1964),「民俗学の研究課題としてのフォークロリスムス　上」『愛知大学国際問題研究所紀要』 90
ハンス・モーザー／河野真訳, 1990(1964),「民俗学の研究課題としてのフォークロリスムス　下」,『愛知大学国際問題研究所紀要』 91
橋本和也, 1999,『観光人類学の戦略―文化の売り方・売られ方』, 世界思想社
橋本和也, 2001,「観光研究の再考と展望―フィジーの観光開発の現場から」,『民族学研究』 66-1, pp. 51-67
ヘルマン・バウジンガー／河野真訳, 1990(1969),「ヨーロッパ諸国のフォークロリスムス」,『愛知大学国際研究所紀要』 90
肥後和男, 1941,『宮座の研究』, 弘文堂
平山和彦, 1992,『伝承と慣習の論理』, 吉川弘文館
平山和彦, 1993,「シンポジウム雑感」,『日本民俗学』 193, pp.22-29
ホイジンガ, J. ／里見元一郎訳, 1989,『ホモ・ルーデンス』ホイジンガ選集 1 , 河出書房新社
ボブズボウム, E., レンジャー ,T. 編／前川啓治・梶原景昭訳, 1992『創られた伝統』, 紀伊国屋書店：Hobsbawn, Eric J., 1983, *The Invention of Tradition*, Cambridge University Press.
【I】
井上俊編, 1984,『地域文化の社会学』, 世界思想社
井上俊編, 1987『風俗の社会学』, 世界思想社
磯村英一, 1959,『磯村英一都市論集Ⅱ　都市の社会理論』, 有斐閣
伊藤亜人, 1987,「コメント：よさこい祭り, 中国・韓国の祭りとの比較」,『季刊人類学』 18-3
伊藤幹治, 1984,『宴と日本文化　比較民俗学的アプローチ』, 中公新書
色川大吉, 1986,「「昭和史世相編」の構想」,『日本民俗文化大系12　現代と民俗』, 小学館
岩井宏實, 1986,「変転する日常生活」,『日本民俗文化大系12　現代と民俗』, 小学館
岩井正浩, 2001,「よさこい鳴子踊進化論序説」,『神戸大学発達科学部研究紀要』 8-2
岩井正浩, 2003,「よさこい鳴子踊り進化論 2　2002年高知」,『神戸大学発達科学部

研究紀要』10-2
岩本通弥, 1978,「都市民俗学の予備的考察」,『民俗学評論』16, pp.37-54
岩本通弥, 1988,「民俗・風俗・殊俗―都市文明史としての「一国民俗学」」, 宮田登編, 『現代民俗学の視点　第3巻　民俗の思想』, 朝倉書店
岩本通弥, 1990,「柳田国男の「方法」について」,『国立歴史民俗博物館研究報告』27
岩本通弥, 1998,「「民俗」を対象とするから民俗学なのか―なぜ民俗学は『近代』を扱えなくなってしまったのか」,『日本民俗学』215
岩野聡美, 2003,「YOSAKOIさせぼ祭りにおける地域ネットワーク形成」,『浜大地理2002』横浜市立大学国際文化学部地理学教室(→再録：内田忠賢編, 2003,『よさこい／YOSAKOI学リーディングス』, 開成出版, pp.128-199)

【K】

樺山紘一・奥田道大編, 1984,『都市の文化』, 有斐閣
加原奈穂子, 2003,「地域アイデンティティ創出の核としての桃太郎―岡山における桃太郎伝説の事例から」,『日本民俗学』236
川森博司, 2001,「現代日本における観光と地域社会―ふるさと観光の担い手たち」,『民族学研究』66(1), pp.68-86
川田順浩, 1993,「なぜわれわれは「伝承」を問題にするのか」,『日本民俗学』193, pp.15-21
小林忠雄, 1980,「伝統都市における民俗の構造―城下町金沢の年中行事を中心に」,『日本民俗学』129, pp.11-31
小林忠雄, 1984,「伝統都市の民俗社会構造」, 中村孚美編,『現代のエスプリ別冊　現代の人類学2―都市人類学』, 至文堂
小林忠雄, 1985,「都市民の心的世界と民俗社会」,『日本民俗文化大系11　都市と田舎』, 小学館
小林忠雄, 1990,『都市民俗学―都市のFOLK SOCIETY』, 名著出版
小嶋博巳, 1993,「ひとつの「伝承」論―イイツタエ・シキタリという文化の正当化について」,『日本民俗学』193, pp.2-14
小松和彦, 1997,「神なき時代の祝祭空間」, 小松和彦・香川洋一郎編,『現代の世相⑤　祭りとイベント』, 小学館 pp.5-38
小松和彦編, 1998,『講座日本の民俗学2　身体と心性の民俗』, 雄山閣
今和次郎, 1971,『考現学　今和次郎集1』, ドメス出版
倉石忠彦, 1973,「団地アパートの民俗」,『信濃』25-8

倉石忠彦, 1981,「マチの民俗と民俗学—都市民俗学成立の可能性」,『日本民俗学』134, pp.17–22
倉石忠彦, 1990,『都市民俗論序説』, 雄山閣出版
倉石忠彦, 1997,『民俗都市の人びと』, 吉川弘文館
倉石忠彦, 2005,「都市の伝承と文化」『都市民俗研究』11, 都市民俗学研究会
【L】
リーチ, E. ／青木保・井上兼行訳, 1974,「時間の象徴的表象に関する２つのエッセイ」,『人類学再考』,思想社,pp.207–234：Leach, Edmund, 1965, "*Two Essays Concerning the Symbolic Representation of Time*" Lessa, W.V. and Vogt, E.V. Reader in Comparative Religion-An Anthropological Approach 2nd Ed. New York：Harper and Row.
レヴィ＝ストロース, C ／中沢新一訳, 1995,『サンタクロースの秘密』, せりか書房
【M】
松平　誠, 1980,『祭の社会学』, 講談社
松平　誠, 1983,『祭の文化・都市がつくる生活文化のかたち』, 有斐閣
松平　誠, 1985,「祝祭都市の成立と変容」,『日本民俗文化大系11　都市と田舎』, 小学館
松平　誠, 1988,「現代都市祝祭の構成—高円寺阿波おどり」,『季刊人類学』19–2
松平　誠, 1990,『都市祝祭の社会学』, 有斐閣
松平　誠, 1994,『現代ニッポン祭り考』, 小学館
松平　誠, 1996,「東日本における阿波踊りの新展開」,『生活学論叢』創刊号, 日本生活学会
松平　誠, 1998,「高円寺「阿波おどり」—非伝統的祝祭の東日本展開」,『三色旗』, 慶應大学通信教育部
松平　誠, 2000,「都市祝祭論の転回—「合衆型」都市祝祭再考」, 日本生活学会編,『祝祭の100年』, ドメス出版, pp.199–216
松平　誠, 2008,『祭りのゆくえ—都市祝祭新論』, 中央公論新社
松崎憲三, 1991,『現代社会と民俗』, 名著出版
宮本常一, 1961,『都市の祭と民俗』, 慶友社
宮本常一, 1968,『町のなりたち』, 未来社
宮田　登, 1981,『江戸歳時記』, 吉川弘文館
宮田　登, 1982,『都市民俗論の課題』, 未来社
宮田　登, 1985a,「都市と民俗文化」,『日本民俗文化大系11　都市と田舎』, 小学館

宮田　登, 1985b,『妖怪の民俗学―日本の見えない空間』, 岩波書店
宮田　登, 1986,『現代民俗論の課題』, 未来社
宮田　登, 1998,『現代民俗学の視点３　民俗の思想』, 朝倉書店
宮田　登, 2006,『宮田登　日本を語る９　都市の民俗学』, 吉川弘文館
宮田　登, 2007,『宮田登　日本を語る16　民俗学の方法』, 吉川弘文館
茂木　栄, 1981,「都市民俗学論再考」, 相模民俗学会,『民俗』104
茂木　栄, 1989,「都市とイベント―新しいマツリ形式の台頭」, 岩本通弥・倉石忠彦・小林忠雄編,『都市民俗学へのいざないⅡ　情念と宇宙』, 雄山閣出版, pp.137-156
森　雅人, 1999,「たった一人が仕掛けた祭り―札幌「YOSAKOIソーラン祭り」」『都市問題』90-8（→再録：内田忠賢編, 2003,『よさこい／YOSAKOI学リーディングス』, 開成出版, pp.18-29）
森栗茂一, 2000,「神戸アジアタウンのケガレとハレ」, 日本生活学会編,『祝祭の100年』, ドメス出版, pp.283-300
森岡清志・松本康編, 1992,『都市社会学のフロンティア２．生活・関係・文化』, 日本評論社
森田三郎, 1980,「長崎くんち考―都市祭礼の社会的機能について」,『季刊人類学』11-1, pp.77-119
森田三郎, 1987,「祭りとイベント―ウラまつりをめぐって」,『甲南大学紀要　文学編』63, pp.137-151
森田三郎, 1990,『祭りの文化人類学』, 世界思想社
森田三郎, 2000,「祭りの創造―よさこいネットワークを考える」, 日本生活学会編『祝祭の100年』, ドメス出版, pp.237-260
【N】
中野紀和, 1997,「ライフヒストリーからみた都市民俗の生成―小倉祇園太鼓と映画「無法松の一生」の関わりから」『生活学論議』2, pp.65-79
中野紀和, 1998,「都市部中心地域の変遷―ある夫婦の語りを軸に」『常民文化』21, 成城大学常民文化研究会, pp.1-34
中野紀和, 2007,『小倉祇（ママ）園太鼓の都市人類学―記憶・場所・身体』, 古今書院
中村賢二郎, 1983『都市の社会史』, ミネルヴァ書房
中村八朗, 1973,『都市コミュニティの社会学』, 有斐閣
中村孚美編, 1984,『現代のエスプリ別冊　現代の人類学２―都市人類学』, 至文堂
中村孚美, 1971,「町と祭り―秋田県角館町の館山はやしの場合」,『日本民俗学』77
中村孚美, 1972a「都市と祭り―川越祭りをめぐって」,『古野清人教授古稀記念論文

集―現代諸民族の宗教と文化』, 社会思想社, pp.353-384
中村孚美, 1972b「秩父祭り―都市の祭りの社会人類学」,『季刊人類学』3-4, pp.149-192
中村孚美, 1974「都市の概念―その総合的検討のために―」,『都市研究報告』46, 東京都立大学研究組織委員会
中村孚美, 1979,「祭りの魅力―都市の祭りと地域社会」,『東京都立社会教育会館報』45, 東京都立社会教育会館
中村孚美, 1980,「都市人類学」, 高橋統一他編,『文化人類学の視角―伝統と現代』, 犀書房
中村孚美, 1984,「都市人類学の展望」, 中村孚美編,『現代のエスプリ別冊　現代の人類学２―都市人類学』, 至文堂, pp.7-26
中村孚美, 1986,「博多祇園山笠―そのダイナミックスとアーバニズム」,『社会人類学の諸問題』, 第一書房
成田龍一, 1998,『「故郷」という物語』, 吉川弘文館
【O】
太田好信, 1993,「文化の客体化―観光をとおした文化とアイデンティティの創造」,『民族学研究』57-4
太田好信, 1998,『トランスポジションの思想―文化人類学の再想像』, 世界思想社
小野博史, 1995,「柳田國男の伝承観における『無意識』と現代民俗学」『日本民俗学』204, pp.182-199
【P】
パーソンズ, T.／武田良二訳, 1990 ,『社会構造とパーソナリティ』, 新泉社
【R】
レルフ, E., 高野岳彦・阿部隆・石山美也子訳, 1991,『場所の現象学　没場所性を越えて』, 筑摩書房：Relph, Edward, 1976, *Place and Placelessness*, Pion, London.
【S】
西郷由布子, 2006,「民俗芸能の流通――「黒川さんさ踊り」と文化の著作権をめぐる問題」,『民俗芸能研究』40, pp.52-64
新琴似開基百年記念協賛会編, 1986,『新琴似百年史』, 新琴似開基百年記念協賛会
新琴似連合町内会三十年史編集委員会編, 1996,『新琴似連合町内会三十年史』, 新琴似連合町内会三十年史編集委員会
新谷尚紀／岩本通弥編,『都市の暮らしの民俗学・都市とふるさと』, 吉川弘文館
スミス,V.L.／三村浩史監訳, 1991,『観光・リゾート開発の人類学―ホスト＆ゲスト

論でみる地域文化の対応』, 勁草書房
薗田稔, 1966,『祭り参加者の諸相と階層』,『人類科学』19, pp.27-57
薗田稔, 1990,『祭りの現象学』, 弘文堂
【T】
高桑守史, 1980,「民俗学における都市研究の諸前提」,『山口大学教養部紀要』14
高桑守史, 1981,「都市民俗学成立の前提」,『日本民俗学』135, p.77
竹田亘編, 1990,『民俗学の進展と課題』, 国書刊行会
竹中宏子, 2001,「聖人祭の民主化への道―フランコ政権終焉直後における聖ロレンソ祭(スペイン・ウエスカ)の変化―」,『現代風俗学研究』7
田中宣一, 1982,「都市の祭り―平塚七夕祭り」,『民俗』108, 相模民俗学会
田中重好, 1986,「都市祭礼としてのネブタ祭り」, 弘前大学人文科学部人間行動コース編,『ネプタ祭り調査報告書―文化・社会・行動』pp.55-79
坪井洋文, 1979,「総説―日本民俗学の現代的課題」,『日本民俗学』124
坪井善明/長谷川岳, 2002,『YOSAKOIソーラン祭り　街づくりNPOの経営学』, 岩波書店
塚本学・宮田登編, 1993,『日本歴史民俗論集5　都市の生活文化』, 吉川弘文館
ターナー, V., 富倉光雄訳, 1996『儀礼の過程』, 新思索社：Turner. Victor W., 1969, *The Ritual Process* : Structure and Anti-Structure, Chicago, Aldine.
【U】
内田忠賢編, 2003,『よさこい/ YOSAKOI学リーディングス』, 開成出版
内田忠賢, 1992,「都市と祭り―高知「よさこい祭り」へのアプローチ(1)」,『高知大学教育学部研究報告』2-45, pp.1-15
内田忠賢, 1994a,「地域イベントの社会と空間―高知「よさこい祭り」へのアプローチ(2)」,『高知大学教育学部研究報告』2-47
内田忠賢, 1994b,「地域イベントの展開―高知「よさこい祭り」を事例として」,『地理』39-5
内田忠賢, 1998a,「地域イベントのゆくえ:高知「よさこい祭り」」,『現代風俗学研究』4
内田忠賢, 1998b,「よさこい祭りの人類学」,『三色旗』601, 慶応義塾大学通信教育部
内田忠賢, 1999,「都市の新しい祭りと民俗学―高知「よさこい祭り」を手掛かりに」『日本民俗学』220, pp.33-42
内田忠賢, 2000a,「変化しつづける都市祝祭―高知「よさこい祭り」」日本生活学会編,『祝祭の100年』, ドメス出版, pp.130-147

内田忠賢, 2000b,「祭りの「旅」―「ねぶた」と「よさこい」の遠征・模倣・移植」(第3章「よさこい祭り」の展開：高知市外からの「よさこい祭り」への参加)」, 阿南透・内田忠賢・才津祐美子・矢島妙子,『旅の文化研究所研究報告書』9(→再録：内田忠賢編, 2003,『よさこい／YOSAKOI学リーディングス』, 開成出版)
内田忠賢, 2001,「民俗世界の地理学(8)都市の伝統と現代―よさこい祭りの伝播(前半)」,『地理』46-12
内田忠賢, 2002,「民俗世界の地理学(9)都市の伝統と現代―よさこい祭りの伝播(後半)」,『地理』47-1
内田忠賢, 2003,「祭り―暮らしの中の祭りと地域への展開」, 新谷尚紀・波平恵美子・湯川洋司編,『暮らしの中の民俗学　第2巻』, 吉川弘文館
内田忠賢, 2009,「都市祝祭の変貌―よさこい系イベントの展開」, 鈴木正崇編,『東アジアの民衆文化と祝祭空間』, 慶應義塾大学東アジア研究所
上野千鶴子, 1984,「祭りと共同体」, 井上俊編,『地域文化の社会学』, 世界思想社
梅棹忠夫・守屋毅編, 1985,『都市化の文明学』, 中央公論社
宇野正人, 1980,「都市祭における伝統への指向」,『日本民俗学』128, pp.44-57
宇野善康, 1990,『《普及学》講義―イノベーション時代の最新科学』, 有斐閣選書
【W】
和歌森太郎, 1970,『新版日本民俗学』, 清水弘文堂書房
和歌森太郎, 1981a,「日本民俗学概説」,『和歌森太郎著作集』9, 弘文堂
和歌森太郎, 1981b,「歴史と民俗学」,『和歌森太郎著作集』10, 弘文堂
和崎春日, 1976,「都市の祭礼の社会人類学―左大文字をめぐって」,『民族学研究』41-1
和崎春日, 1987a,『左大文字の都市人類学』, 弘文堂
和崎春日, 1987b,「現代都市と都市人類学の展開―地域人類学とエスニシティの視角」, 藤田弘夫・藤原直樹編,『都市―社会学と人類学からの接近』, ミネルヴァ書房, pp.46-79
和崎春日, 1988,「都市儀礼における異化と同化」『コスモスと社会』, 慶応通信
和崎春日, 1989,「都市の民俗生成 京の大文字」, 岩本通弥・倉石忠彦・小林忠雄編,『都市民俗学へのいざないⅡ　情念と宇宙』, 雄山閣出版, pp.113-136
和崎春日, 1996,『大文字の都市人類学的研究』, 刀水書房
Womack Mari, 1998, *Being Human : An intoroduction to Cultural Anthropolo―gy*, Upper Saddle River,NJ : Prentice-Hall

【Y】

谷部真吾, 2000,「祭りにおける対抗関係の意味—遠州森町「森の祭り」の事例を通して」,『日本民俗学』222, pp.64–94

八木康幸, 2003,「フェイクロアとフォークロリズムについての覚え書き—アメリカ民俗学における議論を中心にして」,『日本民俗学』236, pp20–48

八木橋伸浩, 1995,『都市周縁の考現学』, 言叢社

矢島妙子, 2000a,「「よさこい祭り」の地域的展開—その予備的考察」,『常民文化』23, 成城大学常民文化研究会

矢島妙子, 2000b,「祭り「よさこい」の誕生—「感動」した旅人たち」,『現代風俗学研究』6, 現代風俗学研究会, pp.27–34

矢島妙子, 2000c,「祝祭の受容と展開—「YOSAKOIソーラン祭り」」, 日本生活学会編,『祝祭の100 年』, ドメス出版, pp.148–174

矢島妙子, 2000d,「祭りの「旅」:「ねぶた」と「よさこい」の遠征・模倣・移植(第4章「よさこい」の全国展開)」, 阿南透・内田忠賢・才津祐美子・矢島妙子,『旅の文化研究所研究報告書』9(→再録：内田忠賢編, 2003,『よさこい／YOSAKOI学リーディングス』開成出版, pp66–102)

矢島妙子, 2001,「「よさこい」の祭りにみる地域性についての人類学的一考察」,『常民文化』24, 成城大学常民文化研究会

矢島妙子, 2002a,「祝祭の組織編成にみる都市性と継承性—「YOSAKOIソーラン祭り」における参加集団の分類と特徴」,『名古屋大学人文科学研究』31, 名古屋大学大大学院文学研究科

矢島妙子, 2002b ,「札幌市北区新琴似の生活文化の創造過程—「YOSAKOIソーラン祭り」の地域密着型参加集団の歴史・社会背景」,『生活学論叢』7, 日本生活学会(→再録：内田忠賢編, 2003,『よさこい／YOSAKOI学リーディングス』開成出版, pp.37–64)

矢島妙子, 2003a,「都市祝祭における「オーセンティシティ」再考—「YOSAKOIソーラン祭り」参加集団の地域表象のリアリティをめぐって」,『名古屋大学人文科学研究』32, 名古屋大学大学院文学研究科

矢島妙子, 2003b ,「「よさこい」系祭りの全国展開の分析—伝播をめぐる統合的枠組を基礎として」,『現代風俗学研究』9, 現代風俗学研究会(→再録：内田忠賢編, 2003『よさこい／YOSAKOI学リーディングス』開成出版, pp.104–127)

矢島妙子, 2003c ,「「よさこい」系祭りの全国展開にみる祝祭の正統性：祭りの本家に対する語りの分析」,『名古屋大学比較人文学研究年報2003』, 名古屋大学大学院文学研究科・比較人文学研究室, pp.11-37
矢島妙子, 2005,「都市祝祭にみる「地域拡大・開放と地域再確立」―「よさこい」系祭りにみる都市の伝承母体をめぐって」, 現代伝承論研究会編,『現代都市伝承論　民俗の再発見』, 岩田書院, pp.49-81
山路興造, 1979,「民俗芸能の伝播と担い手」,『講座 日本の民俗 8 芸能』有精堂出版
山下晋司編, 1996,『観光人類学』, 新曜社
山下晋司, 1999,『バリ　観光人類学のレッスン』, 東京大学出版会
柳川啓一, 1971,「祭の神学と祭の科学」,『思想』582
柳川啓一, 1972,「親和と対抗の祭」,『思想』596
柳田國男, 1962a,「日本の祭」「祭礼と世論」,『定本柳田國男集』10, 筑摩書房
柳田國男, 1962b,「時代ト農政」「日本農民史」「都市と農村」,『定本柳田國男集』16, 筑摩書房
柳田國男, 1963a,「祭日考」,『定本柳田國男集』11, 筑摩書房
柳田國男, 1963b,「明治大正史世相篇」「民俗学の活」,『定本柳田國男集』24, 筑摩書房
柳田國男, 1964,「民間伝承論」,『定本柳田國男集』25, 筑摩書房
安井眞奈美, 1997,「「ふるさと」研究の分析視角」,『日本民俗学』209, pp.66-88
安永壽延, 1971,『伝承の論理』, 未来社
米山俊直, 1966,『集団の生態』, 日本放送出版協会
米山俊直, 1974,『祇園祭―都市人類学ことはじめ』, 中央公論新社
米山俊直, 1978,「「都市と農村」再考」, 米山俊直・田村善次郎・宮田登編,『民衆の生活と文化』, 未来社
米山俊直, 1979,『天神祭―大阪の祭礼』, 中央公論新社
米山俊直, 1981,『同時代の人類学　群れ社会からひとりもの社会へ』, 日本放送出版協会
米山俊直, 1986,『都市と祭りの人類学』, 河出書房新社
米山俊直, 1986,「都市化と民俗」,『日本民俗文化大系12　現代と民俗』, 小学館
米山俊直, 1994,『新版　同時代の人類学　21世紀への展望』, 日本放送出版協会
吉見俊哉, 1987,『都市のドラマトゥルギー―東京・盛り場の社会史』, 弘文堂
湯川洋司, 1998,「伝承母体論とムラの現在」,『日本民俗学』216, pp.15-25

おわりに

本書は、2006年に名古屋大学大学院に博士論文として提出され学位を授与されたものをもとに加筆・修正したものである。

「変わらずに生きてゆくためには、自分が変わらねばならない」――ヴィスコンティが監督して映画化したランペドゥーサ作『山猫』で、イタリアの没落していく貴族の言葉として語られる。同じように、「民俗」も時代に応じて変わるからこそ生き残れるのだと思う。

筆者はどういうわけか「変わるもの」が好きである。「よさこい系」祭りは変化し続ける祭りである。筆者は「よさこい系」祭りがこのうえなく好きで、自分自身を「ヨサコイスト(YOSAKOIST)」だと思う。「よさこい」という新しい文化が今、創造されているんだと、その只なかに自分がいるんだという気持ちで、ワクワクしながら論文を書いていた。これほど「変わるもの」が好きな筆者は「変わり者」なのかもしれない。

法学部出身の筆者が、いったん就職して学問の世界から離れ、再び学びたいと思ったのは、民俗学･人類学であった。きっかけは大学４年のとき、「外国法」の講義の先生が、ある日、確か「契約」というものの概念についての話から､トロブリアンド諸島の「クラ」の話をしてくださった(マリノフスキー『西大西洋の遠洋航海者』)。人類学の講義は教養部でも受けたことがあり､「クラ」の話も一度は聞いたことがあったが、それを離れた土地のある習俗としてとらえるだけでなく、この我々の社会との比較で考えてみるのも興味深いものだと感じた。法律も面白いが、民俗学・人類学というものも学んでみたいという思いは抱え続けていた。その講義をされたのが、現在、明治大学で法社会学を専門にされている加藤哲実教授である。学び直すきっかけを与えてくださった先生に深く感謝したい。

大学院で学びたいとはいえ、学部卒業から大分経っているため、試験勉強の方法がわからなかった。語学に関しては予備校に行ったが、専門に関しては、近いものは社会学だけで、自分で何とかするしかなく、大学の公開講座などで民俗学や人類学の講義を受けた。なかでも、関沢まゆみ先生(国立歴史民俗博物館教授)にはお世話になった。毎回丁寧な講義で、誠実で真摯な研究姿勢というものを学ばせてもらった。また故・宮田登先生にも教えていただいた。民俗学の大家の授業はそれはそれは穏やかで、日常にみられる民俗について優しい口調で教えてくださった。ご存命であったなら「都市民俗学」についての話をしたかった。

まず、日本の文化を、民俗学を学びたいと成城大学大学院に行った。民俗学とは何かから、都市の民俗へも目を向けさせてくれた松崎憲三教授に感謝したい。都市に注目し、人と祭りとの関係性を探りたいと、若者と祭りというテーマで取り組んだものの、どの祭りを対象としていいかわからず、最初は大学祭などを調査していた。1998年の日本民族学会研究大会(現・日本文化人類学会研究大会)の懇親会で、若者と祭りに関心があると話をしたところ、東京大学の伊藤亜人教授(当時)に「大学生の創った、「YOSAKOIソーラン祭り」という祭りがあるよ」と教えていただいた。それが筆者と「よさこい」との出会いであった。

そののち、名古屋大学大学院に進んだ。指導教授の和崎春日教授には、いくら感謝しても足りないほどである。アフリカ研究だけでなく、日本の都市の祭り研究の大家で、多大なる知識とアドバイスを与えていただいた。心から深く感謝している。

また、國學院大學で開催されていた「現代都市伝承論研究会」には、修士論文を作成する頃から参加させてもらい、倉石忠彦先生(國學院大學特任教授)、小林忠雄先生(北陸大学教授)、有末賢先生(慶應義塾大学教授)、阿南透先生(江戸川大学教授)、内田忠賢先生(奈良女子大学教授)などにお世話になった。都市民俗に造詣が深い先生方のなかで学ばせていただいたのは本当に幸いであった。

筆者が大学院で学び直すきっかけを与えてくださった加藤教授と、博論を指導してくださった和崎教授は、お二人とも、30年前、ある法社会学の本で執筆者として名を連ねておられる。隣接分野ともいえるが、不思議な縁である。

人生、何がきっかけになるかわからないものである。鹿児島出身の筆者が、北海道の祭りの調査を毎年することになろうとは思ってもみなかった。札幌のチームの「新琴似天舞龍神」の皆さんとは10年以上の付き合いとなる。「新琴似天舞龍神」――初めは何と読むのか、また、どこで切ればいいのかわからなかった。1999年、初めて見た「YOSAKOIソーラン祭り」で、このチームに一目惚れしてしまった。黒い衣装で、屯田兵の開拓の魂を表すというその踊りは､漁業性一色だった当時の他のチームとはまったく違っていた。'大地' を表現していても決して泥臭くなく、踊りはとても洗練されていた。翌2000年に声をかけてからの付き合いである。現在総代の梶浦宣明さん、そして、斉藤純さん、佐野和也さん、小林伸吾さん、岡崎敏子さん、感謝の気持ちでいっぱいである。また、仙台の嶋津紀夫さん、高知の澤本彰夫さんにもお世話になった。

2011年の東日本大震災により、東北地方はその環境が大きく変わってしまった。もう人が住めなくなった土地もある。調査のときにお世話になった人で連絡が取れなくなった人もいる。「よさこい」は多様な地域性の表出がその特色であり、調査時点でも、自分の住む土地の特色をそれぞれ懸命に表現していた。その様子をこの論文で少しでも残せたならば幸いであるし、また、それが地域の再生にもつながればと願っている。

研究対象の４カ所の「よさこい系」祭りの最近の動向は、高知は50回を過ぎた頃から、本家・分家を強調しなくなり、会場の数も増加し、60回を迎えた頃には札幌への伝播はほとんど言及されなくなった。札幌ではあれほど多かった踊りでの漁業性の地域表象が少なくなっている。仙台・名古屋では何の民謡が使用されているのかわかりづらくなってきている。これからもその土地の人々の協力を得ながら、引き続きこの祭りを追いかけていきたい。

また、成城大学大学院で先輩だった中野紀和さん(大東文化大学教授)、名古屋大学大学院で同期だった塩月亮子さん(跡見学園女子大学教授)、そのほかにもたくさんの研究仲間がアドバイスを与えてくれたり、支えてくれた。本当に感謝している。そして、大学院に行きたいと言い出したかと思うと、よりによって研究対象として伝播型の祭りに興味をもってしまった筆者に協力し、常に見守ってくれた夫に感謝したい。

この本の出版に際して、岩田書院の岩田博さんにはいろいろとご迷惑をおかけした。2010年に再校が出たあと、親の介護等でまとまった時間がとれず、作業が止まってしまった。索引も作らなければならないと、もがいていて、岩田さんには、もう少し、あともう少しと待っていただいていたのだが、これ以上刊行を遅らせるわけにはいかないと岩田さんに怒られた。本来なら、補足調査もしなければならないが、それも現状では断念せざるを得ない。最後に岩田さんにお礼をいうつもりだったのだが、言い訳になってしまった。申しわけありません。

著者紹介

矢島 妙子（やじま　たえこ）

1962年生まれ。
2006年、名古屋大学大学院文学研究科博士課程後期満期退学。博士（文学）。
東京女学館大学、日本橋学館大学非常勤講師を経て、
2010年から、明治大学「法と社会科学研究所」客員研究員。
専攻は、文化人類学・民俗学。

「よさこい系」祭りの都市民俗学

2015年（平成27年）5月　第1刷　300部発行　**定価［本体8400円＋税］**
著　者　矢島 妙子

発行所　有限会社岩田書院　代表：岩田　博　http://www.iwata-shoin.co.jp
〒157-0062 東京都世田谷区南烏山4-25-6-103　電話03-3326-3757　FAX03-3326-6788
組版・印刷・製本：章友社（日本ハイコム）

ISBN978-4-87294-893-6 C3039　￥8400E

岩田書院 刊行案内 (21)

			本体価	刊行年月
836	飯田　文彌	近世甲斐の社会と暮らし	2500	2013.11
837	野本　寛一	「個人誌」と民俗学＜著作集３＞	18800	2013.12
838	別府　信吾	岡山藩の寺社と史料＜近世史37＞	6900	2013.12
839	酒向　伸行	憑霊信仰の歴史と民俗＜御影民俗21＞	9500	2013.12
840	倉石　忠彦	道祖神と性器形態神	7900	2013.12
841	大高　康正	富士山信仰と修験道	9500	2013.12
842	悪党研究会	中世荘園の基層	2800	2013.12
843	関口　功一	古代上毛野をめぐる人びと	2000	2013.12
844	四国地域史	四国遍路と山岳信仰＜ブックレットH16＞	1600	2014.01
845	佐々木寛司	近代日本の地域史的展開	7900	2014.02
846	中田　興吉	倭政権の構造 王権篇	2400	2014.02
847	江田　郁夫	戦国大名宇都宮氏と家中＜地域の中世14＞	2800	2014.02
848	中野　達哉	江戸の武家社会と百姓・町人＜近世史38＞	7900	2014.02
849	秋山　　敬	甲斐武田氏と国人の中世	7900	2014.03
850	松崎　憲三	人神信仰の歴史民俗学的研究	6900	2014.03
851	常光　　徹	河童とはなにか＜歴博フォーラム＞	2800	2014.03
852	西川甚次郎	日露の戦場と兵士＜史料選書２＞	2800	2014.03
853	品川歴史館	江戸湾防備と品川御台場＜ブックレットH17＞	1500	2014.03
854	丸島　和洋	論集 戦国大名と国衆13 信濃真田氏	4800	2014.03
855	群馬歴史民俗	歴史・民俗からみた環境と暮らし＜ブックレットH18＞	1600	2014.03
856	岩淵　令治	「江戸」の発見と商品化＜歴博フォーラム＞	2400	2014.03
857	福澤・渡辺	藩地域の農政と学問・金融＜松代藩４＞	5400	2014.04
859	松尾　恒一	東アジアの宗教文化	4800	2014.04
860	瀧音　能之	出雲古代史論攷	20000	2014.04
861	長谷川成一	北奥地域史の新地平	7900	2014.04
862	清水紘一他	近世長崎法制史料集１＜史料叢刊８＞	21000	2014.04
863	丸島　和洋	論集 戦国大名と国衆14 真田氏一門と家臣	4800	2014.04
864	長谷部・佐藤	般若院英泉の思想と行動	14800	2014.05
865	西海　賢二	博物館展示と地域社会	1850	2014.05
866	川勝　守生	近世日本石灰史料研究Ⅶ	9900	2014.05
867	武田氏研究会	戦国大名武田氏と地域社会＜ブックレットH19＞	1500	2014.05
868	田村　貞雄	秋葉信仰の新研究	9900	2014.05
869	山下　孝司	戦国期の城と地域	8900	2014.06
870	田中　久夫	生死の民俗と怨霊＜田中論集４＞	11800	2014.06
871	高見　寛孝	巫女・シャーマンと神道文化	3000	2014.06
872	時代考証学会	大河ドラマと市民の歴史意識	3800	2014.06
873	時代考証学会	時代劇制作現場と時代考証	2400	2014.06
874	中田　興吉	倭政権の構造 支配構造篇 上	2400	2014.07

岩田書院 刊行案内（22）

No.	著者	書名	本体価	刊行年月
875	中田　興吉	倭政権の構造 支配構造篇 下	3000	2014.07
876	高達奈緒美	佛説大蔵正教血盆経和解＜影印叢刊11＞	8900	2014.07
877	河野昭昌他	南北朝期 法隆寺記録＜史料選書３＞	2800	2014.07
878	宗教史懇話会	日本宗教史研究の軌跡と展望	2400	2014.08
879	首藤　善樹	修験道聖護院史辞典	5900	2014.08
880	宮原　武夫	古代東国の調庸と農民＜古代史８＞	5900	2014.08
881	由谷・佐藤	サブカルチャー聖地巡礼	2800	2014.09
882	西海　賢二	城下町の民俗的世界	18000	2014.09
883	笹原亮二他	ハレのかたち＜ブックレットＨ20＞	1500	2014.09
884	井上　恵一	後北条氏の武蔵支配と地域領主＜戦国史11＞	9900	2014.09
885	田中　久夫	陰陽師と俗信＜田中論集５＞	13800	2014.09
886	飯澤　文夫	地方史文献年鑑2013	25800	2014.10
887	木下　昌規	戦国期足利将軍家の権力構造＜中世史27＞	8900	2014.10
888	渡邊　大門	戦国・織豊期赤松氏の権力構造＜地域の中世15＞	2900	2014.10
889	福田アジオ	民俗学のこれまでとこれから	1850	2014.10
890	黒田　基樹	武蔵上田氏＜国衆15＞	4600	2014.11
891	柴　　裕之	戦国・織豊期大名徳川氏の領国支配＜戦後史12＞	9400	2014.11
892	保坂　達雄	神話の生成と折口学の射程	14800	2014.11
893	木下　　聡	美濃斎藤氏＜国衆16＞	3000	2014.12
894	新城　敏男	首里王府と八重山	14800	2015.01
895	根本誠二他	奈良平安時代の〈知〉の相関	11800	2015.01
896	石山　秀和	近世手習塾の地域社会史＜近世史39＞	7900	2015.01
897	和田　　実	享保十四年、象、江戸へゆく	1800	2015.02
898	倉石　忠彦	民俗地図方法論	11800	2015.02
899	関口　功一	日本古代地域編成史序説＜古代史９＞	9900	2015.02
900	根津　明義	古代越中の律令機構と荘園・交通＜古代史10＞	4800	2015.03
901	空間史学研究会	装飾の地層＜空間史学２＞	3800	2015.03
902	田口　祐子	現代の産育儀礼と厄年観	6900	2015.03
903	中野目　徹	公文書管理法とアーカイブズ＜ﾌﾞｯｸﾚｯﾄA18＞	1600	2015.03
904	東北大思想史	カミと人と死者	8400	2015.03
905	菊地　和博	民俗行事と庶民信仰＜山形民俗文化２＞	4900	2015.03
906	小池　淳一	現代社会と民俗文化＜歴博フォーラム＞	2400	2015.03
907	重信・小池	民俗表象の現在＜歴博フォーラム＞	2600	2015.03
908	真野　純子	近江三上の祭祀と社会	9000	2015.04
909	上野　秀治	近世の伊勢神宮と地域社会	11800	2015.04
910	松本三喜夫	歴史と文学から信心をよむ	3600	2015.04
911	丹治　健蔵	天狗党の乱と渡船場栗橋宿の通航査検	1800	2015.04
912	大西　泰正	宇喜多秀家と明石掃部	1850	2015.05

都市民俗基本論文集　全４冊・別冊２

572	倉石　忠彦	都市民俗研究の方法<都市民俗１>	14800	2009.09
680	内田　忠賢	都市と都市化<都市民俗２>	18800	2011.03
672	小林　忠雄	都市生活の諸相<都市民俗３>	18800	2011.02
715	有末賢ほか	都市民俗の周辺領域<都市民俗４>	18800	2011.10
652	八木橋伸浩	都市民俗文献目録<都市民俗 別冊1>	4800	2010.10
748	内田　忠賢	都市民俗生活誌文献目録<都市民俗 別冊２>	4800	2012.04

400	現代都市研	現代都市伝承論	7900	2005.10
420	荒川章二他	浜松まつり	2400	2006.03
431	東條　　寛	都市祭礼の民俗学－四日市祭の歴史と民俗	5900	2006.06
432	岩井　正浩	これが高知のよさこいだ！	1800	2006.06